시장이 진보다

시장이 진보다

새로운 시장, 새로운 가치, 새로운 상상력

백광엽 지음

한국경제신문

오래 전 출근길 서울의 남산 순환도로에서 무심히 차를 몰던 중이었다. 뭉클하는가 싶더니 주체할 수 없이 눈물이 흘러내렸다. 곧이어 목구멍을 밀고 넘어오는 무언가를 참아내다 결국 꺼이꺼이 소리 높여 울고 말았다. 나는 난데없이 쏟아진 눈물에 너무 당혹스러웠다. 원인을 찾고 보니 운전 중에 흥얼거린 노래 때문이었다. 〈밀려오는 파도소리에〉라는 노래였다. 요즘은 거의 들어볼 일 없는 노래지만 마음 한쪽에 묘한 울림으로 자리하고 있었던 것이다.

"지나간 자욱 위에 또다시 밀려오며, 가녀린 숨결로서 목 놓아 울부짖는, 내 작은 소망처럼……"으로 시작한 노래가 후렴구로 접어들면 나는 십중팔구 울컥해진다. "밀려오는 그 파도 소리에 밤잠을 깨우고 돌아누웠나, 못 다한 꿈을 다시 피우려 다시 올 파도와 같이 될 거나." 합창풍의 장엄한 듯 애잔한 선율이 20여 년 전 돌아가신 아버지를 회상시키기 때문이다.

중학 시절 어느 초여름 깊은 밤, 시골집 이층 방에서 졸던 나는 라디오에서 흘러나오는 이 노래에 잠을 깼다. 그 밤 나는 총총한 별을 헤며 몽환 속 상상의 나래를 폈다. 그렇게 그 밤은 가슴 벅차고 들뜬 청춘의 소중한 순간으로 기억 속에 자리 잡았다. 설렘 가득한 그 시절 내게 큰 영향을 주신 분은 바로 아버지다. 그래서 이 노래를 들으면 아버지가 떠오른다.

당신과 많이 닮았다고 여겼는지 아버지는 나를 좋아하셨다. 배움과 주류에 대한 열망이 컸던 아버지로선 서울에서 대학에 다니는 아들에게 기대가 컸을 것이다. 나는 역경을 헤쳐 온 당신의 삶을 존경했다. 하지만 그 당시 모든 아버지들처럼 권위적인 면모가 많았던 탓인지 극복하고 싶은 대상이기도 했다. 성장기 사내들과 아버지의 관계는 대부분 비슷할 것이다.

거기에다 수상했던 시대 상황이 더해지자 아버지에 대한 미묘한 거부감마저 발동했다. 전두환 군사정권 시절 대학생이 된 나는 '동조적이면서 사변적인 무리'에 속했다. 앞장서 짱돌을 던지지는 않지만 시위대 후미에서 따라다니는…. 독재정권에 대항하는 전투력에 큰 보탬이 되지 못했으나 스스로를 채찍질하고 올바른 세상을 위해 헌신하리라 다짐하던 젊음 중 한 명이었다.

시위대 앞줄에 적극적으로 나서는 건 왠지 꺼려졌다. 신변에 대한 걱정도 있었지만 그보다 확신이 부족했다. 1980년대 중반의 학생운동은 군사정권에 대한 저항을 넘어 일종의 대안으로서 사회주의에 대한 지향을 노골화하고 있었다. 휴전선 너머 잘 알지 못하는 반쪽에 대한 호의적 시선도 충만했다. 주사파가 운동의 중심부로 급속히 진입했다. 북한은 대미 굴종적인 군부독재에 비해 잘살지 못했지만(지금처럼 남북의 압도적인 차이는 아니었다), 민족자존을 지키면서 역사적 도전을 하고 있다는 인식이었다.

대학 신입생 시절 돌려 읽은 유물사관 유의 이론에 바탕을 둔 책들은 신선했지만 나를 이해시키지는 못했다. 의구심을 해소해보려고 카를 마르크스(Karl Marx)가 쓴 원서를 펼쳐놓고 끙끙거리기도 했다. 이론 전개가 꽤나 미심쩍었지만 이의를 제기하거나 의문을 파고들기엔 용기와 지식이 부족했던 게 당시 청춘들의 속내였을 것이다. 주점에서 들이킨 막걸리 한 사발의 힘을 빌려 누군가 6·25 북침설을 내비치면 대단한 비밀이라도 공유한 듯 은밀하게 웃음 띤 시선을 주고받았다. 물론 북침설에 함유된 진실이 5%도 안 될 거라고 내심 판단하곤 있었다. 하지만 요즘 말로 '간지 나는' 주장이라 정색하고 따지지 않는 분위기였다. 나는 사회주의, 특히 북한을 보는 시선에 동의하기 힘들었고 이는 소극적 참여로 여겨졌다. 경제학을 배우는 사회과학도로서 주류 학자들의 다양하고 깊이 있는 이론을 접한 점이 사상적 경도를 막았을 것이다.

문제는 방학을 맞아 고향에 내려갈 때였다. 오랜만에 만났지만 부자는 대화를 잇지 못했다. 당시 뉴스는 시위 소식으로 도배됐다. 이런 대화를 해본 사람은 누구나 공감할 것이다. 차분히 시작하지만 얼마 안 가 언쟁으로 치닫기 마련이라는 것을. 결국 나는 아버지가 좋아하는 박정희 대통령까지 비판하게 되고, 당신께서는 단순 논리로 세상을 재단하지 말라며 언짢아하시다 서로 얼굴을 붉히기 일쑤였다.

인권 탄압은 물론 경제성장도 별것 아니라는 게 당시 박정희 폄하의 요지다. 박정희는 제2공화국 장면 정부가 짜놓은 개발계획을 실행한 것에 불과하며, 그 시절 국제 정세에서는 누가 대통령을 해도 경제개발에 성공했을 것이란 주장이다. 국민들의 성취를 어용학자와 언론을 동원해 가로챘을 뿐이라는 인식이다. 억지 논리지만 제도권 교육을 무조건 뒤집어보는 것이 미덕인 시절이었다.

이런저런 이유로 아버지와 나 사이에 마음의 벽이 높아졌다. 당신께선 굴곡진 삶을 겪어냈다. 동해 바닷가 마을에서 혈혈단신 지방 소도시로 나와 고생 끝에 일가를 이뤘다. 남다른 성실함과 지혜로 제법 규모가 있는 기업에서 중추 역할을 맡았다. 자식들도 전부 대학에 보냈다. 말년에 겪은 실패를 감안하더라도 고개가 절로 숙여지는 인생 궤적이다.

군대를 마치고 대학을 졸업하는 동안 세계는 급변했다. 베를린 장벽이 무너져 동독과 서독이 통일되고 이듬해 '소비에트 사회주의 공화국 연방(구소련)'이 붕괴됐다. 사회주의가 종말을 고했다. 그 사이 지병이 악화된 아버지는 힘든 시간을 보내다 운명하셨다. 세상도 나도 빠르게 변해갔다.

그렇게 세월이 흘러 시간과 역사의 두께가 쌓이자 젊은 시절 혼란스러웠던 생각은 가닥을 잡아갔다. 아버지를 비롯한 앞선 세대의 용기와 희생이 눈물겹고, 우리나라의 경제적 성취가 눈부시다는 걸 여러 사실을 통해 확인할 수 있었다. '열정적 편견'에서 벗어나 '이성적 직관'으로 세상을 직시할 수 있게 된 것이다. 아버지는 이제 마음속 그리운 존재로 더 크게 자리 잡았다.

그날 남산길에서 응어리 터진 눈물은 용서와 화해를 구하는 것이었으리라. 머리 굵어진 뒤 한 번도 마음을 열지 않고 얕은 지식으로 대드는 자식이 얼마나 답답했을 것인가. 권위적이셨던 성정마저 다독여가며 세상 보는 눈을 알려주시려던 눈가에 비친 그 외로움….

사회주의의 마지막을 목도하지 못했다면 나의 반성은 훨씬 오랜 시간이 걸렸을지 모른다. 내재적 모순에 무너지고 말 것이라던 자본주의 시장경제는 세상을 진보시키는 중심 기제로 자리 잡았다.

하지만 역사는 반복되는가. 아버지 그리고 사회주의와 이별한 지

20년 만에 그 시절의 답답함이 되살아나는 걸 느낀다. 시장에 대한 신뢰는 다시 희석되고 의심이 커져가고 있다. '월 가를 점거하라(Occupy Wall Street)' 운동으로 대표되는 반시장적 움직임은 예사롭지 않다. 상위 1%를 향한 분노에서 계급혁명의 결기마저 전해진다.

21세기에 철 지난 걱정이냐며 혀를 차는 사람들도 있을 것이다. 하지만 '99%여 각성하자'는 구호는 '만국의 프롤레타리아여 단결하라' 던 부추김과 꼭 닮아 있다. 시장 시스템은 일단의 선동가들로부터 피도 눈물도 없는 '절대악'으로까지 폄훼되고 있다.

자본주의에 대한 공격 패턴도 과거와 크게 다르지 않다. 제일 약한 곳을 찾아 화력을 집중하는 수법이다. 그 약한 고리를 공격하는 논리가 제국주의론과 종속이론에서 신자유주의로 대체됐을 뿐이다. 자본주의적 기제는 거대 기업과 투기 자본만을 위하고 서민의 삶을 파탄내 결국 파국으로 끝날 것이란 왜곡도 동일하다. 양극화, 자유무역협정(FTA), 복지 등 모든 시대적 화두들의 해법은 신자유주의라는 '괴물'이 무너져야 가능하다는 주장으로 귀결된다.

비약과 왜곡투성이지만 파괴력은 더욱 커졌다. 인터넷과 소셜 네트워크 서비스(SNS)를 통해 공격 논리가 무차별 살포되고 있기 때문이다. 여론 유통시장을 장악한 네트워크에서는 교묘하게 가공된 거짓이 때때로 진실을 밀어내기도 한다. 물론 위선은 언젠가 밝은 햇빛 아래 민낯을 드러낼 운명을 맞을 것이다. 하지만 그때까지 너무 많은 공력을 앗아갈 것이란 우려가 앞선다. 진보로 위장한 퇴행적이고 급진적인 세력들이 오랜 진지전 끝에 사회 구석구석의 헤게모니를 장악한 징후가 뚜렷하기 때문이다. 교양 있는 시민사회적 전통이 취약한 데다 지식인들의 나태함이 더해지면서 속수무책으로 밀리는 형국이다.

더구나 1930년대 '대공황 이후 최악'이라는 글로벌 금융위기가 겹치자 신자유주의 시장 시스템으로 비난의 화살이 빗발치고 있다. 1% 부자들의 이익을 위해 나머지 99%를 희생시킨 결과라는 계급 논리가 난무한다. 시장이 1%와 함께 99%의 삶의 질도 비약적으로 개선시켰으며, 거대 인류 문명의 진화를 이끌고 있다는 사실은 악의적인 왜곡 속에 묻히고 만다.

그렇다고 내가 이 책을 통해 시장경제에 대한 일방적 예찬이나 교조적 복종의 메시지를 전하려는 건 아니다. 들뜬 마음을 가라앉히고 사실과 대면하는 과학적 자세를 견지하자는 취지다. 시장의 장점과 단점을 균형 잡힌 시각으로 보는 것이 바른 해법을 찾는 지름길이기 때문이다. 특히 경제민주화가 시대정신으로 부상한 시점에서 시장에 대한 인식의 기본을 가다듬는 일이 무엇보다 중요하다.

　언제나처럼 우리는 다시 출발선에 서 있다. 창의적인 상상력으로 가능성의 시대를 헤쳐 가야 할 청춘들이 앞선 세대의 시행착오를 되풀이하며 비생산적인 소모전으로 빠져들지 않기를 바라는 마음 간절하다. 더 좋은 세상을 고민하고 진보를 꿈꾸는 동시대인들의 여정에도 공감을 보태고자 한다.

　나의 박정희였던 아버지께 졸저를 올린다.

백광엽

시장이 진보다
| 차례 |

머리말

1장 · 시장은 99%를 차별하는가 17

아큐파이 운동을 보는 다른 시선 | 시장 선진국은 양극화가 심각하지 않다 | 경제 발전 모델에 따라 양극화 개선 가능 | 양극화가 자본주의 속성이라는 주장은 과장 | 시장 시스템 미발달국에서 빈부격차 더 심해 | 전 세계에서 광범위하게 목격되는 양극화 중단 | 상하류층 간 소득 격차도 벌어지지 않아 | 선진국에선 계층 간 격차 오히려 감소 | 빈부격차의 핵심은 최상위 1%의 독식 | 질주하는 미국의 1% 슈퍼리치 | 하지만 1%의 독식도 시장의 속성은 아니다 | '1% 사회'는 숙련 편향적 기술 진보와 세계화의 그늘 | 미국의 1%를 무조건 비난하기 힘든 이유 | 새로운 생각이 새로운 시대를 연다

2장 · 시장, 빈곤을 몰아내고 중산층을 폭발시키다 59

여전히 가난한 지구, 선진국에서도 11%가 빈곤 | 빈곤율 상승, 2000년대 들어 거의 멈춰 | 미국의 빈곤율도 구조적인 상승세는 아니다 | 가난과의 싸움에서 승리 중인 시장 | 지치지 않는 '시장'이라는 이름의 성장 엔진 | 2030년 중산층 50억 명 시대 | 빈곤의 대명사 아프리카에도 중산층 형성 | 저축과 주식 많은 자산 중산층도 급증세

3장 · 한국의 양극화, 인식과 사실이 다르다 82

이명박 정부, 외환위기 이후 처음으로 양극화 저지 | 중산층 인구도 20년 만에 증가세로 반전 | 성장률 제고가 양극화 해소의 유력한 처방 | 심리적인 가난, 심리적인 불평등 | 한국, 빈부격차 개선할 잠재력 크다 | 세계경제사에 기록될 대한민국의 성취

4장 · Let it be, Market(내버려둬 시장) 102

시장은 인터넷처럼 '집단지성 구현의 장'이다 | 시장의 승리는 끝없는 선택적 진화 덕분 | 시장 메커니즘이 불러온 높은 생산력 증대 | 시장 시스템의 수혜자는 선진국 아닌 개도국 | 시장에 대한 편견과 경직된 비판들 | 노동자를 인간적 삶으로 인도하고 있는 시장 | 덧셈 뺄셈으론 못 푸는 '시장'이라는 고차방정식 | '경부행락도로'와 '부자 감세' 논쟁 | 감세로 세금 수입 100조 원 줄었다는 오해 | '버핏세'를 계기로 보는 세금의 불편한 진실 | 전 세계는 지금 법인세 인하 경쟁 중 | '시장의 실패'를 압도하는 '시장의 성공' | 시장의 적, B급이거나 소피스트이거나…

5장 · 신자유주의에 대한 오해와 이해 142

신자유주의, 세계화 시대 자본주의의 적자 | 신자유주의가 경기 침체를 부른다는 오해 | 신자유주의와 서민 생존권 | 신자유주의가 선진국의 지배 전략이라는 음모론 | '신자유주의=시장만능주의'라는 도식적 비판 | 모호한 신자유주의의 실체, 초점 잃은 공격 | 한국이 미국식 신자유주의라는 낙인 | 신자유주의 심화로 미국 경제가 거덜 났다는 모함 | 스웨덴 모델의 핵심은 신자유주의 시장 개혁 | 신자유주의 시대의 세계경제 전

망은 '희망적' | 거품과 투기, 신자유주의에 반성을 요구하다 | 신자유주의 역사성 이해가 해법 찾기 첫걸음 | 국가주의와 방임주의를 오간 초기 자본주의 | 좋은 시장을 찾기 위한 세 갈래의 도전과 실험 | 고질병인 공황과 실업을 잡은 케인스 경제학 | 스태그플레이션을 극복해낸 신자유주의 | 신자유주의는 더 좋은 시장으로 가는 징검다리

6장 · FTA, 전 세계로 확장되는 경제영토 197

서울시 부기 논쟁과 닮은 FTA 진실 게임 | FTA로 망했다던 멕시코 증시, 알고 보니 17배나 급등 | 멕시코 경제에 대한 왜곡 실태와 실상 | FTA 체결국의 경제 지표 개선 뚜렷 | FTA, 부자에게 약이지만 서민에겐 독약이다? | 세계는 FTA 통한 경제 영토 확장 전쟁 중 | FTA 망국론, KTX 무용론의 데자뷰 | FTA 하면 미래 산업 포기해야 한다는 오해 | 선진 시스템과 경쟁해야 일류 도약 기회 열려 | FTA 이해는 상품과 서비스 개방의 차이에서부터 | '한미 FTA 12개 독소 조항' 괴담과 진실 | ISD 관련 10가지 해외 분쟁 사례의 실상 | 유성과 지구의 충돌 위험에 대처하는 자세 | 한미 FTA가 매도되는 진짜 이유

7장 · 마르크스 콤플렉스와의 결별 263

구소련 붕괴 20년 만에 되살아난 마르크스 | 자본을 보는 마르크스의 시선, 애매하거나 난해하거나 | 현실을 설명하지 못하는 노동가치설 · 사적유물론 | 자본주의는 부도덕한 질서인가 | 마르크스를 사랑하되 마르크스주의와 결별해야 | 제국주의론, 자본주의 미붕괴에 대한 첫 변명 | 후진국 혁명 고취 수단으로의 변질 | 제국 시대의 종말과 혼란에 빠진 마르크스주의 | 국가독점자본주의론으로 변신한 제국주의론 | 제국주의이

론의 결정판 신식민주의론 | 종속이론, 자본주의 비판의 최후 논리 | 현실 사회주의의 초라한 모습 | 스탈린주의가 패배했을 뿐이라는 변명 | 사회주의라는 유령이 사라지고 있다

8장 · 지속 가능한 복지국가 307

복지국가의 미래 좀먹는 '외상 복지' | 복지 지출 비중 10년 만에 2배로 가파른 상승 | 무상급식, 학부모에 뿌린 120만 원 공짜 쿠폰 | 보편적 복지냐, 선택적 복지냐 | '복지 천국'서 '복지 환자'로 전락한 유럽 | 유럽 복지 3인방 스토리의 교훈, '시장이 복지다' | 복지가 성장을 이끈다는 근거 없는 주장 | 시장과 동행하는 복지라야 성공한다 | 세계인의 로망 프랑스, 복지 포퓰리즘으로 추락 | 분수 넘친 복지도 경계해야 할 자본주의 '거품' | '지속 가능한 복지' 위한 재정비 선행돼야 | 시장 친화적 복지시스템 설계가 핵심

9장 · 우리 시대의 최대 진보, 시장 349

혁명가 박노해 · 백태웅 스토리 | 자본주의, '차선책'으로 충분한 가치 있는 선택 | 아인슈타인은 정말로 사회주의자였을까 | '좋은 시장' 추구가 우리 시대 최대의 진보 | 시장의 상상력에 권력을 | TINA 대신 TAMA의 자세로

1장

시장은 99%를 차별하는가

아큐파이 운동을 바라보는 다른 시선

'월 가를 점거하라!', 아큐파이 운동이 한창 달아올랐던 2011년 10월, 시위 발상지인 미국 뉴욕의 주코티 공원에서 길거리 토론이 2시간 넘게 벌어졌다. '나는 1% 부자입니다' 라는 도발적인 피켓을 들고 나온 중년의 사내와 '99%' 임을 자처하는 시위대 간 불꽃 튀는 '즉석 토론 배틀' 이 성사된 것이다. 시위대 속으로 뛰어든 1% 부자는 유로 퍼시픽캐피탈(Euro Pacific Capital) 등의 회사를 운영하면서, 라디오방송을 진행하고 있는 마흔아홉 살의 피터 쉬퍼(Peter Schiffer)였다. 그는 시위 참가자들과의 날선 공방에서 미국 1%의 성공은 열심히 노력한 결과일 뿐이며, 1%는 결코 사악한 사람들이 아니라고 주장했다. 또 1% 역시 시위대처럼 더불어 사는 공동체를 위해 고민하는 이웃이라고 말했다. 인터넷에 고스란히 생중계된 당시 토론의 한 대목을 보자.

시위대: 온정적 자본주의에 대해 많이들 얘기하는데 도대체 그런 게 있긴 하나요?

쉬퍼: 내가 아는 그 어떤 체제보다 자본주의는 가장 온정적이라고 봅니다.

시위대: 만약 당신이 한 해 1,000억 원의 수입을 올렸을 때 그중 500억 원만 가져간다면 얼마나 많은 일자리가 만들어질지 한번 생각해봤나요?

쉬퍼: 그건 잘못된 생각이에요. 내가 1,000억 원을 벌었다면 그 과정에서 이미 많은 일자리를 창출했을 겁니다. 바로 그게 핵심입니다.

시위대: 아니죠. 당신이 말하는 건 끝없는 욕망일 뿐입니다.

쉬퍼: 사실 사람들은 모두 욕망에 지배되는 것 아닐까요?

시위대: 그런 말 마세요. 여기 모인 시위대는 안 그래요. 당신이 탐욕스러운 겁니다.

당신의 입장에 따라 이들의 논쟁에 대한 생각이 다를 것이다. 1%의 주장이 그럴 듯하다는 의견이 있는가 하면, 말도 안 되는 변명을 늘어놨다고 생각하는 사람도 있을 것이다. 나는 장삼이사들의 즉흥적인 길거리 토론임에도 정확한 문제 인식과 창의적 사고를 보여준 미국인들의 수준에 일단 놀랐다. 미국인에 대해 오랫동안 가지고 있던, 말은 그럴 듯하지만 콘텐츠는 별로라는 선입견이 부끄러웠다.

하지만 더욱 신선했던 건 화해가 힘들 것 같은 첨예한 주장으로 대립각을 세우면서도 합리적으로 토론하는 문화였다. 핵심에 접근하지 못하고 각자 하고 싶은 말만 감정적으로 쏟아내는 한국의 토론과 시위에 익숙한 이방인에게는 문화적인 쇼크로까지 받아들여졌다. 한국에서는 소통을 구하는 1% 부자가 없을뿐더러 자원자가 있었다 하더라도 성사되기 어려운 일이다. 경찰서장조차 시위대 한복판에 들어갔다가 봉변을 당하지 않았던가. 어떤 부자가 광화문 사거리나 서울시청 광장을 점거한 시위대에 다가가 토론을 제의했다가는 2시간이 아니라 2분도 못 버틸 것이다.

그 무렵 미국에 체류 중이었던 나는 언론에서 아큐파이 운동을 핵심 뉴스로 다루지 않는 분위기를 감지했다. TV 토론에서는 시위대에 호의적인 출연자라도 주장의 모순과 불법, 과격성을 비판적으로 언급하는 경우가 적지 않았다. 시위대를 무조건 옹호하는 패널은 다른 출연자에게서 냉소적인 반응을 얻기도 했다. 사회적 약자임을 고려해 불법과 과격 행동도 관대하게 대하는 한국과는 사뭇 달랐다.

아큐파이 운동에 대한 미국 시민들의 여론도 크게 다르지 않았다. 시위가 기세를 올리며 전 세계를 달구던 때조차 반대하는 의견이 많았다. 라스무센리포트(Rasmussen Report)가 주기적으로 체크한 여론 동향을 보면 시위가 발발하고 한 달이 지나 열기가 한창 뜨거웠던 2011년 10월 12일 조사에서 시위대 주장에 '우호적'이라고 답한 사람은 36%로 비우호자 41%를 밑돌았다. 그로부터 한 달쯤 뒤인 11월

7일 조사에서는 '우호적'이 33%로 낮아지고 '비우호적'은 43%로 높아졌다. 여론조사 시점이 아큐파이 운동이 큰 반향을 일으키면서 우리나라를 포함해 유럽, 남미 등 전 세계로 확산된 때였는데도 의외로 반응은 쌀쌀했다.

그러다 11월 29일에는 미 하원의장이었으며 공화당 대통령 후보에 출마했던 유력 정치인 뉴트 깅그리치(Newt Gingrich)가 사고를 쳤다. 시위대를 향해 대뜸 '그쯤 하고 목욕부터 한 뒤 직장을 잡아라'며 훈계성 발언을 내뱉은 것이다. 언론은 이 말을 비판적으로 보도했다. 하지만 깅그리치의 공세적인 발언에 대한 찬반 양론이 팽팽하게 맞섰다. 2012년에 들어서자 시위대에 대한 반응은 더 냉담해졌다. 그해 1월 조사에서 51%의 미국인이 시위대가 '공공에 폐를 끼치고 있다'고 생각했다. 반면 '다수 미국인들의 좌절감을 대변하고 있다'는 지지는 39%에 머물렀다.

'우리는 99%'라는 절묘한 구호로 전 세계의 공감을 일으킨 아큐파이 시위대가 정작 본거지인 미국에서 지지 부족에 부닥친 이유는 무엇이었을까? 역시 여론을 읽어보면 실마리를 찾을 수 있다. 2012년 1월 조사에서 61%에 달하는 미국인들이 미국에 대해 '일반적으로 공정한 사회'라고 응답했다. '불공정하고 차별이 있는 사회'라는 부정적 답변은 29%에 불과했다. 미국인들이 조국과 사회를 따뜻한 시선으로 바라보고 있다는 사실이 드러난다. 미국을 '시장만능주의'와 '경쟁제일주의'에 지배되는 신자유주의의 종주국이며, 양극화와 차별이 극심하다고 생각하는 한국인들의 일반적인 인식이 자의

적임을 보여주는 결과다.

아큐파이 운동의 파괴력은 미국을 벗어났을 때가 더 컸다. 지금도 세계 곳곳에서 '우리는 99%'임을 자처하는 분노의 목소리가 이어지고 있다. 부의 양극화 문제는 단박에 21세기 지구촌의 화두로 떠올랐다.

각국 99%들의 주장과 요구는 서로 다르다. 그러나 1% 특권층으로부터 부당하게 대우받는다는 정서를 공유하고 있다. 또 불평등을 불러오는 주범으로 이기심과 탐욕을 용인하고 때로 부추기는 자본주의 체제 자체를 지목하는 점도 동일하다. '시장'이라는 기제가 99%를 착취하는 1%를 위해 작동하고 있다는 판단이다. 혁명이든 운동이든 거대한 움직임은 항상 시대에 새로운 과제를 부여하게 된다. 운동의 성공이나 실패 여부와 상관없이 그 책임은 엄중하게 다가온다. '우리는 99%'임을 선언한 이들의 상실감과 피해의식을 보듬는 것이 지속 가능한 발전을 위한 핵심 과제임은 분명하다.

아큐파이 운동에서 '마르크스가 옳았다(Marx was right)'는 주장을 쉽게 발견할 수 있었던 데서 저항의 정서가 자본주의 본질에 대한 회의임을 짐작할 수 있다. 사회주의의 거센 공세를 이겨내고, 1991년 구소련이 해체된 뒤 20여 년을 독주해온 자본주의가 양극화라는 새로운 적을 만나 변화를 강요받고 있는 셈이다. 글로벌 경제 위기가 시장경제 선진국인 미국과 유럽에서 잇따라 터지며 갈등을 증폭시킨 결과다.

'마르크스가 옳았다(Marx was right)'는 피켓을
든 월가의 시위대

　우리나라의 아큐파이 운동 역시 단순하고 일회적인 분노를 넘어
신자유주의적 자본주의에 대한 근본적인 반대와 새로운 질서를 요구
했다. 한국 시위대의 주장은 더 과격하다. 그리 멀지 않은 과거로부
터 사회주의적 변혁운동의 경험을 축적한 운동가들이 우리 사회의
중심 세대를 구성하고 있어서다.

　'99% 열차'에 몸을 의탁해 힘든 현실을 잠시나마 잊고 싶은 '88
만 원 세대'도 적지 않다. 하지만 압도적인 것처럼 보이는 99%라는
숫자의 함정에 무비판적으로 매몰되는 우를 범해서는 안 된다. 진실
은 편 가르기식 이분법으로는 도달할 수 없는 저 너머에 있기 때문이
다. 시장 시스템이 정말로 1%만을 위한 기제인지, 양극화는 피하기
힘든 자본주의의 속성인지, 신자유주의가 서민의 삶을 파탄내고 있

는지 등의 핵심 명제에 대한 검증이 앞서야 한다. 꼼꼼한 준비 없이 성급하게 떠난 여정은 미로를 헤맬 수밖에 없기 때문이다. 중도에 잘못됐음을 깨닫는다 한들 다시 바른 길로 돌아오려면 큰 대가를 치러야 한다.

오랜 고민과 투쟁 끝에 우리는 민주주의와 시장경제라는 든든한 두 바퀴를 얻었다. 시행착오도 많았다. 잘못된 현실 판단과 비과학적 전망에 기댄 결과는 혹독했다. 덧없이 흘려보낸 시간, 주변과의 불화, 준비 없이 맞은 미래, 지적 패닉과 좌절감은 여전히 내상으로 남아 있다.

더 좋은 세상을 위한 투쟁은 현재를 있는 그대로 이해하는 데서 출발해야 한다. 시장은 거대한 '적'이었던 사회주의의 도전마저 이겨낸 최강의 상대다. 목표가 새로운 시장이든 전혀 다른 무엇이든 철저한 사실 인식에 기반을 두지 않은 도전은 의미 있는 결과를 얻기 힘들다. 시장 스펙트럼이 빚어내는 다양한 색깔을 흑백 모노톤의 안경으로 들여다봐서는 민망한 패퇴를 거듭할 수밖에 없다.

시장 선진국은 양극화가 심각하지 않다

'미국 중산층 붕괴, 빈부격차 르완다와 비슷한 수준….' 2011년 국내 한 신문사에서 미국 양극화의 심각성을 전하며 쓴 기사의 제목이다. 이런 미국의 상황은 '냉혹한' 자본주의라는 이미지로 덧씌워져 시장 시스템에 대한 저항감을 높이는 요인이 되고 있다. 굳이 경제 상황이

판이하게 다른 세계 최빈국 르완다를 끌어들여 비교한 것은 정치적 공세의 측면이 크지만, 부의 집중이 워낙 뚜렷해 변명이 궁색할 수밖에 없다.

자본주의 시장경제는 '부익부 빈익빈' 양극화를 필연적으로 수반한다는 주장이 많다. 성장의 과실을 자본가나 부자들이 독차지하고 근로자들은 생활이 가능한 최소 수준의 임금을 벗어나지 못한다는 것이다. 시장경제를 도식적으로 이해한 마르크스는 지난 세기 동안 혹독하게 검증받으며 패배했지만, 자본주의적 생산방식에 대한 그의 해석은 여전히 적잖은 지지를 받는다. 바로 자본주의가 1%를 위한 시스템이라고 판단하는 아큐파이 운동의 시각이다.

자본주의가 고도로 발달해도 99%는 여전히 성과 배분에서 배제되고 생활수준이 개선되지 않는다는 이 주장은 맞는 것일까. 이 궁금증에 대한 답은 시장경제가 정착된 선진 자본주의국들의 양극화 실태를 분석해보면 가장 정확하고 빠르게 찾을 수 있을 것이다. 양극화가 필연이라면 오랫동안 시장경제를 심화시켜온 선진국에서 '빈익빈 부익부' 현상이 더 뚜렷할 것이기 때문이다.

양극화 정도를 판단할 때 유용한 지표는 지니계수와 소득5분위배율, 빈곤율이 있으며 그중 지니계수가 많이 이용된다. 불평등 정도를 간단한 숫자로 보여줘 이해하기 쉽기 때문이다. 지니계수는 이탈리아 통계학자 코르라도 지니(Corrado Gini)가 고안한 지표로, 인구 비중과 소득 비중을 단순 비교하는 방식이다. 아래 그림처럼 가로축에 인구 분포를 표시하고 세로축에 소득 점유율을 누적하면 로렌츠곡선(O

$\alpha\beta$O')이라고 부르는 소득 분배 곡선이 그려진다. 이 로렌츠곡선 내부 면적(D)이 가로축과 세로축이 형성하는 직각삼각형 면적(OO'F)에서 차지하는 비중이 바로 지니계수다. D의 면적이 작을수록 지니계수는 낮아지고 소득 배분이 평등하다는 뜻이다.

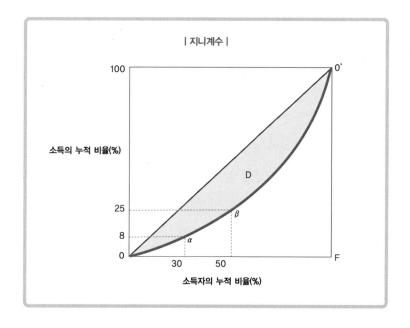

| 지니계수 |

지니계수는 0에서 1 사이로 산출된다. 구성원들의 소득이 완전 평등하다면 로렌츠곡선이 OO'의 직선을 따라 그려지고 지니계수는 0이 된다. 소득 하위 10%가 정확히 전체 소득의 10%를, 50%가 50%를, 90%가 90%를 점유해 불평등이 전혀 없는 상황이다. 반대로 소득이 완전 불평등하면 지니계수는 1이 된다. 마지막 1명이 모든 소득을 독점하면 로렌츠곡선이 OFO'의 궤적을 그리기 때문이다.

대부분의 나라에서 지니계수는 0.2~0.5로 나타난다. 전문가들은 0.3 미만이면 소득분배가 잘돼 불평등이 적은 상태로 평가한다. 0.3~0.4는 불평등이 심화되고 있는 상태, 0.4를 넘어서면 불평등이 심한 것으로 진단한다.

자본주의 시장경제가 고도로 발달된 나라들의 지니계수는 어느 정도일까. 지구촌 부자 나라들의 클럽인 경제협력개발기구(OECD) 회원국들의 사례를 보면 알 수 있다. OECD가 34개 회원국을 대상으로 지니계수를 분석한 결과, 평균 지니계수는 0.314(2008년 기준)다. 앞서 제시한 평가 기준에 따르면 불평등이 부각되는 단계인 0.3을 살짝 넘어선 수준이다. 하지만 불평등이 심하다고 간주되는 0.4에는 한참 못미친다. 자본주의 선진국에서는 소득 불평등이 있긴 하지만 크게 문제 삼을 정도는 아니라고 볼 수 있겠다.

경제 발전 모델에 따라 양극화 개선 가능

시장경제 선진국에서 빈부격차가 심하지 않다면, 자본주의적 경제 발전이 양극화를 지속적으로 심화시킨다는 주장은 더 엄격한 검증이 필요해진다. 미국을 비롯해 전 세계에서 빈부격차가 매우 커지고 있다는 소식이 줄을 잇는 이유는 무엇일까? 불평등한 상황을 나라별로 살펴보면 의문이 풀린다. 선진국은 전반적으로 양극화를 크게 문제 삼을 만한 정도가 아니지만, 미국을 포함한 일부 국가에서는 심각한 불평등이 나타나는 등 나라별 편차가 크다는 점이 확인된다.

| OECD 주요국 지니계수 추이 |

구분	연도					증감율(%)						
	1985	1995	2000	2005	2008	05~'08	00~'08	95~'08	85~'08	85~'95	95~'05	85~'00
오스트리아	0.236	0.238	0.252	0.265	0.261	-1.7	3.5	9.6	10.5	0.8	11.5	6.7
벨기에	0.274	0.287	0.289	0.271	0.259	-4.4	-10.4	-9.5	-5.3	4.7	-5.4	5.7
칠레	0.525	0.527	0.538	0.503	0.494	-1.7	-8.2	-6.3	-5.9	0.4	-4.6	2.5
체코	0.232	0.257	0.260	0.268	0.256	-4.4	-1.3	-0.5	10.5	11.0	4.2	12.0
덴마크	0.221	0.215	0.226	0.232	0.248	6.6	9.6	15.3	12.2	-2.7	8.1	2.4
핀란드	0.207	0.228	0.261	0.269	0.259	-3.6	-0.6	13.9	25.6	10.3	18.1	26.3
프랑스	0.300	0.277	0.287	0.288	0.293	1.7	2.1	5.9	-2.3	-7.7	4.0	-4.3
독일	0.251	0.266	0.264	0.285	0.295	3.8	11.8	11.1	17.9	6.1	7.0	5.5
그리스	0.336	0.336	0345	0.321	0.307	-4.2	-10.8	-8.4	-8.5	-0.1	-4.4	2.7
헝가리	0.273	0.294	0.293	0.291	0.272	-6.4	-7.3	-7.3	-0.2	7.6	-1.0	7.6
아일랜드	0.331	0.324	0.304	0.314	0.293	-6.6	-3.4	-9.6	-11.3	-1.9	-3.2	-8.1
이스라엘	0.327	0.365	0.361	0.387	0.384	-0.7	6.4	5.2	17.5	11.6	6.0	10.4
이탈리아	0.309	0.348	0.343	0.352	0.337	-4.3	-1.9	-3.2	9.0	12.7	1.1	11.1
일본	0.304	0.323	0.337	0.321	0.329	2.7	-2.2	1.8	8.1	6.2	-0.9	10.6
룩셈부르크	0.247	0.259	0.261	0.258	0.288	11.7	10.6	11.3	16.7	4.8	-0.4	5.5
멕시코	0.452	0.519	0.507	0.474	0.476	0.4	-6.1	-8.3	5.1	14.7	-8.7	12.0
뉴질랜드	0.271	0.335	0.339	0.335	0.330	-1.5	-2.7	-1.5	21.8	23.6	0.0	25.1
캐나다	0.293	0.289	0.318	0.17	0.324	1.9	1.6	12.0	10.5	-1.3	9.8	8.7
노르웨이	0.222	0.243	0.261	0.276	0.250	-9.4	-4.2	2.9	12.7	9.5	13.6	17.6
포르투갈	0.329	0.359	0.356	0.385	0.353	-8.2	-0.9	-1.7	7.3	9.2	7.1	8.3
스페인	0.371	0.343	0.342	0.319	0.317	-0.5	-7.4	-7.5	-14.5	-7.5	-7.1	-7.7
네덜란드	0.272	0.297	2.092	0.284	0.294	3.4	0.6	-1.0	8.0	9.1	-4.2	7.3
스웨덴	0.198	0.211	0.243	0.234	0.259	10.9	6.9	22.7	31.3	7.0	10.8	22.8
터키	0.434	0.490	0.439	0.430	0.409	-4.9	-6.8	-16.5	-5.8	12.9	-12.2	1.1
영국	0.320	0.348	0.363	0.331	0.345	4.1	-5.2	-1.1	7.7	8.8	-4.9	13.5
미국	0.337	0.361	0.357	0.380	0.378	-0.6	6.1	4.9	12.1	6.9	5.5	5.7

※자료: OECD DB, 연도와 지니계수 1년 안팎 오차 있음, 칠레 '85년은 '90년 수치

앞의 표는 OECD 회원국 중에서 시계열 데이터를 확인할 수 있는 26개국의 지니계수 흐름을 분석한 것이다. 지니계수의 절대 수준은 물론 상황이 개선되는지 악화되는지도 알 수 있다.

우선 궁금한 나라가 미국이다. 미국의 지니계수는 0.378(2008년)로 예상대로 높다. OECD 평균인 0.314보다 훨씬 높고, 불평등이 심한 수준인 0.4에 다가섰다. 미국에서 상위 1% 부자들의 독식이 심각하다는 우려가 잇따르는 게 헛말이 아님을 보여준다. 미국은 OECD 34개 회원국 중 4번째로 지니계수가 높은 것으로 조사된다. 세계경제를 선도하는 초강대국이라는 체면을 구기는 결과다. OECD에서 미국보다 불평등이 심한 나라는 칠레와 멕시코, 터키, 이렇게 세 곳뿐이다. 이들은 심각한 불평등 수준으로 간주되는 0.4를 웃돈다. 칠레가 0.494로 최악이고, 멕시코(0.476)와 터키(0.409)가 뒤따르고 있다. 34개국 중 0.4를 넘는 곳이 3곳이니 선진국의 약 10%가 심각한 소득 불평등국인 셈이다.

불평등 문제가 크지 않은 0.3 미만은 15개국으로 회원국의 44%다. 선진국의 절반 가까운 나라에서는 소득 불평등이 그리 큰 문제가 아니라는 의미다. 슬로베니아(0.236), 덴마크(0.248), 노르웨이(0.250), 벨기에(0.259), 스웨덴(0.259), 체코(0.256), 슬로바키아(0.257), 핀란드(0.259), 오스트리아(0.261), 헝가리(0.272), 룩셈부르크(0.288), 아일랜드(0.293), 프랑스(0.293), 네덜란드(0.294), 독일(0.295)이 양호한 소득 분배를 보이는 주인공들이다. 대부분 유럽 복지 선진국과 옛 동구 사회주의권 나라들이다. 북유럽국은 복지 투자가 많았던 점이 양극화를 완화시켰고, 동유럽은 평등을 중시하는 사회주의 경제체제를 상당 기간 유지한 결과로 판단된다.

지금까지 언급되지 않은 나머지 15개국의 지니계수가 0.3~0.4이다. 불평등이 심각한 수준은 아니지만 문제되는 나라들이다. 15개국 중 아이슬란드(0.301), 스위스(0.303), 폴란드(0.305), 그리스(0.307)는 0.2대에 근접해 있어서 상대적으로 빈부격차가 적다. 에스토니아(0.315), 한국(0.315), 스페인(0.317), 캐나다(0.324), 일본(0.329), 뉴질랜드(0.330), 오스트레일리아(0.336), 이탈리아(0.337), 영국(0.345), 포르투갈(0.353), 이스라엘(0.384)이 0.3대에 포진하고 있다.

눈길을 끄는 부분은 재정 적자 누적으로 경제 위기에 빠진 남유럽 'PIGS(포르투갈, 이탈리아, 그리스, 스페인)' 국가들이다. 이들은 북유럽 복지국가에 비해 불평등이 높을 뿐만 아니라 전반적으로 한국(0.315)보다 양극화가 심하다. 북유럽국과 유사한 복지 모델을 실행 중이지만 불균형 완화에 성공하지 못한 것이다. 이는 복지 모델을 채택한다 해서 불평등이 개선되는 건 아니라는 점을 시사한다.

종합해보면 시장경제 선진국 중 양극화가 심각한 곳이 있는가 하면 문제되지 않는 나라도 많다는 것을 알 수 있다. 이는 양극화를 자본주의의 고유한 속성이나 시장경제적 발전 과정에서 필연적으로 수반되는 현상으로 일반화해서는 안 된다는 의미다. 성장 전략에 따라 양극화에 강한 모델과 약한 모델이 있는 것으로 이해해야 한다. 적절한 발전 모델과 전략을 채택한다면 양극화가 문제되지 않는 시장경제가 얼마든지 가능하다.

양극화가 자본주의 속성이라는 주장은 과장

절대적인 양극화 수준보다 더 중요한 건 진행 방향이다. 지니계수의 변화와 속도를 분석해보면 시장경제와 양극화의 상관관계를 더 잘 이해할 수 있을 것이다.

앞에 실린 'OECD 주요국 지니계수 추이'를 보면 2000년대 들어 많은 나라들에서 빈부격차가 개선되고 있다는 사실을 알 수 있다. 얼핏 봐도 그 숫자는 빈부격차가 악화되는 나라보다 더 많다. 최근 10년 사이 많은 나라에서 양극화 현상이 오히려 완화되고 있음을 보여준다.

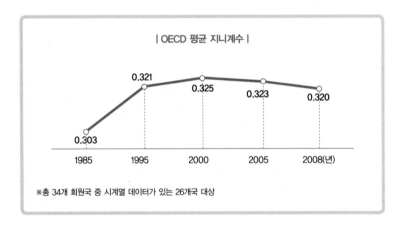

| OECD 평균 지니계수 |

0.321
0.325
0.323
0.320
0.303

1985   1995   2000   2005   2008(년)

※총 34개 회원국 중 시계열 데이터가 있는 26개국 대상

추세를 더 정확히 분석해보자. OECD 26개국의 평균 지니계수를 구해보면 1985년 0.303에서 2000년 0.325로 높아졌다. 15년 동안 불평등 정도가 7.2% 상승해 악화 추세가 비교적 뚜렷하다. 하지만

2000년 이후 하락세다. 2000년에 0.325까지 올랐던 지니계수가 2005년 0.323, 2008년 0.320으로 낮아졌다. 2000~2008년 9년 동안 양극화가 1.5% 완화된 것이다.

앞의 그래프에서 보듯 전체적으로 현재 선진국들의 양극화는 1995년과 거의 동일한 수준이다. 최근 13년간 불평등이 전혀 심화되지 않았다는 뜻이다. 이 추세가 좀 더 지속된다면 자본주의가 양극화를 불러온다는 명제는 유효하지 않은 것으로 판단할 수도 있다. 나라별로도 2000년 이후 양극화가 개선된 곳이 62%로 OECD 26개국 중 16개국에 달한다. 거의 세 나라 중 두 나라꼴이다. 그리스, 벨기에, 칠레, 스페인, 헝가리, 멕시코, 터키, 영국 등은 2000년대 들어 불평등이 5% 이상 완화됐다.

결론적으로 선진국에서는 전반적으로 양극화가 더 이상 진행되지 않는 상황이다. 물론 이를 두고 시장경제가 양극화와 무관하다고 결론짓는 것은 성급하다. 분석 기간과 대상이 제한적인 데다 1980년대를 전후해 빈부격차가 뚜렷하게 확대되는 것이 목격됐기 때문이다. 하지만 많은 나라에서 2000년 이후 불평등이 개선되고 있다는 점은 양극화가 시장경제의 치명적 약점이라는 비판이 과도하다는 것을 보여주기에 충분하다. 특히 2000년 이후라면 시장 내부의 효율과 경쟁을 우선시하는 신자유주의 경제정책이 전 세계로 확산되던 때다. 신자유주의로 서민들의 삶이 점점 힘들어진다는 일각의 주장도 사실이 아님을 시사한다.

시장 시스템 미발달국에서 빈부격차 더 심해

자본주의가 덜 발달된 나라에서 선진국보다 높은 불평등이 나타난다는 점도 시장 시스템 고도화가 빈부격차를 부른다는 주장의 취약성을 보여준다. 개발도상국(개도국)의 빈부격차는 선진국보다 훨씬 심각하다. 시장경제로 드라이브를 걸고 있는 BRICs(브릭스), 브라질과 러시아, 인도, 중국, 남아프리카공화국(남아공)의 지니계수를 보면 그 사실이 잘 드러난다. 브라질 0.54, 러시아 0.42, 인도 0.37, 중국 0.42, 남아공 0.67로 OECD 평균 0.31보다 월등히 높다. 자본주의적 발전이 양극화를 심화시킨다는 명제가 오류임을 방증한다.

브릭스뿐만 아니라 다른 개도국들을 봐도 대부분 선진국보다 심각한 상황이다. 국제부흥개발은행(IBRD)에서 관리 중인 주요 국가의 지니계수(2005~2008년 데이터)를 보면 알 수 있다. 우크라이나 0.28, 아프가니스탄 0.29, 카자흐스탄 0.30, 알바니아 0.34, 토고 0.35, 인도네시아 0.37, 베트남 0.37, 탄자니아 0.38, 카메룬 0.39, 스리랑카 0.4, 카타르 0.41, 우루과이 0.42, 가나 0.43, 필리핀 0.44, 우간다 0.44, 불가리아 0.45, 말레이시아 0.46, 아르헨티나 0.46, 케냐 0.48, 페루 0.48, 코스타리카 0.5, 파라과이 0.52, 파푸아뉴기니 0.52, 과테말라 0.54, 볼리비아 0.57, 온두라스 0.58, 콜롬비아 0.58 등이다.

많은 나라에서 지니계수가 0.3 이상으로 고공비행하며 선진국보다 상황이 악화된 점을 볼 수 있다. 심각한 양극화인 0.4를 넘은 개도국이 전체의 절반을 넘는다. 특히 남아공은 0.67로 최악의 상태다.

또 남미 국가들이 예외 없이 높은 불평등에 시달리고 있는 점을 볼 수 있다. 유럽 열강의 식민 지배를 받으며 후진적 산업구조를 오랫동안 유지해온 역사가 빈부격차 확대로 이어졌다는 분석이다. 양극화는 역사적·사회적 발전 과정의 특성에 좌우된다는 점을 남미의 사례에서 유추해볼 수 있다.

양극화는 시장경제를 오래 유지해온 선진국에서 안정적인 반면 자본주의 발전이 더딘 나라에서는 더 심각하다는 점도 빈부격차 확대를 시장의 속성으로 단정해서는 안 된다는 증거다. 오히려 자본주의 발전이 빈부격차 해소로 이어질 가능성을 내포하고 있다.

전 세계에서 광범위하게 목격되는 양극화 중단

비슷한 나라끼리 그룹별로 묶어 지니계수 변화를 짚어보면 양극화의 양상과 원인을 제대로 진단할 수 있다. 우선 세계경제의 리더 서방선진7개국(G7)인 독일, 미국, 영국, 이탈리아, 일본, 캐나다, 프랑스에서는 1990년 무렵부터 약 20년 동안 양극화가 악화되지 않는 양호한 흐름을 보인다. 미국은 지니계수가 1975년 0.32에서 1993년 0.37로 가파르게 올랐지만 그 이후 상승 흐름이 중단됐다. 2008년 미국 지니계수는 0.38로 1993년과 별 차이가 없다.

영국도 비슷한 흐름이다. 1970~80년대에 불평등 지수가 수직 상승했지만 1990년 이후 20년간 하향 안정세다. 1975년 0.28이던 지니계수가 급상승해 1990년 0.37로 고점을 찍고 하락 반전했다.

2008년에는 0.34로 1990년보다 낮다. 영국은 빈부격차가 꽤 심한 나라지만 2000년대 이후 개선 추세만큼은 가장 뚜렷하다. 프랑스와 독일은 양극화에 관한 한 모범국이다. 프랑스 지니계수는 수십 년째 0.30 수준이다. 1985년 0.30에서 2008년에 0.29로 살짝 낮아졌다. 독일은 1983년 0.24에서 2008년 0.29로 올랐지만 여전히 0.2대로 양호한 수준에 머물고 있다.

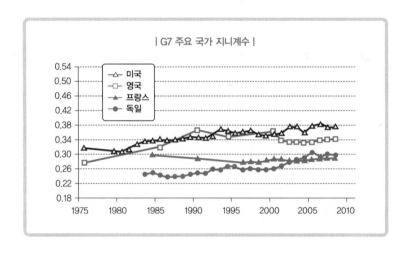

| G7 주요 국가 지니계수 |

일본과 캐나다, 이탈리아도 2000년대 들어 양극화가 개선되거나 악화 속도가 크게 둔화됐다. 시장경제 대표 선수들인 G7에서 지니계수 상승세가 완연하게 꺾인 결과는 자본주의가 고도화될수록 양극화가 심화된다는 주장과 배치되는 증거다.

북유럽국의 빈부격차도 양호하다. 복지국가의 대표 주자 스웨덴의 지니계수는 0.26으로 낮고, 노르웨이와 핀란드, 덴마크도 0.25 선에 머물고 있다. 다만 전반적으로 미세한 오름세인 점이 거슬린다. 복지 제도 확충을 통해 성공적으로 양극화에 대처해왔지만 재원을 마련하기가 쉽지 않은 점이 향후 추이에 영향을 미칠 것으로 예상된다.

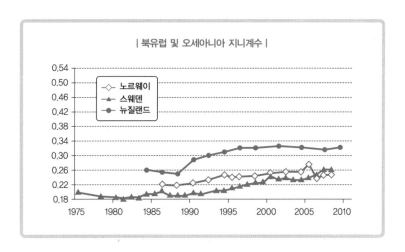

유럽의 다른 선진국들도 빈부격차가 크게 문제되지 않는 상황이다. 오스트리아, 네덜란드, 벨기에, 아일랜드, 헝가리, 체코의 지니계수는 0.26~0.3을 등락 중이다. 악화 추세도 관찰되지 않고 있다.

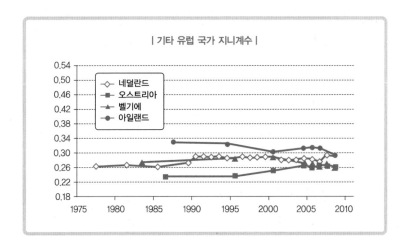

멕시코와 칠레, 터키 등 유럽 외의 OECD 회원국은 지니계수가 나란히 0.4를 웃돌아 불평등이 큰 상황이지만 1990년대 중반을 기점으로 개선 추세가 뚜렷해졌다. 그리스와 포르투갈 등 남유럽의 상황도 안정세다.

결론적으로 선진국에서 양극화는 1970~80년대에 악화되다가 2000년대 들어 더 이상 나빠지지 않거나 오히려 개선되고 있는 모습이다. 일부 국가에서 빈부격차가 심해지고 있지만 이들은 불평등의 절대 수준이 낮거나 상승 흐름이 완만해 문제 삼을 단계는 아니다. 자본주의 시장경제는 양극화와 빈부격차의 확대를 동반한다는 통념에 중대한 의문을 던지는 결과들이다.

상하류층 간 소득 격차도 벌어지지 않아

양극화 상황을 보여주는 지니계수는 다른 지표들과 함께 종합적으로 판단할 때 유효성이 더 커진다. 빈부격차를 가늠할 때 지니계수 못지않게 많이 쓰이는 지표가 '소득5분위배율'이다. 이 개념은 매우 간단하다. 전체 가구를 소득순으로 5등분한 뒤 최상위 20% 소득이 최하위 20%의 몇 배인지를 보여주는 것이다.

비율이 높으면 상위 20%에 부가 몰렸다는 의미다. OECD 회원국의 평균 소득5분위배율은 5.4배로 조사된다. 상위 20%가 연평균 1억 원의 소득을 올릴 때 최하위 20%는 1,852만 원(1억 원/5.4)을 번다는 뜻이다. 소득5분위배율은 어느 정도가 양호한지 판단하는 절대 기준

| OECD 소득5분위배율 |

구 분	소득5분위배율	변화율(%)	
		1985~1995년	1995~2008년
오스트레일리아	5.7	–	0.8
오스트리아	3.8	0.1	–
벨기에	3.8	0.0	–
캐나다	5.4	-0.2	0.8
칠레	12.8	–	-2.6
체코	3.6	0.4	0.0
덴마크	3.5	-0.1	0.5
에스토니아	5.1	–	–
핀란드	3.8	0.0	0.8
프랑스	4.3	-0.4	0.3
독일	4.5	0.4	0.6
그리스	4.8	-0.1	-1.0
헝가리	3.9	0.4	-0.4
아이슬란드	4.4	–	–
아일랜드	4.4	-0.4	–
이스라엘	7.7	0.3	2.1
이탈리아	5.6	1.4	-0.7
일본	6.0	0.7	0.3
한국	5.7	–	–
룩셈부르크	4.2	0.2	0.6
멕시코	13.0	4.1	-2.5
네덜란드	4.4	0.6	0.0
뉴질랜드	5.3	1.3	0.0
노르웨이	3.7	0.4	0.2
폴란드	4.8	–	–
포르투갈	6.1	0.8	–
슬로바키아	3.7	–	–
슬로베니아	3.4	–	–
스페인	5.7	-1.3	–
스웨덴	3.9	0.2	0.9
스위스	4.7	–	–
터키	8.1	2.0	-3.1
영국	5.8	0.8	0.2
미국	7.7	0.5	0.8
20개국 평균	5.5	0.6	0.0
OECD 34개국	5.4	–	–

※자료: OECD

이 없는 지표지만 5.4배 격차가 그리 심각한 수준은 아니라고 판단한다면 너무 후한 평가일까.

나라별로 보면 슬로베니아(3.4), 덴마크(3.5), 노르웨이와 슬로바키아(3.7), 오스트리아와 벨기에, 핀란드(3.8), 스웨덴과 헝가리(3.9) 등이 양호하다. 이들은 최상위 20%의 수입이 최하위 20%의 4배에 못 미친다. 반면 멕시코(13.0), 칠레(12.8), 터키(8.1), 미국(7.7) 등에서는 소득 격차가 크다. 한국은 5.7배로 OECD 평균보다 약간 높다.

절대적 판단 기준이 없는 만큼 지표의 추이가 중요하다. 양극화가 심해지고 있다는 목소리가 높은 점을 감안하면 소득5분위배율이 급상승하고 있을 거라는 예단이 앞선다. 하지만 실제로는 소득 격차 심화 현상이 거의 목격되지 않는다. 최근 20여 년 동안의 데이터가 집계되는 OECD 20개국의 상황을 보면 1985~1995년에 소득5분위배율은 평균 0.6% 높아졌다. 10년간 상승률임을 감안하면 별 의미 없는 오름폭이다. 더구나 1995~2008년의 상승률은 0%로 분석된다. 1995년 이후에는 계층 간 소득 격차가 확대되지 않고 있다는 뜻이다.

이 같은 소득5분위배율의 상승 중단은 2000년대 들어 지니계수가 미세하나마 개선되는 추세와 동일한 흐름이다. 두 지표의 결과가 개선되고 있다는 점에서 선진국의 양극화는 멈췄음을 다시 한 번 확인하게 된다. '큰 시장, 작은 정부'를 앞세워 규제를 완화하는 신자유주의적 정책이 가속화된 2000년대 들어 양극화가 개선된 점이 특히 주목된다. 신자유주의가 전 세계로 확산돼 양극화가 빠르게 진행되고 서민 경제가 파탄 났다는 주장이 왜곡임을 입증해주기 때문이다.

선진국에선 계층 간 격차 오히려 감소

선진국에서 소득 분배가 악화되는 상황이 중단되었을 뿐만 아니라 개선되고 있는 추세가 뚜렷하다는 시각도 있다. 한국보건사회연구원이 유로(Euro) 통계 사이트인 유로스태트(Eurostat)를 활용해 유럽 15개국의 1995~2005년 소득5분위배율 변화를 추적한 결과, 상당수 나라에서 하향 안정세가 목격됐다. 벨기에와 덴마크, 독일, 아일랜드, 그리스, 스페인, 프랑스, 이탈리아, 룩셈부르크, 네덜란드, 오스트리아, 포르투갈, 영국, 핀란드, 스웨덴 15개 국가의 평균 소득5분위배율이 1995년 5.1배에서 2005년 4.8배로 급락한 것이다. 상위 20%보다 하위 20%의 소득 증가가 높았다는 의미다.

상하위 계층 간 격차가 축소된 곳이 15개 조사 대상국 중 11곳에 달했다. 확대된 나라는 영국, 덴마크로 2곳에 불과했다(핀란드와 스웨덴 데이터는 없음). 특히 독일의 소득5분위배율이 1995년 4.6배에서 2005년 3.8배로 크게 개선됐다. 물론 10여 년의 흐름을 두고 확대 해석해서는 안 될 것이다. 조사 기간이나 대상을 달리하면 다른 결과가 나올 수 있기 때문이다. 하지만 뚜렷이 개선되는 나라가 많이 있다는 것은 시장경제에서 양극화는 악화되는 게 아니라 정책에 따라 개선할 수 있는 이슈임을 입증한다.

부자 범위를 소득 상위 20%에서 10%로 줄여 분석해도 빈부격차가 심화되는 현상은 관찰되지 않는다. 각국 상위 10%의 소득 집중도에 대한 시계열 데이터가 체계적으로 관리되지 않고 있어 정확한 분석이 어렵긴 하다. 하지만 IBRD가 부정기적으로 수집한 데이터를 돌려보면 그 추세를 파악할 수 있다.

위 그래프는 IBRD 데이터를 이용해 154개국 상위 10% 계층의 1986~2008년 23년간 평균 소득 점유율을 분석해본 것이다. 모든 나라의 시계열 자료가 매년 관리되는 게 아니어서 결과가 들쭉날쭉하지만 31~32%에서 등락 중인 것을 볼 수 있다. 양극화가 심화됐다면 이 그래프가 추세적으로 우상향했겠지만 1980년대 중반이나 2000년대나 별 변화가 없다. 상류층으로 소득이 집중돼 불평등이 커지고 있다는 생각은 근거가 부족하다는 점을 보여준다.

IBRD가 2002년에 조사한 114개국 상위 10% 집단의 소득 점유율을 보면, 슬로바키아(18.2%), 벨라루스와 스웨덴, 헝가리, 덴마크, 핀란드, 일본, 노르웨이, 이탈리아, 룩셈부르크(22.0%), 체코와 오스트리아, 불가리아, 슬로베니아, 벨기에, 우크라이나, 크로아티아, 독일,

캐나다, 르완다, 한국, 몽고, 폴란드(24.7%) 등 23개국이 25% 미만의 양호한 상황이다. 그 외 주요 국가는 프랑스 25.1%, 오스트레일리아 25.4%, 영국 27.7%, 중국 30.4%, 미국 30.5%, 인도 33.5%, 러시아 38.7%, 남아공 45.9%, 브라질 48% 등이다.

빈부격차의 핵심은 최상위 1%의 독식

양극화가 자본주의에 내재된 속성이 될 만큼 심각하고 추세적인 현상이 아니라는 점을 여러 분석에서 확인했다. 하지만 이런 결과들에도 불구하고 가장 민감하게 받아들여지는 부분이 바로 '1%가 독식하는 사회' 라는 선명한 구호다. 수입이 좀 늘었어도 상위 1% '슈퍼리치(super-rich)' 의 대박 소식을 접하게 되면 체감 불평등도는 높아질 수밖에 없다. 아큐파이 운동이 설정한 1%대 99% 구도가 공감을 얻는 것도 같은 이유일 것이다. 자본주의는 전체적인 양극화 평가에서 그리 박한 점수를 얻지 않았지만, 최상위 1%의 독주라는 측면에서는 상당한 약점을 노출한다. 슈퍼리치들의 수입이 상상을 넘어서기 때문이다. 이는 '1% 특권층' 이라는 계급의식으로 이어져 대다수 사람들의 심리적인 불만족을 증폭시킨다. 우리나라에서 타워팰리스가 부자들의 상징이자 사회적인 계급으로까지 인식되고, 특권층이 자그마한 꼬투리만 잡혀도 공격 대상이 되는 것과 같은 이치다.

2011년에 OECD가 회원국을 대상으로 조사한 결과는 1%로의 부의 집중이 광범위한 현상임을 보여준다. 19개국 1% 부자가 평균적으로 해당국 전체 소득의 9.8%(2007년 기준)를 점유 중인 것으로 나타났다. 이는 세전 기준이긴 하다. 국가에서는 부자에게 세금을 높이 매기는 누진세율과 다양한 방식의 소득 이전을 통해 세후 소득 불균형을 완화시킨다. 하지만 원천 소득에서 1%가 인구 비중의 거의 10배를 벌어들인다는 점은 1%를 위해 시장 시스템이 작동하는 것 아니냐는 의심을 부를 수밖에 없다.

| 상위 1%의 소득 비중 |

단위 : %

국가	2007년	1990년
미국	18.3	13.0
영국	14.3	9.8
캐나다	13.3	9.2
독일	11.1	10.9
스위스	10.5	9.7
아일랜드	10.3	6.6
포르투갈	9.8	7.2
이탈리아	9.5	7.8
일본	9.2	8.1
뉴질랜드	9.0	8.2
오스트레일리아	8.9	6.3
프랑스	8.9	8.2
스페인	8.8	8.4
핀란드	8.6	4.6
벨기에	7.7	6.3
덴마크	7.4	5.1
노르웨이	7.1	4.4
스웨덴	6.9	4.4
네덜란드	5.7	5.6
평균	9.8	7.6

※세전 소득 기준

1%의 점유율이 점점 커지고 있는 점이 가장 큰 문제다. 19개국 1%의 점유율은 1990년 7.6%에서 2007년 9.8%로 올랐다. 17년간 2.2%포인트 상승했으니 매년 0.13%포인트(2.2%/17)씩 점유율을 높여간 셈이다. 나라별로 보면 미국 1% 부자들의 점유율이 18.3%로 제일 높다. 미국은 증가 속도에서도 가장 빠르다. 1990년 13%이던 점유율이 17년 만에 5.3%포인트, 매년 0.31%씩 급등했다. 영국 1%의 점유율이 14.3%로 미국에 이어 2위다. 캐나다 13.3%, 독일 11.1%, 스위스 10.5%, 아일랜드 10.3%, 포르투갈 9.8% 등이 뒤를 잇는다.

반면 1%로의 집중이 낮은 나라로는 5.7%의 네덜란드가 손꼽힌다. 비중도 1990년 5.6%에서 거의 변하지 않았다. 프랑스와 스페인도 1%의 소득 점유율이 20년 동안 거의 상승하지 않는 모범 국가들이다. 스웨덴(6.9%), 노르웨이(7.1%), 덴마크(7.4%), 벨기에(7.7%) 등 다수의 북유럽 국가에서도 집중 현상이 덜하다.

질주하는 미국의 1% 슈퍼리치

세계 최고의 경제 대국 미국에서 상위 1%의 질주가 특히 두드러진다. 미국의 최근 30년간 소득 점유율을 추적해보면 상위 1%만 높아지고 나머지 99% 그룹은 낮아지거나 정체 상태다. 미국 의회예산처가 2011년 10월 내놓은 심층 보고서를 보면 이 사실이 잘 드러난다.

미국 최상위 1% 부자들의 소득 점유율은 21%(2007년)에 달한다.

앞에서 보여준 OECD 조사 결과와 차이가 나는 이유는 방법과 기준이 달라서다. 의회예산처의 분석은 근로소득, 사업소득, 자본소득, 은퇴소득 등 모든 종류를 합친 세금 부과 전 수입 기준이다. 하지만 원천 수입이 워낙 많다 보니 세금을 내고 난 뒤에도 1%의 점유율은 여전히 17%로 높다. 세전보다 불과 4%포인트 낮아지는 데 그친 셈이다.

1%의 세후 소득은 1979년에서 2007년까지 29년 동안 275% 급증했다. 인플레이션을 감안한 계산이니 절대적인 소득 규모가 조사 기간 중 3.75배로 늘었다고 이해하면 되겠다. 이는 다른 계층들의 증가율을 압도하는 것이다. 같은 기간 최하위 20%의 소득 증가율은 18%에 불과하고, 차하위(21~40%) 계층도 30%에 그친다. 중간층(41~60%)과 차상위층(61~80%) 역시 40%와 45%에 머물렀다. 81~99% 그룹(최상위 1% 제외)의 증가율은 65%다. 아큐파이 운동이 미국에서 시작되고 '우리는 99%'라는 구호가 정해진 건 우연이 아니다.

미국의 상하류 계층 간 격차는 1%의 질주로 계속 확대되고 있다. 세전 기준 상위 10%의 점유율은 45%, 상위 20% 점유율은 60%에 달한다. 하위 20%는 고작 2%를 가져가는 데 그치고 있다. 세금 등을 통해 재분배가 된 뒤에도 불평등은 그다지 개선되지 않는다. 세전 2%였던 하위 20%의 점유율이 4%로 늘긴 하지만 여전히 너무 작다. 반면 상위 20%는 세후 기준으로도 53%를 가져간다.

1979년과 2007년의 계층별 소득 점유율을 비교해보면 상류층으로 몰리는 부의 흐름을 뚜렷하게 확인할 수 있다.

| 미국 소득5분위별 점유율 |

단위: %(괄호 안은 누적치)

소득 그룹	세전 비중	세후 비중
0~20	2(2)	4(4)
21~40	7(9)	9(13)
41~60	12(21)	14(27)
61~80	19(40)	20(47)
81~90	14(54)	14(61)
91~95	10(65)	10(71)
96~99	14(79)	12(83)
TOP 1	21(100)	17(100)

※자료: 미국 의회예산처(2007년 기준)

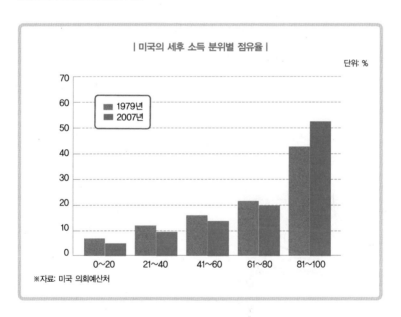

| 미국의 세후 소득 분위별 점유율 |

단위: %

※자료: 미국 의회예산처

상위 20%(소득 81~100% 그룹)의 세후 소득 점유율은 1979년 43%에서 2007년 53%로 높아졌다. 이는 전적으로 최상위 1%의 소득 급증 덕분이다. 상위 1%를 제외한 81~99% 그룹의 점유율은 같은 기간 36%로 변동이 없다. 나머지 하위 80%의 몫은 일제히 낮아졌다. 최하위층(0~20%)은 7%에서 4%로, 차하위층(21~40%)은 13%에서 9%로 줄어들었다. 중간 계층(41~60%)도 17%에서 15%로, 차상위층(61~80%) 역시 23%에서 20%로 소득 점유율이 동반 하락했다.

하지만 1%의 독식도 시장의 속성은 아니다

많은 사람들이 상위 1% 집단으로 부가 집중되는 현상을 자본주의의 속성으로 이해한다. 최근 20여 년 이상 상위 1%의 점유율이 지속적으로 올랐기 때문이다. 하지만 이는 과도한 해석이다. 분석 기간을 더 길게 잡고 부의 변동을 추적해보면 전혀 다른 흐름이 나타난다.

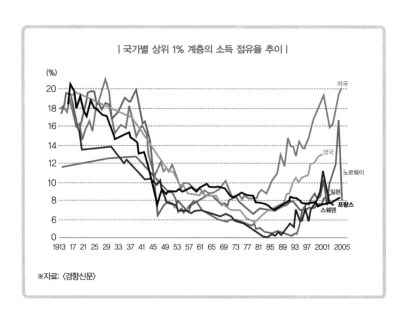

| 국가별 상위 1% 계층의 소득 점유율 추이 |

※자료: 〈경향신문〉

앞의 그래프는 거의 한 세기에 걸친 장기간의 상위 1% 점유율의 변화를 추적한 그림이다. 1% 부자들의 소득 점유율이 일방적으로 오른 것이 아니라 오히려 하락기가 더 길었음을 보여준다.

이는 미국에서도 마찬가지다. 최근 30년 동안 1%의 소득 점유율이 가파르게 올랐지만 그전 50년 동안은 반대로 급락세였다는 게 드러난다. 영국과 스웨덴, 노르웨이 등에서도 동일한 흐름이 목격된다. 1980년대 무렵부터 1% 점유율이 오름세지만 그전까지는 장기 하락 국면이 전개됐다. 시장경제에서 1%의 몫이 일방적으로 늘기만 하는 것은 아니라는 점을 확인할 수 있다.

미국 1%들의 소득 점유율이 가장 높았던 시기는 지금이 아니라 80여 년 전인 1928년이다. 프랑스 파리경제학교의 토마스 피게티(Thomas Piketty)와 미국 캘리포니아 주립대의 엠마누엘 사에즈(Emmanuel Saez)의 공동 연구에 따르면, 미국 1% 부자들의 점유율은 대공황 직전인 1928년에 24%로 최고치를 기록했다. 하지만 이후 50년간 장기 하락해 1978년에는 9%까지 급락했다. 1% 부자들의 소득 점유율이 장기 하락한 50여 년 동안은 다름 아닌 미국 경제의 전성기였다. 존 케인스(John M. Keynes)의 공황 해법을 바탕으로 2차 세계대전 이후 성장을 가속화한 시기다.

이처럼 많은 나라가 1% 점유율의 긴 하락기를 겪었다는 점은 최근 목격되는 상승 흐름이 정해진 방향성이 아니라 시대 상황을 반영한 현상이라는 걸 시사한다. 또 1% 소득 점유율의 장기 하락 국면이 마무리된 후 상승 반전이 나타나지 않고 안정적으로 유지되는 나라가 적지 않다는 데서 문제를 해결할 수 있음을 알 수 있다. 미국과 달리 프랑스와 일본에서는 1% 소득 점유율의 급락 국면이 1940년 대에 끝난 뒤에도 지금까지 60여 년 동안 하향 안정세가 지속되고 있다.

미국 1% 부자들의 몫도 역사적 고점 수준에 근접한 만큼 하락 반전이 기대된다. 실제로 미국 연방의 정부 조세 자료를 기초로 한 최신 연구에 따르면, 1%의 소득 점유율은 이미 빠르게 하락하기 시작했다. 2007년 23.5%로 고점을 찍은 뒤 2008년 21%, 2009년 17%로 급락세로 돌아선 것으로 분석된다.

| 미국 상위 1% 소득 점유율 |

2007년에 미국 상위 1%의 몫이 역사적 고점인 1928년 수준에 근접한 것은 시대 상황의 유사성 때문이라는 생각이다. '포효하는 20년 대(The Roaring Twenties)'라는 표현이 있는 것처럼 1920년부터 대공황이 터진 1929년까지 산업화가 급속도로 진행되며 아메리칸드림이

실현된 호황기였다. 첫 번째 세계대전이 1919년에 끝난 뒤 미국 전역에 고속도로를 만들고 전기를 보급하면서 빠른 성장세가 나타났다. 1920년에는 피츠버그에서 최초의 라디오방송국이 개국돼 종일 재즈 음악을 틀어줬다. 이 시기를 '재즈의 시대'라고도 부르는 이유다. 거대한 저택에서 매일 밤 파티를 열고 부를 뽐내며 인생을 즐기던 당시 들뜬 사회상은 미국의 대표 작가 피츠제럴드(F. S. K. Fitzgerald)가 명작 《위대한 개츠비》를 탄생시킨 배경이기도 하다.

지금과 비교해보면 시대 상황에서 유사점이 적지 않다. 1% 소득 점유율이 사상 최고로 치솟은 1927년은 대공황을 코앞에 둔 해였던 것처럼 2007년은 리먼브라더스(Lehman Brothers Holdings)의 파산으로 시작된 글로벌 금융위기가 발발하지 직전이었다. 또 브릭스가 본격 성장하기 시작한 2000년대는 1920년대처럼 글로벌 경제가 오랜 부진을 털고 호황을 누린 시기다. 라디오가 신세계를 보여준 것처럼 인터넷이 새로운 지평을 열었다는 유사성도 있다.

게다가 1920년대는 러시아혁명 이후 공산주의와 파시즘이 출현하는 등 '광란의 시대'였다. 2000년대도 미국식 자본주의의 확산을 뜻하는 '워싱턴 컨센서스(Washington Consensus)'가 개도국의 독자적인 성장 전략을 중시하는 '베이징 컨센서스(Beijing Consensus)'에 의해 견제받기 시작한 격변의 시기다. 이런 비교가 다소 작위적일 수도 있지만 적잖은 유사성이 있는 것만은 분명하다. 따라서 1% 부자들의 점유율 등락은 경제 전반의 건강도를 가늠해볼 수 있는 바로미터 기능도 갖고 있다.

'1% 사회'는 숙련 편향적 기술 진보와 세계화의 그늘

1%로의 집중 현상이 자본주의 시장경제 탓이 아니라면 이유는 무엇일까? 시대 상황이 그런 방향으로 흘러가고 있는 데서 찾아야 하지 않을까? 전문가들은 '숙련 편향적 기술 진보'의 결과라는 말로 소득 집중을 설명한다. 기술 진보가 숙련 노동자의 수요를 증대시키는 방향으로 진행되는 반면 숙련 노동자의 공급은 그에 미치지 못해 임금 격차가 커지는 현상이다. 이 변화는 숙련에 대한 프리미엄을 높여 1%의 독식을 심화시킨다. 숙련 지식으로 인정받은 기술의 유효기간도 짧아지고 있다. 자연히 적응력이 부족한 다수의 탈락자가 양산돼 숙련 노동을 보유한 소수가 그들 몫까지 차지하게 된다. 예전에는 동질적인 노동이 요구됐기 때문에 열심히 일하면 누구나 따라갈 수 있었다. 하지만 사회가 전문화되면서 특화된 노동에 대한 수요가 급증해 노동의 질적 계층화가 심화되고 있는 것이다.

숙련 노동에 대한 수요증대는 세계화와 맞물려 글로벌 비즈니스 차원에서 숙련 노동의 프리미엄을 급등시킨다. 20대 슈퍼리치 CEO 마크 주커버그(Mark Zuckerberg)의 등장도 같은 맥락이다. 그는 SNS 페이스북(Facebook) 주식 상장으로 단번에 300억 달러에 육박하는 재산을 축적했다. 페이스북 이용자는 조만간 10억 명에 이를 것이라고 한다. 전 세계 성인 2~3명 중 1명이 가입한 서비스가 돈을 쓸어담는 것은 당연하다. 1% 부자가 된 주커버그의 페이스북이 뉴욕 주코티 공원에서 시작된 1% 타도운동을 한 달도 안 돼 전 세계 99%에게 전파하고 동참을 이끌어내는 촉진제 역할을 해낸 것은 시대의 아이러니다.

세계화가 1%의 독식을 불러오는 현상은 연예인이나 스포츠 스타들을 떠올리면 쉽게 이해된다. K팝 스타들은 전 세계를 무대로 공연을 하고 음반을 판매한다. 소녀시대가 2011년 일본에서 벌어들인 수입은 567억 원이라고 한다. 가왕 조용필이 소녀시대보다 인기나 실력이 부족하지 않지만 그가 한창 활동했을 때 수입도 비교가 안 된다. 당시는 세계화된 시장이 없어 국내 팬만을 상대했기 때문이다. 이제 K팝은 세계화의 물결을 타고 뉴욕과 파리에서 공연을 펼친다. 시장이 무한 팽창된 만큼 수입 급증은 당연한 결과다.

스포츠 스타들도 세계화의 수혜를 입고 1% 부자의 단골 멤버가 됐다. 골퍼 타이거 우즈(Tiger Woods)는 슬럼프 탓에 수입이 반 토막 났음에도 2011년 700억 원이 넘는 수입을 올렸다. 박지성이 맨체스터 유나이티드에서 활동했을 때 연봉은 40억 원대다. 프리메라리가 FC 바르셀로나의 축구 스타 리오넬 메시(Lionel Messi)는 연봉만 100억 원대이고 한 해 500억 원 이상을 벌어들인다. 돈의 가치가 달라진 걸 감안하더라도 골프의 전설 잭 니클라우스(Jack Nicklaus)나 축구 황제 펠레(Pele)의 전성기 시절보다 요즘 선수들의 수입은 월등히 높다. 세계화 덕분에 선수들의 플레이가 실시간으로 전 세계 팬들에 전해지고 있는 것이 고수입의 배경이다. 또 이들은 나란히 스포츠를 예술의 경지로 진입시킨 높은 숙련도의 기술 보유자들이다. 1%로의 부의 집중은 자본주의의 폐해라기보다 빠르게 발전하고 통합되는 세계화 시대의 부산물이자 숙련 편향적 기술 진보의 결과다.

미국의 1%를 무조건 비난하기 힘든 이유

부의 집중은 비판 대상이지만 미국 1%의 독점이 심해지는 데에는 그 나름의 변명도 있다. 우선 상위 1% 슈퍼리치의 구성 멤버가 계속 바뀐다는 점이다. 1% 몫의 급증이 부자가 더 부자가 되는 악순환의 결과는 아니라는 의미다. 슈퍼리치의 면면이 바뀌는 것은 미국 경제의 역동성을 나타내는 징표로 볼 수 있다. 이런 활력이 살아 있는 한 1%에 대한 과도한 비난은 자제될 필요가 있다.

미국 1% 집단의 변동은 연방준비제도이사회(FRB)의 경제학자 아서 케닉켈(Arthur Kennickell)이 2011년 11월 내놓은 〈변하고 뒤집하다: 2007~2009년 미국 가계의 부의 역동성〉이란 보고서에서 잘 드러난다. 이 보고서에 따르면 2007년 소득 상위 1% 중 43%가 불과 2년 뒤인 2009년에 1%에서 물러났다. 슈퍼리치의 진입과 퇴출이 활발하다는 의미다. 페이스북 주식 상장으로 주커버그가 슈퍼리치에 오른 것은 물론, 페이스북 직원의 3분의 1에 해당하는 1,000여 명도 함께 백만장자가 됐다. 이들은 분명 미국 1%의 소득 점유율을 적잖이 끌어올렸을 것이다. 창의적인 기업가의 성공 스토리가 사회적으로는 불평등 확대라는 부정적 결과로 이어지는 역설이다.

억만장자의 상당수가 당대에 자수성가한 부호라는 점도 미국 슈퍼리치의 두드러진 특징이다. 〈포브스〉에서 해마다 발표하는 미국 부자들의 면면을 보면 잘 알 수 있다. 1~20위 부자 중 무려 13명이 스스로 부를 일군 사람들이다.

1~3위에 마이크로소프트(MS) 창업자 빌 게이츠(Bill Gates), 세계적인 투자가 워렌 버핏(Warren Buffett), 오라클(Oracle) 창업자 래리 엘리슨(Larry Ellison)이 나란히 이름을 올렸다. 전부 당대에 부를 일군 창업자다. 7, 8위인 소로스펀드매니지먼트(Soros Fund Management)의 조지 소로스(George Soros)와 라스베이거스샌즈(Las Vegas Sands)의 셸던 아델슨(Sheldon Adelson) 역시 스스로의 힘으로 슈퍼리치가 됐다. 11~20위 10명 중 8명도 창의적인 선구자들이다. 뉴욕 시장이자 블룸버그통신의 마이클 블룸버그(Michael Bloomberg), 아마존(Amazon)의 제프 베조스(Jeff Bezos), 페이스북의 주커버그, 구글(Google)의 세르게이 브린(Sergey Brin)과 래리 페이지(Larry Page), 폴슨앤컴퍼니(Paulson & Co)의 존 폴슨(John Paulson), 델(Dell)의 마이클 델(Michael Saul Dell), MS CEO 스티브 발머(Steve Ballmer)와 같이 시대를 앞선 자수성가형 부자들이 나란히 12~19위에 올랐다.

20대 갑부 중 상속형은 7명에 그친다. 월마트(Wal-Mart) 창업자 샘 월튼(Samuel Walton)의 상속자 4명(크리스티 월튼, 짐 월튼, 앨리스 월튼, 롭슨 월튼), 비상장 석유 재벌 코크인더스트리(Cork Industries)의 후계자 2명(찰스 코크, 데이비드 코크), 세계 최대 제과업체 마스(Mars)의 상속자 1명(포레스트 마스)이 전부다. 이처럼 미국 백만장자의 3분의 2 정도는 자수성가한 사람들이라는 게 여러 연구에서 확인되는 정설이다. 1%가 독주하고 있음에도 미국 사회를 부정적으로만 해석해서는 안 되는 이유다.

리스트를 훑어보면 알 수 있듯이 미국의 슈퍼리치 중에는 남다른

| 미국 20대 부자 |

단위: 10억 달러

순위	인물	재산	나이	회사(직종)
1	빌 게이츠	$59	55	MS
2	워렌 버핏	$39	81	버크셔 해서웨이
3	래리 엘리슨	$33	67	오라클
4	찰스 코크	$25	75	석유 등
5	데이비드 코크	$25	71	석유 등
6	크리스티 월튼	$24.5	56	월마트
7	조지 소로스	$22	81	헤지펀드
8	셀던 아델슨	$21.5	78	카지노
9	짐 월튼	$21.1	63	월마트
10	앨리스 월튼	$20.9	61	월마트
11	롭슨 월튼	$20.5	67	월마트
12	마이클 블룸버그	$19.5	69	블룸버그
13	제프 조베스	$19.5	47	아마존닷컴
14	마크 주커버그	$17.5	27	페이스북
15	세르게이 브린	$16.7	38	구글
16	래리 페이지	$16.7	38	구글
17	존 폴슨	$15.5	55	헤지펀드
18	마이클 델	$15	46	델
19	스티브 발머	$13.9	55	MS
20	포레스트 마스	$13.8	80	제과

※자료: 〈포브스〉 2011년 9월 기준

열정과 창의성으로 세계인의 영감을 불러일으킨 사람들이 많다. 슈퍼리치의 부를 부러워하고 시기하기 전에 그들이 연출한 새로운 세상도 봐야 한다. 허름한 창고에서 출발해 주변과의 불화를 감수하며 자신만의 세계를 추구하여, 결국 세상을 리드한 스티브 잡스(Steve Jobs)가 대표적이다. 애플(Apple)의 시가총액은 무려 600조 원으로 우리나라 예산의 2배에 달한다. 하지만 탐욕스러운 1%라며 그를 손가락질하는 사람은 별로 없다. 더 좋은 세상으로 사람들을 안내한 그의 노고를 인정하기 때문이다.

미국은 성과주의라는 엄격한 기준에 따라 작동한다. 많은 사람에게 큰 효용을 준 선구자에게는 그에 걸맞은 막대한 보상을 안겨준다. 상당수 슈퍼리치가 당대에, 혹은 불과 10여 년 만에 거대한 부를 축적할 수 있는 이유다. 주커버그는 페이스북을 2004년에 창업했다. 하지만 그의 소셜 미디어는 지난해 '중동의 봄'을 확산시키는 역할을 해내는 등 세계를 변화시키고 있다. 그의 성공은 많은 젊은이들을 창조적인 도전으로 이끄는 자극제다. 또 구글이 없었다면 삶의 질이 지금보다 낮았을지도 모른다. 독주하는 미국의 상위 1% 부자들은 미국의 경쟁력을 유지시키는 원동력이기도 하다.

미국에서 부의 독점 현상을 이해하기 위해서는 백만장자의 수가 사상 최대로 늘어난 점도 고려해야 한다. 투자 은행 메릴린치(Merrill Lynch)와 글로벌 컨설팅 회사 캡게미니(Capgemini)의 조사에 따르면 집과 각종 소장품, 차 등을 제외한 순수 투자 금융 자산이 100만 달러 이상인 미국인이 2010년 310만 명으로 2009년보다 24만 명이 늘어나면서 사상 최고치에 달했다. IBRD 수석 경제학자 브란코 밀라노비치(Branko Milanovic)는 전 세계 상위 1% 부자 6,000만 명의 절반에 달하는 2,900만 명이 미국인이라고 집계했다. 다른 사람이 가난해진 게 아니라 백만장자 대열 합류자가 늘어 소득 격차가 커진 것을 나쁘게만 볼 필요는 없을 것이다. 〈뉴욕타임스〉가 2012년 초에 조사한 내용에 따르면 1% 부자들은 빈둥대며 놀고 있지 않다. 우선 근무시간이 일반인보다 길었다. 일주일에 50시간 이상 일하는 1% 부자들의 비율이 일반인보다 3배 높고, 맞벌이 비중도 '99%'와 비슷했다. 은 수저를 물고 태어나 뉴욕 대저택에서 호의호식하며, 월 가를 지배하고 탐욕스럽게 돈을 모은다는 선입견과는 상당히 다른 모습이다.

또 1%로 가는 길이 공평하게 열려 있는 한 결과를 두고 과도하게 비난해서도 안 된다. 미국은 기회를 공평하게 준 뒤 결과를 냉정하게 평가한다. 이를 위해 교육의 기회를 보장하고 있다. 미국 대학등록금은 세계에서 몇 손가락에 꼽힐 만큼 높은 것으로 알려져 있지만 실상을 알고 보면 상당히 다르다. 외국인 유학생 등에게는 예외 없이 높은 등록금을 꼬박꼬박 받아낸다. 하지만 미국인이나 지역 거주 학생들은 수많은 장학 제도를 통해 등록금 전액을 지원받는 경우가 대부분이다. 많은 대학들은 입학 예정자 전원을 일대일로 상담해 성적과 가정환경, 근로 제공 등을 조건으로 학비를 지원받을 수 있도록 돕는다. 졸업자들은 생활이 안정되면 감사의 표시로 큰돈을 기부하는 사례가 많다. 대학들은 이런 메커니즘을 누구보다 잘 알기 때문에 입학 당사자 못지않게 적극적으로 학비 맞춤 설계 방안을 찾아준다. 신뢰에 기반을 둔 장학금 제도를 통해 누구나 고등교육을 받을 수 있는 선순환 구조를 구축하고 있는 셈이다.

돈이 없고 성적이 낮아도 일단 2년제 커뮤니티 칼리지나 지방 대학을 나온 뒤 대도시나 명문대로 옮겨 '패자부활전'을 도모하는 것도 어렵지 않다. 아이비리그급인 서부의 명문 캘리포니아 대학과 캘리포니아 주립대 계열의 경우 커뮤니티 칼리지(미국 공립 2년제 대학)를 거친 편입생이 졸업생의 30%를 차지하기도 한다. 이처럼 기회의 공평성이 보장되기 때문에 다수의 미국인들은 사회가 공정하다고 인식하며 결과에 수긍한다. 1% 부자들을 비난하고 적으로 대하는 아큐파이 운동에 대한 시선이 차분한 이유이기도 하다.

새로운 생각이 새로운 시대를 연다

미국의 1%들은 상상을 초월한 수입 못지않게 사회 환원에도 파격적인 행보를 보인다. 철강왕 앤드류 카네기(Andrew Carnegie)와 석유왕 존 록펠러(John Rockefeller) 이래 세워진 전통에 따라 엄청난 기부로 사회에 기여한다. 이 같은 흐름은 '박애자본주의', '창조적 자본주의' 등의 이름으로 불린다.

버핏은 2006년 재산의 99%인 460억 달러를 기부하겠다고 선언했다. 게이츠도 자선사업에 전념하기 위해 2008년 MS 회장에서 물러났다. 2009년부터 두 사람은 억만장자들이 재산 절반을 기부하도록 유도하는 캠페인을 전개 중이다. 70여 명이 기부를 약속해 그 금액이 200조 원을 넘는다. 기부자들은 〈포브스〉가 추정한 미국 억만장자 403명의 20%에 달한다. 이베이(Ebay) 창업자 피에르 오미디아르(Pierre Omidyar)는 영리와 비영리 자선단체의 경계를 허물어뜨렸다. 외부에서 끊임없이 지원받는 기존 기부운동을 지속 가능한 구조로 설계해냈다. 기부금 조성과 수익 창출을 동시에 할 수 있는 모델인 오미디아르네트워크(Omidyar Network)를 2004년 출범시킨 것. 국제 투기 자본의 한 축 소로스도 '정치를 위한 자선'이라는 영역을 개척, 박애자본주의 대열에 가담했다. 그가 세운 열린사회재단은 동유럽

반체제 그룹들을 지원, 구소련 붕괴에 일조했다.

이 같은 1%들의 행보는 기부를 통한 체제의 지속 가능성 제고가 자신과 사회의 이익을 합치시키는 일이라는 판단에 따른 것이다. 빈 자의 상처를 보듬어야 자본주의의 지속적 발전이 담보된다는 새로운 공존의 사상이다. 버핏은 재산의 많은 부분을 미국이라는 사회가 벌 어준 것이라며 그 건강성을 지켜나가는 일이 무엇보다 중요하다고 지적한다. 게이츠도 2008년 스위스 다보스에 열리는 세계경제포럼 (World Economic Forum, WEF)에서 '불평등이 심화되는 세계적인 현 실 속에서 자본주의의 혜택이 모든 사람들에게 돌아갈 수 있도록 시 스템을 혁신해야 한다'며 이를 '창조적 자본주의'로 명명했다.

상위 1%의 또 다른 핵심 멤버인 미국의 연예인들도 기부와 봉사에 적극적이다. 많은 유명인들이 명성과 인기를 약자를 돕는 데 쓴다. 시장 시스템이 승자에게 허락한 이익을 공동체와 자발적으로 나누는 이 같은 1%들의 부상은 더 좋은 시장을 찾아나선 자본주의에 새 가 능성을 제시해주고 있다. 우리나라에서도 나눔에 앞장선 부자들이 많다. 강남 좌파가 많은 것처럼, 부잣집에 참한 딸이 많다는 말을 부 인하기 힘들 듯, 세상을 흑과 백으로 보는 건 사고는 치명적이다. 부 자와 성공을 매도하는 계급적 시각은 시대착오적이다. 새 시대는 새 생각의 탄생으로 열린다. 물론 세상의 1% 중에는 99%를 억압하는 부자도 많다. 하지만 공존을 구하는 1%와 분노를 자극하는 계급적 사고, 패배 정서를 벗어던진 다수 민중의 자각으로 더 좋은 시장을 향한 꿈은 현실이 될 것이다.

시장, 빈곤을 몰아내고 중산층을 폭발시키다

여전히 가난한 지구, 선진국에서도 11%가 빈곤

지니계수와 소득5분위배율을 통해 세계의 양극화 실태를 들여다봤다. 이들 지표와 함께 빈부격차를 진단할 때 사용하는 또 하나의 기준이 빈곤율이다. 글자 그대로 한 나라에서 빈곤층이 차지하는 비중을 나타낸다.

정확한 용어는 '상대적 빈곤율'이다. 중국과 미국에서 생각하는 빈곤의 수준이 다를 수밖에 없기 때문에 상대적 개념으로 접근하는 것이다. 소득이 그 나라 중위소득(전체 인구 중 소득이 중간인 사람의 소득)의 50% 이하인 사람이 빈곤층으로 분류된다. 비슷한 지표로 '절대 빈곤율'이 있다. 경제 수준을 감안해 각국이 자체적으로 정한 최저

생계비보다 수입이 낮은 사람의 비율을 말한다. 나라별 빈곤 상황을
비교할 때는 상대적 빈곤율 개념이 유용하다.

이제 전 세계의 빈곤 상황을 살펴보자. OECD 회원국의 상대적 빈
곤율은 평균 11.1%(2008년 기준)로 집계된다. 대략 9명 중 1명이 빈곤
층이라는 뜻이다.

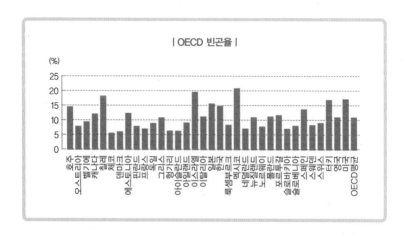

| OECD 빈곤율 |

나라별 빈곤 현황에서는 큰 차이가 난다. 멕시코가 21.0%로 가장 높
다. 5명 중 1명이 빈곤층인 셈이다. 이스라엘 19.9% 칠레 18.4% 미국
17.3% 터키 17.0% 등이 멕시코의 뒤를 잇는다. 경제 대국 미국의 빈곤
율이 17%대로 고공비행 중인 점이 특히 눈에 띈다. 빈곤율 지표도 어
느 정도가 좋은지에 대한 일반적인 기준은 없다. 하지만 미국은 G7을
포함한 서구 선진국 중 유일하게 빈곤율 상위권에 올라 양극화가 심하
다는 점이 다시 한 번 확인된다. 프랑스와 독일의 빈곤율은 7.2%, 8.9%
로 미국의 절반 수준이다. 영국도 11.0%로 미국보다 훨씬 양호하다.

빈곤율이 낮은 나라들은 체코 5.5%, 덴마크 6.1%, 아이슬란드 6.4%, 헝가리 6.4%, 네덜란드 7.2%, 슬로바키아 7.2%, 스웨덴 7.8%, 오스트리아 7.9%이다. 우리나라의 빈곤율은 15.0%다. 빈곤율은 세금과 각종 소득 이전 등을 거친 뒤의 상황이다.

세전 소득을 기준으로 보면 OECD 평균 빈곤율은 26.3%로 치솟는다. 4명 중 1명꼴이다. 세전 빈곤층이 가장 많은 나라는 33.3%의 이탈리아다. 하지만 이탈리아는 재분배를 통해 빈곤층을 세전의 3분의 1 수준인 11.4%로 대폭 낮췄다. 프랑스와 독일도 세전 빈곤층은 32%대지만 세후는 7.2%와 8.9%로 양호하다. 벨기에(31.5%), 영국(31.2%), 그리스(31.1%), 핀란드(30.1%)도 세전 기준 빈곤층이 높은 나라들이다. 미국의 세전 빈곤층은 27.0%다.

OECD에서 세전 소득만 볼 때 빈곤층이 가장 적은 나라는 어디일까? 바로 우리나라다. 우리나라는 세전 빈곤층이 17.5%로 선진국 평균보다 9%포인트나 낮다. 긍정적으로 해석하면 상대적으로 좋은 일자리가 많다는 뜻이고, 부정적으로 본다면 세금 등을 통한 소득 재분배가 매우 취약하다는 의미다. 우리 다음으로 세전 빈곤층이 적은 나라는 아이슬란드(19.0%), 스위스(19.9%)가 있다.

빈곤율 상승, 2000년대 들어 거의 멈춰

빈곤율을 점검할 때도 그 변화 방향에 주목해야 한다. 빈곤율 추이를 보면 소득 격차가 좁혀지고 있는지, 더 벌어지는지를 알 수 있다.

OECD의 상대적 빈곤율 추이를 보면 1990년대 중반까지는 악화되는 모습이다. 성장의 과실이 최하위계층까지 골고루 전달되지 못했다는 의미다. 하지만 빈곤율 상승세는 2000년대 들어 완연히 꺾였다.

| OECD 주요 국가의 상대적 빈곤율 추이 |

단위: %

구분	1995년	2000년	2005년	2008년
오스트레일리아	11.4	12.2	13.2	14.6
오스트리아	7.4	9.3	6.6	7.9
벨기에	10.8	10.4	8.8	9.4
캐나다	10.7	11.4	11.7	12.0
체코	4.3	4.3	5.8	5.5
덴마크	4.7	5.1	5.3	6.1
핀란드	4.1	5.3	6.6	8.0
프랑스	7.6	7.2	7.2	7.2
독일	7.2	7.6	8.3	8.9
그리스	13.9	13.5	12.6	10.8
헝가리	7.4	8.2	7.1	6.4
아일랜드	11.0	15.4	13.6	9.1
이탈리아	14.2	11.8	11.4	11.4
일본	13.7	15.3	14.9	15.7
룩셈부르크	5.5	5.5	8.1	8.5
멕시코	21.7	21.5	18.4	21.0
네덜란드	6.9	6.6	7.8	7.2
뉴질랜드	8.4	9.8	10.8	11.0
노르웨이	7.1	6.3	6.8	7.8
포르투갈	14.6	13.7	12.9	12.0
스페인	11.8	13.7	14.1	14.0
스웨덴	3.7	5.3	5.3	8.4
영국	10.5	11.0	10.3	11.0
미국	16.7	16.9	17.0	17.3
평균	9.8	10.3	10.2	10.5

※연도와 수치가 1년 안팎 차이날 수 있음

이 표는 과거 데이터가 존재하는 24개 OECD 회원국 빈곤율 추이를 보여준다. 빈곤층 비율이 1995년 9.8%에서 2000년 10.3%로 높아진 뒤에는 등락을 거듭하는 모양새다. 데이터가 완전하게 집계되는 2000년대 중반 이후 34개 회원국의 빈곤율을 집계해보면 2005년 11.09%에서 2008년 11.06%로 미세한 하락세도 목격된다.

나라별로 빈곤율을 성공적으로 낮추고 있는 사례도 적지 않다. 1990년보다 2008년 빈곤율이 낮은 곳은 영국(13.7→11.0%), 포르투갈(13.8→12.0%), 미국(17.9%→17.3%), 덴마크(6.2→6.1%) 등이다. 빈곤율이 더 높아진 나라는 캐나다(11.1→12.0%), 프랑스(6.6→7.2%), 독일(5.5→8.9%), 이스라엘(14.6→19.9%), 네덜란드(5.7→7.2%), 스웨덴(3.6→8.4%) 등이다. 빈곤율이 개선된 국가 중에는 절대적인 수준이 높은 경우가 많고, 반대로 악화된 나라의 상당수는 절대 수준이 낮은 점이 특징이다. 빈곤율이 낮거나 개선 추세를 보이는 나라가 적지 않다는 점에서 양극화 문제가 해결 가능한 문제임을 다시 한 번 확인할 수 있다.

미국의 빈곤율도 구조적인 상승세는 아니다

빈곤과 관련해 관심을 집중시키는 이슈 중 하나가 바로 미국의 빠른 빈곤층 증가다. 2011년 미국 인구통계국의 조사 결과 빈곤자 비율이 1993년 이후 17년 만에 최고를 기록했다는 소식이 국내 신문의 헤드라인을 장식하기도 했다. '경제 대국'인 줄 알았는데 알고 보니 '빈곤 대국'이라며 비아냥댔다. 자본주의 종주국에서 빈곤자 급증 현상은 시장 경제가 빈곤 퇴치에 무능함을 보여주는 징표라는 해석도 잇따랐다.

당시 인구통계국 조사에서 2010년 소득이 최저생계비에 미치지 못하는 미국의 절대 빈곤율은 15.1%에 달했다. 절대 빈곤율은 미국 정부가 정한 빈곤선 이하의 소득자 비율이다. 미국의 빈곤선은 4인 가족의 경우 2만 2,314달러(약 2,450만 원)다. 월 200만 원을 벌지 못해 가난에 시달리는 미국인이 6.6명에 1명꼴인 셈이다.

하지만 이 결과를 놓고 미국이 지속적으로 빈곤해지고 있다고 오해해선 안 된다. 빈곤율이 2007~2011년 4년 연속 높아져 우려되는 상황이긴 하지만 마냥 오르고 있는 것은 아니기 때문이다. 인구통계국 보고서를 자세히 들춰보면 미국 빈곤율의 역사가 나오는데 지금 빈곤율은 역대 최고에 비해 훨씬 낮다. 빈곤율이 최고였던 때는 조사가 처음 실시된 1959년으로 22.4%에 달했다. 당시보다 2010년에는

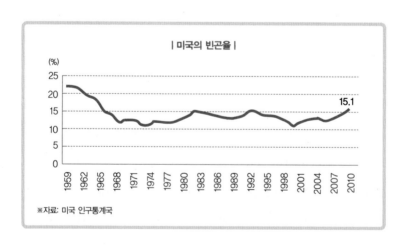

| 미국의 빈곤율 |

※자료: 미국 인구통계국

7.3%포인트 낮다.

미국 빈곤율은 경기에 따라 심하게 등락한다. 1960~70년대에는 불과 13년 만에 빈곤율이 22%에서 11%로 급감하기도 했다. 당시는 2차 세계대전 이후 맞은 미국 경제의 전성기였기 경제성장이 빈곤 퇴치의 특효약임을 시사하고 있다. 1970년 무렵 11%대로 낮아졌던 미국의 빈곤율은 1983년 15.2%까지 반등했다. 하지만 장기적으로 보면 최근 40여 년(1966~2011년) 동안 11.1~15.2%를 등락 중이다.

미국의 빈곤 실태가 한국에까지 대서특필 된 데는 글로벌 금융위기라는 국면의 특수성이 작용했다. 자본주의 종주국이자 경제 대국인 미국까지 빈곤에 시달릴 정도로 위기를 극복하기가 어렵고 세계 경제의 문제가 구조적이라는 메시지가 되기 때문이다. 하지만 미국 빈곤 상황이 걷잡을 수 없이 지속된다거나, 빈곤율 상승이 시장경제의 속성이라고 보는 시각은 오해다.

최근 미국의 빈곤율 상승을 신자유주의의 폐해로 해석하는 것도 설득력이 떨어진다. 신자유주의가 본격 시행된 1991~2000년 10년 동안 빈곤율은 14.2%에서 11.4%로 크게 낮아졌다. 이 정도의 뚜렷한 하락 국면이 있었다면 신자유주의가 빈곤을 조장한다는 주장은 근거가 부족하다고 판단하는 것이 타당하다.

미국의 빈곤 상황에 대한 오해는 사회적 변화에서 기인하는 측면이 크다. 지난해 스탠포드대가 미국 117개 도시 주민들의 소득을 추적한 결과 1970년 65%였던 중산층 거주지 인구가 2007년엔 44%로 급감했다. 미국에서도 이를 두고 중산층이 몰락하고 있다는 해석이

나왔지만 따져볼 여지가 많다. 요즘 미국 부자들은 교외보다 더 도심에서 떨어진 '준교외'나 재개발된 고급 주거지로 몰리는 경향을 보인다. 부자가 크게 늘면서 중산층이나 빈곤층과 구분되는 삶을 추구하는 경향이 뚜렷해지고 있는 것이다. 부자들이 빠져나간 중산층 주거지는 쇠퇴하기 마련이다. 이는 공동체적 삶이 무너진다는 측면에서 사회적으로 큰 문제지만 이 현상을 중산층 붕괴로 단정하는 것은 논리의 비약이다.

가난과의 싸움에서 승리 중인 시장

빈곤 퇴치는 우리 시대가 풀어야 할 주요 과제중 하나다. 유엔(UN)이 새 천년 첫 해인 2000년에 193개 전 회원국과 함께 채택한 10개의 밀레니엄 개발 목표 중 첫 번째가 '2015년까지 빈곤율 절반 감축'이었다는 점에서도 잘 드러난다.

새 밀레니엄이 시작된 지 10여 년이 흘렀지만 지구촌 곳곳에서 가난이 사라지지 않자 사람들은 시장경제 시스템에 원망의 눈초리를 보내고 있다. 아시아, 아프리카, 남미 등지의 상당수 국가에서 극도의 가난이 여전하다는 점이 1% 부자들의 독식 현상과 오버랩되며 자본주의 체제에 문제가 있는 것 아니냐는 의구심을 갖게 된 것이다. 시장은 부자를 위한 제도이며 빈자를 위해서는 작동하지 않는 탓에 가난이 사라지지 않는다는 목소리도 커졌다. 부유한 나라가 가난한 나라의 부를 뺏기 때문에 빈국은 점점 더 힘들어지고, 가난의 수렁을 벗어날 수 없다는 시각이다.

하지만 이 주장들은 현실을 곡해한 것이다. 앞에서 살펴본, 선진국에서조차 빈곤이 퇴치되지 않고 있다는 분석은 상대적 빈곤을 말한 것이다. 소득 수준이 전반적으로 나아졌지만 분배 측면에서 충분한 성과를 거두지 못해 상대적 가난이 퇴치되지 않았다는 뜻이다. 절대적인 가난의 퇴치라는 측면에서 보면 시장경제 시스템은 오랫동안 성공적인 역사를 써왔다. 여전히 많은 사람들이 최저 생활을 보장받지 못하는 게 사실이지만 이는 빈곤과의 싸움이 지난함을 보여주는 것일 뿐이다. 그렇다면 가난과의 투쟁은 어떻게 전개되고 있고, 전 세계의 빈곤은 어떤 상황일까?

IBRD는 2011년에 지구촌의 가난에 대한 종합적인 보고서를 내놓았다. 하루 소득 1.25달러(2005년 구매력 기준)를 빈곤선으로 정하고 그 이하를 빈곤자로 분류했다. 인간다운 삶을 위한 최소한의 기준인 이 빈곤선은 예전에는 하루 1달러였다. 물가와 소득 향상 등을 감안해 2008년부터 1.25달러로 기준이 높아졌다. 하루에 1.25달러를 누구 코에 갖다 붙이느냐고 생각할 수도 있겠다. 하지만 불과 30년 전만 해도 인류의 절반 이상이 하루 1.25달러를 벌지 못했다. 그만큼 가난은 숙명과도 같은 힘겨운 상대다.

IBRD는 하루 1.25달러도 쓰지 못하는 절대 빈곤자를 13억 7,200만 명(2005년 기준)으로 집계했다. 당시 세계 인구 54억 5,300만 명의 25.2%다. 4명 중 1명이 최소한의 인간다운 생활을 누리지 못하고 있다는 의미다. 10억 명이 넘는 사람들이 아직 굶고 있느냐고 놀랄 수 있겠다. 하지만 이는 엄청난 개선의 결과다. 빈곤자 통계를 처음 집계한 1981년에는 빈곤 인구가 19억 명으로 지금보다 5억 2,800만 명이나 많았다.

빈곤층 비율로 따져보면 가난과의 전쟁에서 거둔 성과를 뚜렷하게 느낄 수 있다. 1981년 세계 인구는 36억 6,300만 명에 그쳐 절대 빈곤율이 51.9%로 절반을 넘는 상황이었다. 불과 24년 만에 전 세계 빈곤율이 52%에서 25%로 급전직하했다. 단순히 계산하면 매년 1.1%씩 빈곤율을 낮춘 셈이다. 이 정도라면 시장이 가난과의 싸움에서 혁혁한 전과를 내고 있다고 평가하는 데 인색할 필요는 없을 것이다.

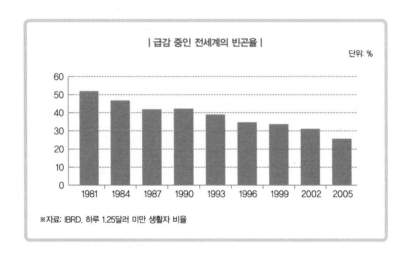

| 급감 중인 전세계의 빈곤율 |

단위: %

※자료: IBRD. 하루 1.25달러 미만 생활자 비율

특히 동아시아에서 빈곤 감소는 극적이다. 1981년 77.7%에 달했던 동아시아 빈곤율은 2005년 16.7%로 급락했다. 빈곤 인구는 10억 7,100만 명에서 3억 1,700만 명으로 3분의 1로 떨어졌다. 사반세기 동

안 동아시아에서만 7억 5,000만 명이 최저 생활을 벗어난 것이다. 중국의 성장이 본궤도에 오른 덕분이다. 2005년 기준 전 세계 빈곤자 13억 7,200만 명 중 10억 명 정도가 인도, 방글라데시, 네팔 등 남부 아시아와 앙골라, 이디오피아, 가나 등 사하라 사막 이남 아프리카에 집중돼 있다. 따라서 이 지역의 경제개발이 가속화되면 빈곤자는 더 가파르게 줄어들 전망이다. 인도의 빈곤자가 4억 5,600만 명으로 가장 많다. 중국(2억 800만 명), 나이지리아(1억 200만 명), 방글라데시(7,600만 명), 인도네시아(4,700만 명), 콩고민주공화국(3,800만 명), 파키스탄(3,500만 명), 탄자니아(3,400만 명) 등이 뒤따른다.

2005년 이후 빈곤 상황에 대한 공식 데이터는 없다. 하지만 미국 브루킹스연구소(Brookings Institution)는 2005년 이후 빈곤의 감속 속도가 더 빨라지고 있다는 연구 결과를 2011년에 내놨다. 세계 인구의 95%를 차지하는 119개국 대상의 광범위한 이 연구는 2015년에 빈곤

| 빈곤율 현황 및 전망 |

구분	빈곤율(%)			빈곤자수(100만 명)		
	2005년	2010년	2015년	2005년	2010년	2015년
동아시아	16.8	7.4	2.7	304.5	140.4	53.4
유럽 및 중앙아시아	3.4	1.8	0.9	16.0	8.4	4.3
중남미 및 카리브해	8.4	6.2	4.5	45.0	35.0	27.3
중동 및 북아프리카	3.8	2.5	1.9	9.4	6.7	5.4
남아시아	40.2	20.3	8.7	583.4	317.9	145.2
사하라 이남 아프리카	54.5	46.9	39.3	379.5	369.9	349.9
전 세계	25.7	15.8	9.9	1337.8	878.2	585.5

※자료: 브루킹스연구소

율이 사상 처음 10% 미만에 진입할 것이라는 주목할 만한 분석을 제시했다.

브루킹스연구소는 하루 1.25달러 이하 생활자가 2005년 이후 더 빨리 줄고 있다고 분석했다. 2005년 13.4억 명이던 빈곤자가 2010년에 8.8억 명으로 이미 10억 명 아래로 떨어진 것으로 분석했다. 중국과 인도가 예상을 웃도는 고속 성장세를 지속한 점을 빈곤자수 급감의 배경으로 꼽았다. 또 2015년까지 빈곤자의 급격한 추가 감소 국면이 지속될 것으로 진단했다. 2015년에는 빈곤자가 6억 명으로 줄고, 빈곤율은 9.9%로 처음으로 10% 아래로 떨어질 것이란 게 연구소의 전망이다.

특히 중국의 2015년 빈곤율은 0.3%에 불과할 것으로 분석했다. 인구 대국 중국에서 절대 빈곤자를 찾아볼 수 없게 된다는 얘기다. 이에 따라 2005년 3억 명에 달하던 중국 등 동아시아의 빈곤자 수는 2015년 5,300만 명으로 줄 것으로 진단했다. 인도의 2015년 빈곤율도 7.0%로 급락이 예상된다.

결론적으로 2005~2015년 10년 동안 전 세계 7억 5,000만 명이 빈곤 대열에서 탈출할 것이라고 브루킹스연구소는 예상했다. 따라서 2015년에는 빈곤자 1억 명 이상인 나라가 지구상에서 사라질 것으로 내다봤다. 나이지리아에 가장 많은 빈곤층이 남겠지만 9,600만 명으로 추정했다. 그다음 인도(8,800만 명), 콩고민주공화국(4,800만 명), 인도네시아(3,400만 명), 방글라데시(3,300만 명), 탄자니아(3,000만 명)의 순서가 예상된다. 중국의 절대 빈곤자는 500만 명 선으로 뚝 떨어진다. 시장은 전 세계를 가난에서 빠른 속도로 구제할 것이다.

지치지 않는 '시장'이라는 이름의 성장 엔진

한 민간 연구소는 2012년에 경제 10대 트렌드를 발표하면서 중산층
이 사라지고 신빈곤층 증가 현상이 심화될 것으로 전망했다. 중산층
의 삶이 악화돼 신빈곤층에 지속적으로 편입되고 있다는 지적이다.
우리나라뿐만 아니라 전 세계적으로도 빈익빈 부익부 현상이 심화되
며 중산층이 저소득층으로 대거 진입 중이라는 주장이 많다. 경쟁과
효율만을 중시하는 신자유주의가 낙오자들을 대거 양산하고 있다는
시각이다.

하지만 이는 전체적인 변화를 놓치거나 일부분을 과장해 해석한
것이다. 오히려 지금 이 시간에도 전 세계에서 중산층이 대규모로 탄
생하고 있다. 이는 빈곤의 급속 감퇴와 함께 세계 곳곳에서 뚜렷하게
목격되는 거대 트렌드다. 미국과 유럽 등 선진 경제권에서는 거의 전
국민이 풍요로운 중산층 생활을 누리고 있다. 또 우리나라와 대만 등
선발개도국은 물론, 브라질과 중국 등 자본주의를 고도화시키고 있
는 다수 국가들에서도 중산층이 속속 탄생하고 있다.

글로벌 경제 위기가 진행되고 있는 탓에 많은 중산층이 빈곤층으
로 떨어졌다는 소식은 일부 사례를 부풀린 진단이다. 위기의 여파로
중산층 이탈이 일시적으로 늘고 있는 것 사실이다. 또 경기 변동이
심해지면서 중산층에서 탈락할지 모른다는 심리적인 위기감도 커졌

다. 하지만 전 세계적으로 볼 때 여전히 탈락자보다 훨씬 많은 사람들이 중산층에 진입하고 있다.

중산층 탄생의 무대가 서구 국가에서 아시아, 남미, 아프리카 등으로 옮겨진 탓에 많은 사람들이 현실을 제대로 인식하지 못하고 있을 뿐이다. 전 세계의 여론을 주도하는 선진국에서 중산층이 위기를 맞고 있기 때문이다. 대공황 이래 최악이라는 경제 위기를 맞아 미국과 유럽 등의 중산층들은 힘든 시기를 겪고 있다. 하지만 브릭스 등 개도국은 세계경제의 양대 축이 삐꺽거리는 상황에서도 여전히 고도성장의 바퀴를 굴리고 있다. 21세기 들어 두드러진 이 같은 개도국 중심의 역전 현상은 새로운 세계 질서의 도래를 웅변하고 있다.

중산층 급증 현상을 이해하려면 우선 쉼 없이 전개돼온 세계경제의 성장 스토리를 봐야 한다. 중산층 증가 현상은 바로 지속 성장의 결과이기 때문이다. 세계경제는 시장 시스템을 통해 식지 않는 성장 엔진을 가동하고 있다. 이를 입증하는 경제 지표는 많다. 하지만 옛날과 지금의 돈의 가치가 다르고, 나라마다 화폐와 물가 수준이 다르기 때문에 비교하는 게 쉽지 않다. GDP 성장률, 1인당 국민소득 같은 핵심적인 지표들도 환율과 물가, 구매력 등의 변수 때문에 발표 기관에 따라 큰 차이를 보일 때가 많다. 따라서 결과에 대한 자의적 해석이 덧붙여져 전문가들마저 혼란을 느끼는 게 현실이다.

이런 단점을 극복하기 위해 앵거스 매디슨(Angus Medison)이라는 세계적인 경제학자가 평생에 걸쳐 연구한 성장 지표가 있다. 그는 전세계 160여 개국의 200년 가까운 경제성장 관련 시계열 데이터를 복잡한 환율 변동, 실질 구매력의 변화, 물가 상승률 등을 모두 감안해 일목요연하게 정리해냈다. 이제 숫자의 증감을 체크하는 것만으로 각국의 경제성장 정도를 정확히 이해할 수 있게 된 것이다. 매디슨 필생의 이 작업은 전문성과 정확성에서 높은 평가를 받는다. 경제학자들의 논문에서 성장률 관련 데이터는 대부분 그의 연구 결과를 인용하고 있을 정도다.

매디슨 데이터를 통해 1950년 이후의 전 세계의 경제성과를 살펴보자. 인구는 1950년 25억 2,796만 명에서 2008년 66억 9,483만 명으로 2.6배가 됐다. 하지만 같은 기간 세계경제의 생산 능력(GDP)은 5조 3,359억 달러(이하 1990년 달러 기준)에서 50조 9,739억 달러로 10.6배로 팽창했다. 세계 인구 1명당 GDP로는 1950년 2,111달러에서 2008년 7,614달러로 3.6배가 됐다. 앞서 말한 대로 모든 변수를 감안해 동일한 기준으로 산출한 수치이기 때문에 액면 그대로 이해하면 된다. 즉 1950년 이후 지금까지 전 세계 사람들의 평균 소득이 3.6배로 불었다는 의미다. 지역별로 보면 서유럽 30개국의 1인당 GDP는 1950년 4,569달러에서 2만 1,672달러로, 그 외 서구 선진 4개국(미국, 캐나다, 오스트레일리아, 뉴질랜드)은 9,268달러에서 3만 152달러로 높아졌다. 아시아 61개국은 715달러에서 5,611달러로 평균 수입이 8배로 불었다. 반면 아프리카는 889달러에서 1,780달러로 두 배 늘어나는 데 그쳤다.

2030년 중산층 50억 명 시대

세계경제의 지속적 팽창은 빈곤 퇴치를 넘어 중산층 폭발을 불러왔다. 미국 등 선진국에서 중산층이 무너지고 있다는 얘기가 간간이 들리지만, 전 세계 중산층의 몰락을 의미하는 것은 아니다. 개도국으로 부가 이동하면서 전 세계 중산층의 주력 부대가 옮겨가는 데 대한 부자 나라들의 걱정과 엄살을 확대 해석해선 안 된다. 중국, 인도, 브라질 등 개도국에서는 외려 중산층이 대규모로 형성되고 있다.

중산층 붕괴에 대한 우려의 시선은 세계경제의 중심축이 개도국으로 움직이는 것과 맥락을 같이 한다. OECD가 2010년 발간한 〈급증하는 개도국 중산층〉이란 보고서에서 그 흐름이 잘 드러난다. OECD는 1984~2034년 51년 동안의 세계경제 변화를 예측했는데 밋밋한 제목과 달리 내용은 꽤 신선하다. 초유의 금융위기를 맞아 일각에서 자본주의의 지속 가능성에까지 의문을 제기하고 있지만 이 보고서는 세계경제가 향후에도 더 가파르게 성장할 것으로 결론 낸다. 전 세계의 GDP(2005년 달러 기준)가 1984년 30조 달러에서 2003년 50조 달러로 빠르게 높아졌고, 앞으로도 더 가파른 성장세를 보일 것이란 진단이다. 또 2019년, 2028년, 2034년에 전 세계 GDP가 각각 100조 달러, 150조 달러, 200조 달러를 돌파할 것으로 분석했다. 특히 2034년엔 아시아의 GDP가 125조 달러에 달해 나란히 35조 달러에 그치게 될 유럽과 북미를 압도할 것으로 내다봤다.

이 보고서는 현재 아시아 경제가 유럽과 북미를 멀찌감치 따돌리고

| 중산층 현황 및 전망 |

단위: 100만 명

구분	2009년		2020년		2030년	
북미	338	18%	333	10%	322	7%
유럽	664	36%	703	22%	680	14%
중남미	181	10%	251	8%	313	6%
아시아	525	28%	1740	54%	3228	66%
사하라 이남 아프리카	32	2%	57	2%	107	2%
중동 및 북아프리카	105	6%	165	5%	234	5%
전 세계	1845	100%	3249	100%	4884	100%

※자료: OECD

독주 체제를 가동하고 있다고 진단했다. 2009년 전 세계 GDP 63조 달러 중 34%인 21조 달러가 아시아(이하 중동 제외)에서 창출됐다는 분석이다. 유럽과 북미는 27%(17조 달러)와 24%(15조 달러)를 생산했다. 또 브릭스 4개국의 점유율이 24%로 이미 북미와 동일한 수준이다.

이런 진단을 바탕으로 하루 10~100달러 소비자를 중산층으로 분류한 결과 OECD는 중산층 수(2009년 기준)를 18억 4,500만 명으로 집계했다. 세계 인구 67억 6,400만 명의 27.3%다. 유럽이 6억 6,400만 명, 점유율 36%로 가장 많다. 아시아가 5억 2,500만 명, 점유율 28%로 북미를 제쳤다. 북미와 중남미는 각각 3억 3,800만 명, 1억 8,100만 명이다.

또 2030년에는 그야말로 아시아 중산층의 독주 시대가 열릴 것이라고 강조한다. 우선 2009년 18억 4,500만 명인 전 세계 중산층 인구는 2030년 48억 8,400만 명으로 2.6배 불어나 50억 명에 육박하게 된다. 2030년 추정 인구 76억 5,500만 명의 64%, 3명 중 2명이 안락한 중산층의 생활을 즐길 것이란 분석이다. 특히 현재 5억여 명인 아시아 중산층은 6.1배로 급증, 32억 2,800만 명에 달하게 된다. 2030년까지 새로 탄생하는 30억 3,900만 명 중산층의 85%인 27억 300만 명이 아시아 인구로 채워질 것이란 추정이다.

반면 현재 전 세계 중산층의 54%를 차지하고 있는 유럽과 북미의 점유율은 21%로 줄어든다. 두 지역 중산층을 합한 인구는 2009년이나 2030년이나 10억 200만 명으로 제자리걸음을 할 것이란 분석이다. 이 같은 아시아의 극적인 부상은 중국과 인도의 고성장 덕분이다. OECD는 미래 중산층 시장 변화의 핵심 요인은 중국과 인도라고 예상한 뒤 보고서에서 두 나라에 대한 분석을 별도로 제시했다. 중국은 하루 10달러 이상 버는 사람이 현재 12%에 불과하지만 2020년 57%, 2030년 75%로 수직 상승할 것으로 추정했다. 미국을 제치고 세계경제를 이끌어갈 거대한 국가의 탄생을 점친 것이다.

OECD가 중국보다 더 밝게 미래를 점친 나라는 인도다. 현재 10달러 이상 버는 사람은 3% 남짓이지만 2015년 15%, 2025년 75%로 치솟은 뒤, 2035년에는 거의 전 인구가 중산층에 진입할 것이란 장밋빛 전망을 내놨다. 사회간접자본 부족, 주변국 정정 불안, 행정 및 사법체계의 취약성 등 문제가 있지만 인구 증가, 도시화 진척, 제조업 성장, 주변국 경제성장 등이 인도의 미래를 밝혀줄 것이란 분석이다. 두 나라의 미래는 미국 소비 시장이나 유럽 경제의 회복 여부와 무관하게 아시아 시장과 중산층의 자체 성장만으로도 가능하다는 게 OECD의 결론이다.

이 보고서가 부자 나라들의 클럽인 OECD에서 나왔다고 해서 혹시 어떤 의도를 갖고 기획 생산한 결과가 아니냐며 색안경을 끼고 볼 필요는 없다. 유사한 결론의 연구는 다른 데서도 손쉽게 찾아볼 수 있다. 골드만삭스(Goldman Sachs)는 중국 중산층이 2030년에 14억 명으로 미국(3억 6,500만 명)의 4배에 달할 것으로 분석한다. 인도가 10억 7,000만 명으로 중국에 이어 2위에 차지하는 반면 서유럽은 4억 1,400만 명에 그칠 것으로 전망한다. 현재도 브릭스의 중산층(연소득 6,000~3만 달러)은 G7의 전체 인구(7억 명)보다 많은 8억 명에 달한다고 추산했다. 2020년엔 두 배인 16억 명을 웃돌 것으로 내다봤다.

빈곤의 대명사 아프리카에도 중산층 형성

척박한 아프리카에도 구매력을 갖춘 중산층이 늘어나면서 희망의 불씨를 지피고 있다. 아프리카개발은행(AfDB)이 2011년 4월 내놓은 〈파라미드의 중산층〉이라는 보고서에 아프리카 중산층 급증 현상이 잘 나타난다.

AfDB는 아프리카의 물가와 생활수준을 감안해 하루 2~20달러(2005년 미국 달러 기준) 소비 계층을 중산층으로 분류했다. 이 조사에 의하면 10억 명에 달하는 아프리카 인구 중 중산층은 2010년 기준 3억 1,300만 명으로 전체의 34%다. 아프리카 중산층은 2000년대 들어 매우 급증하고 있다. 1980년 1억 1,100만 명(26%), 1990년 1억 5,100만 명(27%), 2000년 1억 9,600만 명(27%)으로 완만하게 증가했다가 이후 10년 동안 크게 늘었다. AfDB는 2060년엔 중산층이 11억 명으로 42%까지 증가하고 빈곤층은 33%로 감소한다고 낙관한다. 나라별 중산층 비율은 튀니지 89%, 모로코 85%, 이집트 80%, 알제리 77%, 가봉 75% 등으로 집계했다.

반면 하루 2달러 미만으로 생활하는 빈곤층은 감소세다. 빈곤층은 1990년 69%, 2000년 66%, 2010년 61%로 낮아졌다. 이 같은 변화는 고성장의 결과다. 아직 조명을 덜 받고 있지만 지난 10년간 전 세계에서 가장 높은 성장률을 보인 10개국 중 6개국이 몰려 있을 정도로 아프리카 경제의 활력은 만만찮다. 특히 나이지리아는 2011년 GDP가 2000년의 5배에 달하는 폭풍 성장세다. AfDB는 아프리카의 중산층 증가는 생활 변화, 구매력 확대, 정치적 소신, 문화적 자긍심 등으로 표출되고 있다고 진단했다.

국제통화기금(IMF)도 아프리카 국가들이 전통적으로 밀접한 유로존의 재정 위기 등에도 불구하고 앞으로 6% 안팎의 고성장을 이어갈 것으로 진단하고 있다. 빠르게 증가하는 도시 지역 청년 인구와 최근 10년 사이 조성된 생필품 판매 붐, 중국을 비롯한 외국인 투자의 급증 등이 복합적으로 작용한 결과다.

한때 '외채 왕국'이란 오명에 시달렸던 중남미에서도 빈곤층 감소가 뚜렷하다. 미주개발은행(IDB)은 1990년 50%에 근접했던 빈곤층이 2010년 32.1%로 낮아졌다고 진단한다. 특히 2002년 이후 5,000만 명 이상이 가난에서 벗어나는 등 빈곤 퇴치에 가속도가 붙었다. 브라질, 아르헨티나, 베네수엘라 등에서 빈곤 감소가 두드러진다. 라틴아메리카카리브해경제위원회(ECLAC)에 따르면 브라질의 빈곤율은 2001년 37.5%에서 2009년 24.9%로, 아르헨티나는 2002년 45.4%에서 2009년 11.3%로 급락했다. 칠레 역시 2000년 20.2%에서 2009년 11.5%로 절반 수준이다. 멕시코도 2002년 39.4%에서 2008년 34.8%로 개선됐다.

이처럼 아시아, 남미, 아프리카에까지 두텁게 자리 잡은 글로벌 중산층은 위기를 맞은 세계경제의 버팀목이 되고 있다. 미국과 유럽의 양대 축이 동시에 흔들리는 최악의 상황에서도 세계경제가 파국을 맞지 않은 이유는 개도국의 신흥 중산층이 활발한 소비로 세계시장을 지탱하고, 개도국 정부들이 선진국 시장에 대규모로 자금을 수혈하고 있기 때문이란 분석이다.

저축과 주식 많은 자산 중산층도 급증세

일정 수준 이상의 자산을 축적하여 안정적인 수입을 얻는 자산 중산층도 세계 각국에서 급증세다. 독일계 금융 그룹 알리안츠(Allianz)의 2011년 〈글로벌웰스리포트〉를 보면 주요 50개국(47억 명)의 금융 자산은 2010년 말 기준 95조 3,000억 유로로 사상 최고치다. 지난 2007년 92조 2,000억 달러로 최고에 오른 뒤 글로벌 금융위기 여파로 잠시 주춤했지만 3년 만에 다시 최고를 기록했다.

전 세계의 금융 자산 중산층(보유 자산 6,000~3만 6,200유로) 인구는 2011년에 2,000만 명가량 늘어 총 5억 6,700만 명으로 불어났다.

2000년 3억 명에서 10년 만에 거의 2배가 된 셈이다. 알리안츠는 전세계 주요 50개국을 국민 1인당 평균 자산 보유액에 따라 부자 나라(3만 6,200유로 이상), 중간 나라(6,000유로~3만 6,200), 가난한 나라(6,000유로 미만)로 나눠 분석했다. 그 결과 금융 자산 중산층 5억 6,700만 명중 중간 나라와 가난한 나라 출신도 각각 1억 9,000만 명, 1억 1,000만 명에 달하는 것으로 집계됐다. 둘을 합치면 전체의 절반을 웃돈다. 특히 금융 자산 중산층 중 아시아인 비율이 40%에 달하는 2억 2,000만 명으로 조사됐다. 금융 자산이 3만 6,200유로 이상인 자산 부자도 2011년 500만 명 늘어 총 5억 2,000만 명에 이르렀다.

금융 자산의 상당 부분이 여전히 부자 나라에 몰려 있긴 하다. 부자 나라는 인구 비중이 20%에 불과하지만 금융 자산 총액의 87%를 보유 중이다. 대륙별 1인당 금융 자산을 보면 빈부격차가 확연해진다. 선진국이 몰려 있는 북미(10만 882유로), 오세아니아(8만 475유로), 서유럽(6만 6,466유로), 등은 1인당 금융 자산 보유액에서 월등하다. 반면 아시아(7,688유로), 중남미(6,014유로), 동유럽(3,612유로) 인구의 평균 금융 자산은 미미하다. 북미의 1인당 금융 자산이 동유럽의 28배에 달할 정도로 차이가 크다. 미국(37.3%), 일본(14.9%), 영국(5.3%), 독일(5.2%), 프랑스(4.2%), 이탈리아(3.8%), 캐나다(2.9%) G7이 전 세계 금융 자산의 74%를 독식하고 있다.

하지만 이 같은 금융 자산 불평등은 2000년 이후 급속도로 좁혀지고 있다. 부자 나라의 1인당 평균 금융 자산은 2000년 이후 연 2% 남짓 불어나는 데 그쳤지만 가난한 나라는 17%씩 팽창하고 있다. 중간 나라도 연 10%씩 성장하며 부자 나라 추격에 힘을 내고 있다. 이에 따라 1인당 금융 자산이 6,000~3만 6,200유로인 중간 자산국 숫자가 16개국으로 2000년의 7개국에 비해 2배 이상 늘었다. 2010년 한 해에만 브라질, 멕시코, 라트비아 3개국이 가난한 나라에서 중간 나라로 진급했다. 반면 가난한 자산국은 2000년 22곳에서 13곳으로 크게 줄었다. 두터운 금융 자산 중산층을 보유한 나라가 속출하는 것은 부의 글로벌 불균형이 해소되고 있다는 의미다.

3장

한국의 양극화,
인식과 사실이 다르다

이명박 정부, 외환위기 이후 처음으로 양극화 저지

우리나라에서 양극화 해소는 시대적인 화두가 됐다. '서민 대 부자' 라는 프레임으로 세상을 이해하는 이분법적이고 계급적인 사고가 크게 늘었기 때문이다. 부자들을 위한 신자유주의적 정책 때문에 양극화가 갈수록 심해진다는 우려의 목소리가 높다. 이를 해결하지 않고는 지속적인 성장이 불가능할 것이란 진단도 넘친다.

이런 주장의 밑바닥에는 우리나라의 양극화가 심각한 수준이라는 생각이 자리 잡고 있다. 시장경제적 발전이 고도화되면서 빈부격차도 커지고 있다는 인식이다. 서민과 중산층의 생활이 한계 상황으로 몰리고, 양극화가 확대되고 있다는 뉴스도 끊이지 않는다. 2012년 초

에는 '이명박 정부 4년간 소득 분배 악화, 양극화 1993년 이후 최악'
이라는 자극적인 제목의 기사도 등장했다. 정말로 빈부격차는 점점
벌어지고 있는 것일까? 실상을 들여다보자.

대표적인 양극화 지표인 지니계수를 보면 0.31로 OECD 34개 선
진국의 평균 수준이다. 소득5분위배율과 빈곤율은 선진국에 비해
악화된 상태다. 소득5분위배율은 5.7배로 OECD 평균 5.4배보다
높고, 빈곤율도 15.2%로 평균 11.1%를 웃돈다. 지니계수는 사회 전
반의 불평등 정도를 알려주고, 소득5분위배율과 빈곤율이 저소득층
에 더 집중한 지표임을 감안하면 사회 전반적인 불평등이 심각하지
는 않지만, 선진국에 비해 저소득층의 생활은 열악하다고 판단할 수
있다.

이처럼 불만스러운 상황이지만 최근 주목할 만한 반전이 목격되고
있다. 3~4년 전부터 양극화 악화 추세가 멈추고 개선되고 있다는 점

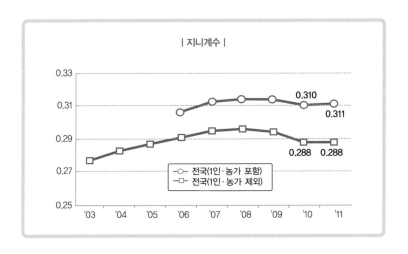

이다. 최근 양극화가 심해지고 있다는 일반적인 인식과 반대로 빈부
격차는 2009년부터 3년째 좁혀지고 있다. 3대 불평등 지표가 나란히
개선 추세를 타 글로벌 금융위기 이전 수준으로 회복됐다. 일부 지표
들은 개선 속도가 빨라져 2000년대 중반보다 더 좋아졌다.

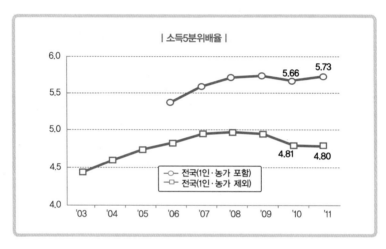

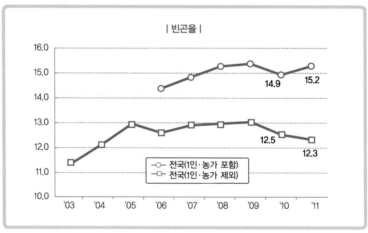

금융위기 국면에서 전 세계 저소득층들이 큰 타격을 받았음에도 우리나라에선 이례적으로 빈부격차가 완화되고 있다. 1997년 외환위기를 거치며 한국의 빈부격차는 급속도로 악화일로를 걸어온 게 사실이다. 따라서 양극화 해소는 10여 년 만에 나타난 반가운 현상이다. 기저 효과로 한 해 일시적으로 지표가 나아진 적은 있지만 이처럼 3년째 개선 추세를 보이는 것은 매우 고무적이다.

3대 지표의 변화를 통해 양극화가 개선되고 있는 현상을 짚어보자. 우선 지니계수를 보면 2009년부터 3년째 악화가 멈췄다. 2011년 0.311로, 글로벌 위기 전인 2007년의 0.312보다 낮아졌다.

특히 1인 가구와 농가를 제외한 '2인 이상 비농가' 대상 지니계수는 크게 호전돼 2005년 이후 6년래 가장 좋은 상황이다. 빠른 고령화와 도시화로 '1인 노령 농가'가 점증해 양극화 지수를 악화시키는 왜곡 현상을 감안할 때 '2인 이상 비농가'의 지표 개선은 적잖은 의미가 있다. 농림어업 종사자 중 65세 이상 인구는 2000년 19.3%에서 2005년 35.2%, 2010년 41.6%로 급증세이기 때문이다.

소득5분위배율도 좋아졌다. 2011년 소득5분위배율은 5.73배로 2009년 5.75배보다 낮다. '2인 이상 비농가'를 보면 더 확연하다. 2008년 4.98배로 정점을 찍은 뒤 3년 연속 하향해 2011년 4.80배다. 2005년 이후 6년 만의 최저다. 빈곤율은 양극화 관련 3가지 지표 중 가장 의미 있는 결과를 보인다. 2009년 13%에 달했던 '2인 이상 비농가'의 빈곤율이 2011년엔 12.3%까지 낮아졌다. 2004년 이후 7년래 최저다. 전국 빈곤율도 15.2%로 2008년 수준이다. 3년째 상황이 악화되지 않고 있는 셈이다.

결국 '1993년 이후 양극화 최악'이라고 쓴 기사는 진실과는 거리가 멀다. 기사는 정권별로 평균 지니계수를 구한 뒤 이명박 정부가 가장 높다고 지적했다. 정권별 평균 지수를 산출하는 잘못된 방법론 때문에 엉뚱한 결론에 도달한 것이다. 결국 10여 년 넘게 양극화가 악화되다가 개선 추세로 접어들었다는 핵심적인 팩트를 놓치고 말았다.

중산층 인구도 20년 만에 증가세로 반전

3대 불평등 지표가 나란히 개선됨에 따라 중산층 비율도 회복세다. 중위 소득의 50% 이상~150% 미만 계층으로 정의되는 중산층은 2008년 63.1%로 저점을 찍고 이듬해부터 오르기 시작해 2011년 64%로 늘어났다. 1992년 이후 지속적인 붕괴 양상을 이어가던 중산층 비율이 거의 20년 만에 회복세로 돌아섰다. 특히 1인 가구와 농가를 제외한 '2인 이상 비농가' 기준으로 본 중산층은 2008년 66.3%로 추락했지만 3년 연속 가파르게 반등한 덕분에 2011년 67.7%로 높아졌다. 이는 2005년의 중산층 비율(68.0%)에 거의 근접한 수준이다.

경제 회복이 지속되는 가운데 서민층의 소득이 더 빠른 속도로 늘어난 결과다. 특히 최하위층의 소득 증가율이 돋보인다. 2010년의 경우 가장 소득이 낮은 1분위(0~20%)의 수입은 8.5%, 2분위(20~40%)는 8.8% 늘었다. 이는 최상위 20%인 5분위(80~100%) 소득 증가율 4.4%의 2배 수준이다. 중간 계층인 3분위(40~60%)와 차상위층인 4분위

(60~80%)의 소득 증가율도 6.4%와 6.9%로 탄탄했다. 2011년에도 비슷한 추세가 이어졌다. 1·2분위 계층의 소득 증가율은 6.8%와 7.2%로 3·4분위 계층의 소득 증가율 6.5%와 6.1%를 앞질렀다. 다만 최상위 20%인 5분위 계층의 소득 증가율이 8.4%로 가장 높았던 점이 아쉬운 대목이다. 주가 회복으로 최상위 계층의 자본 소득이 급증했기 때문으로 풀이된다.

중산층과 서민들의 생활이 개선되고 있는 것은 고용 회복이 가계 소득 증가로 이어지고 있기 때문이란 분석이다. 기획재정부에 따르면 2011년에는 재정정책을 통한 일자리 창출이 고용 회복으로 연결돼 근로소득 증가율이 6.3%로 사업소득 증가율 4.5%를 크게 앞질렀다. 공적부조에 의한 소득 이전도 늘었다. 생활보장, 사회보험, 아동수당 등을 통해 저소득층(1·2분위)으로 이전된 소득이 2008년 11만 8,000원에서 2011년에 16만 8,000원으로 높아졌다. 이에 따라 소득에서 지출을 뺀 가계 흑자 규모도 급증했다. 2003년 48만 4,000원이던 가구당 흑자는 2011년 72만 7,000원으로 늘었다.

이명박 정부에서 양극화가 개선되었다는 점이 시사하는 바는 작지 않다. 양극화 해소는 김대중 정부(국민의 정부)와 노무현 정부(참여정부)가 최우선적으로 고려한 정책 방향이었다. 당시 대규모 복지 예산도 투입됐다. 하지만 두 정부가 집권했던 10년 동안 빈부격차는 그 어느 때보다 뚜렷하게 악화일로를 걸었다. 김영삼 정부(문민정부) 때까지는 양극화가 심각하지 않았지만 국민의 정부와 참여정부에서 크게 악화되었을 정도다. 외환위기라는 특수성이 있었지만 그 충격을 비교적 단기간에 극복한 점을 고려하면 양극화가 지속적으로 심화된 것은 뼈아픈 정책 실패로 봐야 할 것이다.

반면 일각에서 부자들만 위한다고 매도되는 이명박 정부의 뚜렷한 성과는 시장 친화적인 정책 접근의 유용성을 입증하고 있다. 복지 재원의 투입도 중요하지만 경제 전반의 활력과 잠재력을 두텁게 키워가는 정공법이 양극화 개선에 더 유효한 방법론임을 시사한다. 목청을 높인다고 복지가 되는 게 아니라 시장 효율에 초점을 맞춘 자유주의적 복지 설계가 핵심이라는 것이다.

성장률 제고가 양극화 해소의 유력한 처방

최근의 불평등 개선은 1997년 IMF 외환위기 이후 처음 있는 일이다. 외환위기 이래 겪어온 만성적인 양극화와 빈부격차 확대에 제동을 건 것은 우리 경제의 잠재력을 다시 한 번 입증한 성과다. 2000년과 2003년에도 지표가 개선됐지만 외환위기와 신용카드 사태가 진정되면서 한 해 동안 일시적으로 나타난 현상이었다. 급격한 충격 탓에 비정상으로 높아졌던 지표들이 원래 자리로 돌아간 것에 불과했다.

요즘 목격되는 양극화 해소는 2008년부터 전 세계를 휩쓸고 있는 경제 위기의 와중에서 달성한 성취라는 점에서 더 큰 의미를 부여할 만하다. 10년 넘게 빈부격차가 확대되면서 자포자기와 패배감이 컸지만, 개선에 대한 자신감을 얻게 된 점이 무엇보다 큰 소득일 것이다.

우리나라는 1980년대 초반부터 외환위기 직전까지 약 15년 동안 불평등이 급격하게 개선되었다. 당시 성과로 한국은 성장과 분배를 동시에 달성한 모범국으로 국제사회에 회자되기도 했다. 그때 상황을 복기해보면 양극화 해소의 단서를 발견할 수 있다. 당시 우리 경제는 보기 드문 고도성장을 지속하고 있었다. 성장이 대규모의 중산층을 탄생시키고 계층 간 분배 개선을 이끌어냈다고 유추해볼 수 있다. 복지에 대한 개념과 정책적인 노력이 턱없이 부족했지만 성장의 힘만으로, 성공적인 복지 모델로 불리는 북유럽국 못지않은 분배를 달성한 것이다.

당시 양극화 지표 개선 상황을 살펴보면 극적인 느낌마저 든다. 한국은 2006년부터 국제 기준에 따른 불평등 지표 산출을 시작했다. 그 전에는 전국 통계가 없고 산출 기준도 달라 지금과 비교하기 어렵지만 전반적인 양극화의 진행 정도를 파악하는 데는 지장이 없다.

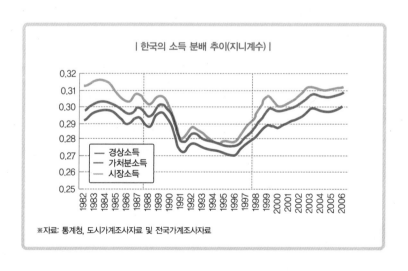

| 한국의 소득 분배 추이(지니계수) |

― 경상소득
― 가처분소득
― 시장소득

※자료: 통계청, 도시가계조사자료 및 전국가계조사자료

소득 분배 관련 논문에서 인용한 이 그래프는 1982년 이후 '도시 2인 이상 근로자' 대상의 지니계수 흐름을 보여준다. 1983년 무렵부터 지니계수가 하락해 이후 10여 년 동안 급속도로 개선된 걸 확인할 수 있다. 1983년 0.3에 육박한 가처분소득 기준 지니계수는 외환위기 직전인 1996년 0.27까지 급락했다. 1983년은 전두환 정부(1980~87년) 출범 뒤 이른바 '3저 호재'를 바탕으로 고성장 드라이브를 시작한 때다. 이후 노태우 정부(1988~92년)를 거쳐 김영삼 정부(1993~97년) 마지막 해인 1997년 외환위기 전까지 고성장은 이어졌다. 매디슨 데이터 기준으로 전두환, 노태우, 김영삼 대통령 재임 시 GDP성장률은 각각 연평균 8.7%, 8.4%, 7.1%에 달했다. 이처럼 높은 성장률을 유지한 시기에 빈부격차도 기록적인 개선 추세를 이어갔다.

하지만 1997년 이후 성장률은 평균 4%대로 급락했고 소득 분배도 급속도로 악화됐다. 지니계수는 빠르게 증가해 불과 6년 만에 그전 15년 동안의 극적인 개선분을 전부 까먹고 말았다. 양극화 해소의 유력한 처방이 성장률 제고임을 읽을 수 있는 대목이다. '닥터 둠'으로 불리며 세계경제에 쓴소리를 마다않는 뉴욕대 스턴경영대학원 누리엘 루비니(Nouriel Roubini) 교수마저 한국이 성장 위주의 정책을 밀어붙여야 한다고 강조하는 이유이기도 하다. 그는 2012년 10월 저성장에 늪에 빠지지 않기 위해 적극적인 재정·통화 완화정책을 통한 경기 부양에 나서야 한다고 조언했다.

한국의 이 같은 성장과 분배의 선순환 경험은 시장경제의 발전이 양극화와 무관함을 입증하는 강력한 증거다. 또 성장기에 빈부격차가 개선되는 것은 우리만의 사례가 아니다. 최근 자본주의적 경제 발전 모델을 강화하고 있는 브라질과 칠레 등에서도 소득 불평등이 크게 개선되고 있다. 중국처럼 고도성장에도 양극화가 개선되지 않는 불균형 발전 사례도 있지만, 시장경제적 발전이 가속화되는 단계에서 양극화 문제는 크지 않다고 결론지어도 무방할 것이다.

심리적인 가난, 심리적인 불평등

이처럼 분배에 대한 일반적인 인식은 사실과 많이 다르다. 불평등에 대한 한국 사람들의 인식은 현실을 오해하는 정도를 넘어서 유별난 데가 있다. 한국은 경제 발전 성과가 공평하게 나눠지지 않는다고 생각하는 사람들의 비율이 전 세계에서 가장 높은 나라다. 영국 BBC가 2008년 2월 37개국을 대상으로 설문조사를 실시한 결과 '경제 발전에 따른 이익 배분이 공평하다고 생각하는가?'라는 질문에 한국인 1,031명 중 8%만 공평하다(매우 공평하다는 0%)고 답했다. 이는 설문조사를 실시했던 국가 중 가장 낮은 비율이다. 반면 불공정하다는 반응은 85%로 가장 높았다.

공평하다는 응답은 터키(9%)와 러시아(11%), 그리고 이스라엘과 일본, 필리핀(12%), 포르투갈(13%)에서도 낮게 나왔다. 하지만 일본을 제외하면 이들은 전부 지니계수가 3.5를 웃도는 진짜 불평등한 나라들이다. 한국의 양극화는 그 정도 수준이 아닌데도 만족도에서 세계 꼴찌인 이유는 무엇일까?

그 원인 중 하나로 '헬로매거진 효과'를 들 수 있다. 2000년대 영국에서는 지니계수가 크게 개선되고, 빈곤율도 수십 년 만에 처음으로 OECD 평균 아래로 떨어졌다. 하지만 당시 영국 국민들은 여전히 양극화가 심하다고 인식했으며, 이 현상에 대해 BBC는 헬로매거진 효과라는 이름을 붙였다. 〈헬로매거진〉은 왕족 출신 연예인과 스포츠 스타 등의 유명인들의 소식을 전하는 영국 잡지다. 영국 축구스타 베컴의 부인이자 가수인 빅토리아 베컴이 쇼핑에서 산 옷을 나르기 위해 큰 차를 대절했다는 식으로 선정성에 초점을 맞춘 잡지의 가십성 기사를 읽고 나면 심리적으로 더 가난하게 느끼게 된다는 점에 착안한 용어다.

한국에선 '퀄리티 페이퍼'를 자처하는 주요 일간지에서도 부정적 측면만 키우고 사실관계를 왜곡해 불평등 심리를 조장하는 사례를 발견할 수 있다. 예컨대 사회 전반적인 불평등이 개선된 사실은 무시하고, 노인층의 소득 불균형이 악화됐다는 점을 부각시켜 양극화가 심해졌다고 오도하는 방식이다. 사실이 진실로 받아들여지기보다 인식이 진실이 되는 감성의 시대에 선정성의 범람은 비극이다.

한국 사람들의 유별난 평등 의식도 높은 불평등 인식의 주요인으로 지목된다. '마음속에 내장된 습속'이라고 표현할 만큼 평등주의가 한국인의 정서로 자리 잡고 있다는 진단이다. 불평등한 부분이 조금이라도 드러나는 정책이 나오면 금방 여론의 뭇매가 쏟아진다. 서구에서처럼 자유를 중시하는 개인주의적 전통이 확립되지 못한 상태에서 민주화운동 등을 거치며 평등 의식이 기형적으로 커졌다는 설명도 있다. 자유주의적 전통이나 시민사회의 교양이 전제되지 못한 탓에 한국의 평등주의는 수단과 방법을 가리지 않는 맹목성으로 진화하고 있다는 평가다. 자유주의로 보완되지 못한 평등주의가 민중적 이념과 결합해 계급적 양상을 띠는 경우도 적잖다. 급속한 산업화 과정에서 부패가 커지며 합리적 경쟁 기제와 규칙이 무시되는 점도 평등주의적 심성을 강화한 배경일 것이다. 좁은 국토에서 어깨를 맞대고 사는 생활양식 역시 비교하는 습성을 불러와 불평등에 특히 민감해졌다는 해석도 나온다.

한국, 빈부격차 개선할 잠재력 크다

양극화가 개선될 조짐을 보이고 있지만 아직 갈 길이 멀다. 우리나라는 서민들의 생활 개선을 위한 기본적인 제도와 정책적인 노력이 매우 부족한 실정이다. OECD의 평가에 따르면 우리의 소득분배정책은 낙제점이다. 이는 정교한 프로그램과 실행력을 갖춘다면 훨씬 나은 분배 구조를 만들 수 있다는 의미이기도 하다. 정책에 따른 빈곤율의 변화를 점검해보면 문제점이 그대로 드러난다. 한국은 세전 소득 기준으로 전 세계에서 빈부격차가 가장 작은 나라다. 세전 소득 빈곤율이 17.5%로 OECD 평균 26.3%보다 9%포인트나 낮다. 좋은 일자리를 제공하는 제조업이 버티고 있고 성실히 일하는 국민성의 결과일 것이다. 하지만 세금, 복지 제도 등의 소득 이전을 거친 뒤 빈곤율은 오히려 OECD 평균보다 4%포인트 높아진다. 정책적인 수단을 통한 소득 재분배 기능이 작동하지 않고 있다는 뜻이다.

시장소득과 가처분소득 기준 지니계수의 개선 정도가 OECD에서 가장 낮다는 사실에서도 부실한 재분배의 실상이 드러난다. 시장소득에서 각종 부의 이전과 세금을 제하고 최종적으로 손에 쥐는 돈이 가처분소득인 만큼 둘의 차이가 작다는 것은 소득분배정책의 효과가 낮다는 의미다.

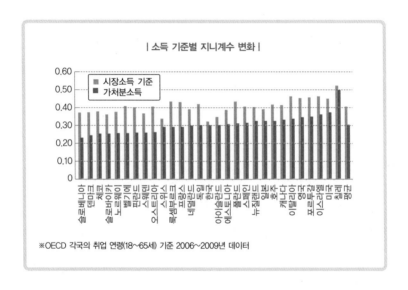

| 소득 기준별 지니계수 변화 |

※OECD 각국의 취업 연령(18~65세) 기준 2006~2009년 데이터

한국의 취업 연령(18~65세) 기준 가처분소득 지니계수는 0.3으로 시장소득 지니계수 0.32에서 불과 0.02%포인트 개선되는 데 그친다. OECD 29개국의 경우 0.41인 시장소득 평균 지니계수가 가처분소득 기준으로는 0.3으로 대폭 개선되는 것과 크게 대비된다. 우리의 가처분소득 지니계수 개선률은 OECD 중 가장 낮다.

OECD는 2011년 6월 '한국의 성장과 사회 통합을 위한 틀'이라는 제목의 국가 보고서를 내고 정책 부재를 지적했다. 당시 보고서를 보면 한국의 가계는 소득의 단 4%를 정부에서 복지 수당으로 받고 있다. OECD 평균 22%의 5분의 1 수준이다. 이에 따라 조세, 복지 제도 등을 보완해 소득 불균형 해소에 서둘러야 한다는 게 OECD의 주문이다. 한국의 빈곤율이 높은 원인을 불충분하고 비효과적인 조세 및 복지 제도를 지목, 작고 비효율적인 재분배제도를 개선해야 한다고 조언한 것이다. 특히 높은 노년층 빈곤율은 시급히 해결해야 할 과제로 꼽았다. 회원국 대부분이 노인 빈곤층을 크게 낮춰가고 있는데 반해 한국은 정반대라는 지적이다.

복지 지출에 따라 늘어날 재정 부담은 국민 각자가 더 분담해야 한다고 권유했다. OECD에서 평균적으로 소득의 29%를 세금과 사회 분담금으로 조성해 복지에 투자하는 반면 한국은 8%에 그치고 있고, 복지 관련 지출이 OECD 최저 수준이라는 분석이다. 세제 개편도 조언했다. OECD 평균 18%보다 낮은 10%의 부가가치세율을 높이고, 세부담이 낮은 자영업자에 대한 세원을 발굴하라고 주문했다.

대표적인 간접세인 부가가치세율 인상을 포함한 OECD의 정책 조언이 우리나라의 특수성과 경제 여건에 적합한지는 따져볼 문제다. 하지만 양극화를 완화하고 복지를 늘리기 위한 방안을 적극 모색해야 할 때라는 지적은 귀담아들어야 한다.

세계경제사에 기록될 대한민국의 성취

빈부격차의 해법을 찾지 못해 불만이 커지고 있지만 한국 경제는 그 단점을 무색하게 할 정도로 남다른 성취를 이뤄냈다. 2차 세계대전 이후 독립한 많은 나라 중 유일하게 선진국 수준에 도달한 행보는 자본주의 역사에 기록될 만하다.

미국에는 개도국에 대한 원조를 담당하는 국제개발처(USAID)라는 기관이 있다. 케네디(John F. Kennedy) 대통령이 1961년에 설립한 곳이다. 경제개발에 본격 착수한 시기와 맞물린 덕분에 이곳으로부터 빌려 온 차관은 우리나라에 큰 도움이 됐다. USAID는 1960년대 중반에 우리나라에 원조를 제공하면서도 내부 문서에서는 한국의 상황을 '구제 불능 케이스'라고 명기했다. 한국은 그렇게 보잘것없고 기댈 것 없는 가난한 나라였지만 그 평가로부터 불과 40여 년 만에 세계경제의 주역이 됐다. 매디슨에 따르면 한국은 1950~2008년에 GDP를 53배로 불렸다. 200여 년 자본주의 역사상 가장 빠른 성장으로 꼽힌다. 네덜란드, 영국, 미국, 일본 등 세계경제사에 한 획을 그은 나라들의 전성기와 비교해도 우리의 성장 속도가 가장 가파르다.

하지만 불꽃 성장에도 불구하고 우리 경제를 우려하는 목소리는 어느 때보다 높다. 서민들의 삶이 질곡으로 떨어졌고, 성장은 정체돼 경제가 총체적인 파탄 상황에 처했다는 주장이 난무한다. 대기업 위주의 신자유주의를 강화했기 때문이라는 설명도 덧붙여진다. 양극화가 크게 개선되고 서민들의 사정이 오히려 나아졌다는 점을 확인한 것처럼, 한국 경제가 파탄 지경에 처했다는 이 같은 주장도 사실과 다르다. 더 잘하자는 취지에서 주의를 환기시키는 차원이라면 모르겠지만 왜곡된 정보를 바탕으로 상황을 오도하고 스스로를 폄하하는 자기부정은 지양돼야 한다.

우리 경제는 글로벌 금융위기로 고전 중이지만 남다른 개선 흐름을 타고 있다. 몇 가지 데이터만 살펴봐도 알 수 있다. OECD 34개 회원국 중 2010년 GDP 성장률이 2위다. 2003년에 15위까지 추락했지만 2008년 8위로 올라섰고 2009년 5위, 2010년 2위로 수직 상승했다. 글로벌 금융위기에서 선진국들이 고전하는 와중에 위기를 슬기롭게 극복하며 성장률 격차를 벌렸다는 OECD의 호의적인 평가다. 블룸버그통신도 한국이 그리스나 미국과 달리 금융위기에 현명하게 대처하고 있으며 아시아 국가들은 한국의 모범을 따라야 한다고 주문했다.

신자유주의적 정책 탓에 고용 없는 성장이 고착화됐다는 주장 역시 과도하다. 실업률은 3.7%(2010년 기준)로 안정적이며, OECD 중 노르웨이에 이어 2번째로 낮다. 청년층 실업률이 9.8%로 높긴 하지만 34개국 중 8위 수준이다. 특히 1년 이상 장기 실업률은 0.3%에 불과해 압도적인 1위다. 취직을 못해 1년 이상 쉬고 있는 사람은 0.3%에 그친다는 뜻이다.

이런 성과는 수출이 이끌고 있다. 글로벌 불황으로 내수가 풀리지 않는 상황이지만 무역에서 선전한 덕분에 글로벌 시장 점유율을 높여 성장 동력을 유지해가고 있는 것이다. 전체 무역 규모는 8,916억 달러(2010년 기준)로 세계 8위다. 2008년 10위, 2009년 9위에서 매년 한 계단씩 올라서고 있다. 수출 상품의 세계시장 점유율도 2.9%로 사상 처음 8위로 진입했다. 정보 기술(IT), 자동차 등 하이테크 제품의 수출 비중은 32%로 세계 1위다. 한국의 제조업이 부가가치 높은 차세대 기술 집약적 상품 위주로 굳건히 자리 잡았다는 의미다.

성장 잠재력도 양호하다. 일단 전 세계 국가들의 발목을 잡고 있는 재정 건전성이 상대적으로 건전하다. 정부 부채가 GDP에서 차지하는 비율이 33.9%(2010년)로 OECD 중 4번째로 낮다. OECD 평균인 74.2%의 절반 이하다. 물론 사실상 국가 부채의 성격인 공기업의 빚 등을 고려하면 정부 부채는 실제로 훨씬 높고 위험도 역시 만만찮다. 하지만 이는 다른 나라들도 크게 다르지 않으므로 전반적인 평가를 바꿀 수 있는 요인은 아니다. 한 사람당 특허출원 건수도 세계 1위다. 인구 100만 명당 2,634건으로 OECD 평균인 318건의 8배가 넘는다. 전체 특허출원 건수 역시 11만 2,245건으로 미국과 일본에 이어 3위다.

한국 경제에 대한 외부 평가도 크게 좋아지고 있다. 글로벌 위기가 오히려 한국 경제의 강점을 입증하는 계기가 된 것이다. IMF 이후 성장 지속이 불투명하다며 한국에 의심의 눈초리를 보내던 시선은 거의 찾아보기 힘들어졌다. IBRD는 2011년 5월 〈다극화: 새로운 글로벌 경제 보고서〉를 통해 미국 달러화가 세계경제 패권을 주도하는 시대는 2025년에 끝나고 한국, 브라질, 중국, 인도네시아, 러시아, 인도, 신흥 6개국이 이끄는 시대가 도래할 것이라고 전망했다. 신흥 6

개국이 앞으로 14년 동안 세계경제 성장의 절반 이상을 책임지며 비약적으로 성장해 국제경제 질서의 새로운 변화를 선도할 것이라는 진단이다.

2012년 3월에 골드만삭스 짐 오닐(Jim O'Neill) 회장은 'Copy Korea(카피 코리아)'라는 용어를 만들어내며 전 세계의 신흥국들이 한국을 배워야 한다고 강조했다. 오닐 회장은 골드만삭스의 성장 환경 지수를 근거로 우리나라의 거시경제 성과, 인적 자원, 정치적 안정성, 기술 수준 등의 인프라를 높게 평가하고 브릭스와 NEXT-11(넥스트11, 골드만삭스는 한국과 멕시코, 터키를 비롯한 11개국을 브릭스 이후 차세대 성장 국가로 지목함)은 우리나라를 롤 모델이자 목표로 삼아야 하다고 주문했다. 이 밖에도 한국이 20세기 후반기에 보여줬던 잠재력과 위용을 다시 회복 중이며 세계 무대의 중심으로 본격 진입하는 순간을 맞고 있다는 등의 후한 평가가 잇따르고 있다.

우리의 위상은 국가 경쟁력 순위가 빠르게 상승하는 데서도 감지된다. 스위스 국제경영개발원(IMD)이 평가한 국가 경쟁력 순위에서 우리나라는 2008~2010년 3년 연속 상승해 역대 최고 순위에 올랐다. 2008년 31위에 그쳤던 국가 경쟁력은 2009년 27위, 2010년 23위, 2011년 22위(조사 대상 59개국)로 높아졌다.

이 같은 높은 평가는 국제 신용 평가 회사들이 우리나라의 국가 신용 등급을 동반 상향한 것에서 단적으로 확인된다. 세계 3대 신용 평가사인 무디스(Moodys), 피치(Fitch Ratings), S&P는 2012년 8~9월에 잇따라 한국의 국가신용 등급을 상향 조정했다. 2012년 8월 무디스

| 주요 국가의 국가신용 등급(2012년 9월 14일 기준) |

구분	등급	무디스	S&P	피치
투자등급	AAA(Aaa)	미국(-) 독일(-) 영국(-) 프랑스(-) 캐나다 오스트레일리아 싱가포르	독일 영국 캐나다 오스트레일리아 싱가포르 홍콩	미국(-) 독일 영국(-) 프랑스(-) 캐나다 싱가포르 오스트레일리아
	AA+(Aa1)	홍콩(+)	미국(-) 프랑스(-)	홍콩
	AA(Aa2)		벨기에(-)	벨기에(-)
	AA-(Aa3)	한국 사우디 벨기에(-) 칠레 중국(+) 대만 일본	사우디 일본(-) 중국 대만	한국 사우디
	A+(A1)		한국 칠레(+)	중국 일본(-) 칠레 대만
	A(A2)			
	A-(A3)	남아공(-) 말레이시아	말레이시아	이탈리아(-) 말레이시아
	BBB+(Baa1)	러시아 멕시코 태국	이탈리아(-) 남아공(-) 아일랜드(-) 태국 스페인(-)	남아공(-) 아일랜드(-)
	BBB(Baa2)	브라질(+) 이탈리아(-)	브라질 러시아 멕시코	스페인(-) 러시아 멕시코 브라질 태국
	BBB-(Baa3)	인도 인도네시아 스페인(-)	인도(-)	인도(-) 인도네시아
투기등급	BB+(Ba1)	터키(+) 아일랜드(-)	인도네시아(+) 필리핀	터키 필리핀
	BB (Ba2)	필리핀(+)	터키	포르투갈(-)
	BB-(Ba3)	포르투갈(-)	베트남	
	B+(B1)	베트남(-)		베트남 이집트(-)
	B(B2)	이집트(-)	이집트(-) 아르헨티나(-)	아르헨티나
	B-(B3)	아르헨티나		
	CCC+(Caa1)			
	CCC(Caa2)		그리스(-)	그리스
	CCC-(Caa3)			
	CC(Ca)			
	SD(C)	그리스		

※괄호 안 등급은 무디스 기준, 국가 뒤 (-)는 부정적, (+)는 긍정적 등급 전망, SD는 선택적 디폴트

가 신용 등급을 A1에서 Aa3로, 9월에는 피치가 A+에서 AA−로 각각 한 등급 높였다. A등급 이상 국가는 2007년 47개에서 2008년 45개, 2009년 43개, 2010년 43개, 2011년 26개, 2012년(9월 기준) 23개로 크게 감소 중인 상황에서 거둔 성과다. 신용 등급을 과신할 필요는 없겠지만 우리에 대한 외부 시선을 보여주기에는 충분한 결과다. 우리나라 국가 등급은 3개 신용 평가사 종합 기준으로 역대 최고이고, 일본·중국과 같은 반열로 올라섰다. S&P 기준으로는 일본과 중국보다 한 단계 아래지만, 무디스에서는 세 나라가 동일하고 피치에서는 한국이 오히려 일본과 중국보다 한 단계 높은 수준이다.

추가적인 국가신용 등급 상향 조정도 기대된다. S&P의 경우 북한 리스크 축소, 우호적인 정책 환경, 재정 건전성 강화, 순 대외 부채 수준을 등급 상향 사유로 제시하면서 앞으로 몇 년 동안 지속 가능하고 강한 성장을 통해 1인당 GDP가 오르거나 단기 차입 축소로 은행 시스템이 강화되면 등급을 추가 상향할 수 있다고 밝혔다. 북한의 정정 불안이 커지거나 자산 건전성 저하로 금융 시스템의 안정이 크게 손상되면 하향 조정도 가능하다고 덧붙였다.

북한 문제를 포함해 우리 경제의 앞날에 감당하기 쉽지 않은 무수한 난제들이 기다리고 있음은 분명하다. 하지만 지난 수십 년의 고비를 어떤 나라보다 잘 헤쳐 온 점을 감안한다면 의기소침하거나 자학할 필요는 없다.

4장

Let it be, Market
(내버려둬 시장)

e

시장은 인터넷처럼 '집단지성 구현의 장'이다

회사 신입사원 교육이나 MT 같은 모임 때 한 번씩 해보는 게임이 있다. 바다에서 표류 시 생존을 위한 필수품을 선택해보는 것으로, 질문은 다음과 같다.

"태평양 한가운데서 배가 난파돼 조난을 당했습니다. 언제 구조될지 모릅니다. 여러분은 작은 뗏목에 의지해 바다를 표류하게 됩니다. 여기 15가지 물건이 있지만 뗏목에 다 싣기 힘듭니다. 우선적으로 실어야 할 물건을 순서대로 골라보세요. ① 천체 각도 측정 장비, ② 면도용 거울, ③ 물 한 통, ④ 모기장, ⑤ 군사용 야전 식량 한 상자, ⑥ 지도 한 장, ⑦ 물에 뜨는 방석, ⑧ 1리터의 기름, ⑨ 소형 라디오, ⑩ 상어 쫓는 약, ⑪ 2평 규모 불투명 플라스틱, ⑫ 80도짜리 술한 병, ⑬ 10미터짜리 나일론 줄, ⑭ 초콜릿 두 상자, ⑮ 낚시 도구 한 상자."

해상 조난 전문가들이 정한 모범 답안과 비교해 점수를 매겨보는데, 대부분 자신의 선택을 머쓱해하거나 으쓱해하며 끝내고 마는 이 게임은 사실 더 큰 의미를 갖고 있다. 게임의 백미는 '나'와 전문가의 답을 맞춰보는 게 아니라 자신이 속한 그룹에서 협의해 정한 순서와 자신이 정한 순서의 점수를 비교하는 것이다. 결과를 보면 신기하게도 조원들이 합의로 정한 답의 점수가 조원 각자의 점수보다 높은 경우가 대부분이다. 이것이 바로 집단지성(Collective Intelligence)의 힘이라 할 수 있다.

집단지성은 다수가 협력하거나 경쟁을 통해 얻은 지적 능력의 결과, 집단적 능력을 말한다. 한마디로 말하면 '한 사람보다 여럿이 더 똑똑하다'는 의미다. 21세기 정보 혁명의 핵심 인프라인 인터넷의 가장 큰 특징이 집단지성이다. 온라인에서 서로 의견을 내고 토론하고 경쟁에서 살아남은 결론과 지식은 전문성을 획득한다.

집단지성이 구현되는 과정에서 일반인들도 전문가 못지않은 지적 능력과 사회적 권력을 얻기도 한다. 집단지성이 웬만한 전문가의 식견보다 우월할 때가 많다. 지식과 정보를 특정인이나 계층이 독과점하지 않고 공유함으로써 진보를 이뤄내는 게 집단지성의 메커니즘이다.

시장의 강력한 힘은 바로 집단지성과 유사한 작동 원리와 경쟁 구조에서 비롯된다. 끊임없는 도전과 경쟁을 통해 최적의 효율과 균형점을 발견하는 게 시장 메커니즘이기 때문이다. 다양한 네트워킹을 거쳐 인터넷에서 집단지성이 구현되는 것처럼 참여자들 간의 치열한 상호작용 결과, 가장 우수한 상품과 서비스가 가려진다. 집단지성이 결국 이기는 것처럼 시장의 힘이 어떤 뛰어난 사회주의적 계획자의 혜안보다 우수한 결과물을 창출하는 건 당연한 귀결이다.

시장의 승리는 끝없는 선택적 진화 덕분

시장의 생존 양식은 무한 진화다. 오늘의 시장과 내일의 시장이 다른 만큼 생산자나 수요자는 늘 촉각을 곤두세우기 마련이고 경쟁은 최적의 효율이 나타났을 때 종료된다. 이는 경쟁, 토론, 합심을 통해 인터넷에서 집단지성이 발현되는 과정과 유사하다.

집단지성에 기반을 둔 인터넷의 진화는 그 끝을 상상하기 어렵듯 시장의 발전 잠재력도 무한하다. 작은 위기만 닥쳐도 마치 시장이 붕괴될 것처럼 비판의 날을 세우는 사람들이 있지만, 이는 집단지성을 통해 해법을 찾아나가는 시장의 속성에 대한 이해가 부족한 것이다. 또는 수없이 목격된 시장의 합리성과 잠재력을 애써 무시하는 부류들일 뿐이다.

인터넷은 누구에게나 열려 있다. 당연히 적잖은 사기꾼과 선동꾼이 준동한다. 교묘한 농간에 선량한 다수가 속아넘어가기도 한다. 하지만 집단지성의 장이라는 압도적인 특성으로 위선과 거짓은 퇴출될 운명에 처한다. 진실은 때로 패하기도 하지만 그 좌절을 딛고 더 단단하고 세련된 모습을 드러낸다. 결정적 순간에 집단지성이라는 우군의 지원을 받기 때문이다. 시장도 마찬가지다. 자본주의 시장 시스템에도 약점과 훼방꾼이 많지만 엄정한 경쟁과 진화적 선택이라는 게임의 룰을 무너뜨릴 수 없다.

시장이 효율과 최적의 조건을 발견하는 과정은 진화에 가장 어울리는 방식이다. 역사는 제일 유리한 특질을 지닌 집단이 덜 유리한 특질을 가진 인접 집단과 끊임없이 투쟁하여 유리한 고지를 차지해가는 진화 과정이다. 특정 집단의 번영을 가능케 한 질서는 진화적 선택에 의해 주변으로 빠르게 확장된다. 자본주의 시장경제는 지난 수세기 동안 많은 상대들과의 경쟁에서 선택받았다. 그리하여 그 속성이 인접 지역으로 확산된 결과 오늘 승자의 자리에 올랐다. 차이를 받아들이는 용광로와 같은 개방성, 경쟁을 두려워하지 않고 최적을 찾아가는 보편성을 내장하고 있기 때문이다.

따라서 고민할 대목은 집단지성이 가장 잘 작동되도록 어떻게 환경을 조성할 것인가 하는 점이다. 장점 못지않은 여러 부작용이 있어서 '시장의 실패'라고 부르는 것처럼 시장은 그 자체로는 완전성을 담보하지 못한다. 시장의 실패는 집단지성이 발현되기까지 시간을 지체시키고 때로는 그 구현 자체를 가로막는다. 시장경제가 수백 년 동안 개입과 방임의 역사를 반복하는 것도 효율적인 집단지성이 발현되는 최적의 모델을 찾아가는 과정이다. 시장 실패를 우려한 과도한 규제는 집단지성을 위축시켰고, 시장의 본래적 속성을 과신한 결과는 문제를 더욱 확대시켰다. 시장은 실패를 최소화하고 집단지성 구현에 가장 적합한 조합을 찾아내는 긴 여정에 있다.

경제학자 프리드리히 하이에크(Friedrich A. von Hayek)는 시장경제 질서가 거대 인류 문명을 창조해냈다고 평가한다. 시장에서 형성되는 집단지성의 역할에 주목한 것이다. 그는 개인의 자유의지에 기초한 자생적인 시장 질서가 지식을 가장 효율적으로 사용하도록 해준다고 주장했다. 잘못된 지식에 의존한 시장 참가자에게는 가격 시스템에 의해 '퇴출'이라는 벌이 내려진다. 그리고 시장이라는 규칙을 채택한 집단의 성취가 모방된 결과, 원시사회가 문명사회로 진화됐다고 진단한다. 또 인류의 이성을 과신한 인위적 질서는 거대 문명의 기제가 될 수 없다고 강조한다. 이성적 판단은 회사나 학교와 같은 작은 조직에는 유효하지만 이를 맹신해 거대 사회에 적용하는 것은 문명 파괴를 불러오는 '치명적 자만'일 뿐이라는 게 그의 결론이다.

시장 메커니즘이 불러온 높은 생산력 증대

시장이 지닌 집단지성의 속성은 생산력의 증대를 통해 자신의 존재감을 확인시킨다. 2차 세계대전의 종전 이후 자본주의적 경제개발이 본격 전개된 59년(1950~2008년) 동안 전 세계의 생산은 10배로 급증했다. 매디슨의 분석에 따르면 2008년 전 세계의 생산(GDP)은 50조 9,739억 달러(이하 1990년 달러 기준)로, 1950년 5조 3,359억 원의 9.55배에 달한다.

이 같은 생산력 발전 과정에서 아시아의 독주 체제 구축이 돋보인다. 명목 GDP 기준으로 보면 현재 미국, 유럽, 아시아가 글로벌 경제를 비슷한 비율로 3등분하고 있다. 하지만 물가, 환율, 구매력 등을 감안한 실제 GDP를 보면 아시아 독주 시대는 이미 시작됐다. 매디슨은 아시아의 GDP가 전 세계에서 차지하는 비중이 2009년에 벌써 44%에 이르러 최대 경제권으로 부상한 지 오래라고 분석했다. 유럽과 미국 등 서구 34개 선진국(유럽 30개국, 미국, 캐나다, 오스트레일리아, 뉴질랜드)의 점유율은 38%에 그친다. 2000년만 해도 아시아의 비중은 37%로, 서구 34개국의 점유율 46%에 크게 뒤졌다. 하지만 세계화 물결이 거세진 2000년 이후 아시아의 질주가 시작됐다. 2005년 42% 대 41%로 서구를 처음 제친 뒤 2008년에는 격차를 6%포인트로 확대했다.

여기엔 중국의 고속 성장이 결정적인 역할을 했다. 중국은 1990년에 전 세계 GDP 점유율이 8%로, 유럽(22%), 미국(21%)의 절반도 안 됐다. 하지만 세계화 시대의 도래에 힘입어 2008년에는 점유율이 17%로 치솟았다. 미국(19%), 유럽(17%)과 함께 명실상부한 삼두마차 시대를 연 것이다. 사회주의 중국이 모순적이지만 시장 세계화의 최대 수혜국이 된 것이다.

중국의 성공은 역설적으로 자본주의의 본고장 미국에서 가장 잘 느낄 수 있다. 미국의 유명 백화점이나 아울렛을 가보면 매장 내 절반 이상이 중국인인 경우가 허다하다. 여행용 슈트케이스를 가지고 옷이며 명품이며 한가득 채워가는 중국인을 어렵지 않게 볼 수 있다.

미국 경제 회복의 견인차인 소비 활성화에 중국 중산층이 한몫하고 있는 것이다.

중국 인민들을 가난에서 해방시킨 일등 공신이 바로 시장이다. 중국은 사회주의 국가임에도 계획경제를 접고 시장 시스템을 적극 도입하는 유연한 발상으로 짧은 기간에 미국을 위협하는 세계경제의 G2로 부상했다. 세계체제론의 권위자인 이탈리아의 좌파학자 지오바니 아리기(Giovanni Arrighi)는 '오늘날 자본주의 대표는 미국이지만 시장경제 대표는 중국'이라고 주장했다. 《베이징의 애덤 스미스》라는 저서에서 그는 덩샤오핑(鄧小平)이 사회주의 시장경제라는 발상으로 놀라운 발전을 구현해냈다고 분석했다. '비자본주의적 시장경제'라는 낯선 용어를 만들어낸 아리기의 해석은 자본주의와 시장경제를 엄밀히 구분하기 힘든 현실을 고려할 때 잘못된 것이라는 비판도 많이 받는다.

하지만 시장 시스템을 도입한 덕분에 엄청난 생산력의 발전을 이뤘다는 점에는 모두 동의한다. 중국 개혁 개방의 아버지 덩샤오핑이 검은 고양이든 흰 고양이든 쥐만 잘 잡으면 된다는 흑묘백묘론의 명분을 세워 시장 시스템을 도입한 이후 비약적인 생산력의 증대가 나타났기 때문이다. 1950년부터 2008년 사이 중국의 GDP는 36배로 폭증했다. 아시아 전체의 GDP도 22배나 커졌다. 미국과 유럽도 6배 남짓 성장했고, 남미와 아프리카는 10배와 9배로 몸집을 불렸다. 또 같은 기간 전 세계의 1인당 국민소득(GDP)은 3.6배로 늘었다. 특히 아시아의 1인당 수입이 7.8배로 급증했다. 유럽 30개국은 4.7배, 미국에서는 3.3배로 수입이 확대됐다.

시장 시스템의 수혜자는 선진국 아닌 개도국

선진국이 시장을 통해 개도국을 수탈하는 체제가 국제자본주의를 유지하는 기본 틀이라는 주장이 적지 않다. 이런 국제 분업 체계는 선진국들의 세련된 전략에 의해 포장되고 감춰져 개도국에서 잘 인식하지 못하는 사이 고착화되고 있다는 지적이다. 이 같은 음모론적 시각은 그럴 듯해 보이지만 현실과 동떨어진 진단이다. 개도국 경제가 선진국보다 월등하게 좋은 성과를 내고 있기 때문이다. 선진국들의 세계경제 주도권을 빼앗은 자유무역과 규제 완화 중심의 글로벌 경제 구조를 보호주의 쪽으로 급선회시켜야 한다는 주장도 서구학계에서 진지하게 제기된다.

선진국이 개도국을 교묘하게 지배하기는커녕 세계경제의 주도권은 머지않아 신흥국으로 완전히 넘어올 것이라고 전문가들은 공통적으로 말한다. OECD의 경우 향후 수십 년 동안 개도국들의 성장률이 선진 경제권을 압도할 것으로 진단한다. 앙헬 구리아(Angel Gurria) OECD 사무총장은 2010년 6월 파리에서 열렸던 '전 세계경제 발전 전망'에서 20년 동안 부의 중심이 서쪽에서 동쪽으로 빠르게 옮겨가는 것을 목격 중이라며 이를 '부의 이동(Shifting Wealth)'으로 명명했다. 구리아 사무총장은 2000년 60%에 달하던 OECD 회원국들의 전 세계 GDP 비중이 2010년 51%로 절반에 턱걸이했고, 2030년에는 43%로 떨어질 것이라는 연구 결과를 발표했다. 그는 선진국과 개도국의 대결이라는 시각에서 탈피할 것을 주문했다. 개도국의 빠른 경제 발전이 없었다면 대공황 이래 최대 침체에 빠진 세계경제의 부진을 감당하지 못했을 것이라는 지적이다.

구리아 사무총장은 지금까지 보여준 브라질, 중국, 인도, 인도네시아, 남아공 등의 성과는 이제 막 출발한 정도에 불과하며 개도국의 성장 잠재력은 여전히 크다고 강조했다. 무리한 성장 전략의 후유증으로 개도국들의 지속 발전 여부가 불투명하다는 회의론이 적지 않았지만 결과는 긍정적이었다. 그는 개도국의 경제적인 성과에 힘입어 세계는 더 살기 좋은 곳이 될 것이라는 낙관론으로 연설을 마무리했다.

IBRD의 이 같은 전망은 국제사회의 공통적인 인식이다. 골드만삭스는 브릭스가 2018년에 미국을 추월하고, 2020년에는 세계 GDP의 3분의 1을 차지할 것으로 전망한다. 2020년에 브라질이 이탈리아를 넘어서고, 인도와 러시아도 각각 스페인과 캐나다를 능가할 것이라고 본다. 향후 10년 동안 미국, 영국, 일본, 독일이 연 1~2% 성장에 그치는 반면 중국과 인도는 연 7~9%, 러시아와 브라질도 연 4~5% 성장이 가능하다고 내다본다.

중국이 세계 최고의 경제 대국이 될 것이라는 '중국대망론'을 국제사회에 선구적으로 제시한 사람은 바로 매디슨이다. 그는 2007년에 발표한 〈세계경제의 윤곽 1-2030〉이라는 보고서에서 세계를 '부유한 나라'와 '나머지 나라' 두 집단으로 분류하고 포괄적 전망을 제시했다. 당시 매디슨은 서유럽, 북미, 일본, 오스트레일리아 등 부자 나라의 성장률이 1990~2003년 연 2.3%에서 2004~2030년에 2.06%

로 낮아진다고 진단했다. 반면 그 밖의 나라들은 연 4.19%였던 성장률이 4.12%로 미세하게 낮아지는 데 그칠 것이라고 진단했다. 이는 세계경제가 21세기에도 20세기 후반과 맞먹을 정도의 만만찮은 성장을 이어간다는 분석으로, 당시 학계에선 너무 낙관적이라는 비판이 많았다.

하지만 이제 매디슨의 낙관적 추정도 보수적이라며 성장 전망을 더 상향 조정하는 분위기가 확연하다. OECD의 앤드류 몰드(Andrew Mold)라는 학자는 매디슨이 개도국의 부상을 충분히 반영하지 못했다며 2010년에 그의 보고서를 업데이트해 발표했다. 몰드는 2004~2030년의 세계경제 성장 전망치를 매디슨이 추정한 3.23%에서 3.53%로 대폭 상향했다. 개도국의 성장이 가속화된 점을 반영해 '나머지 나라'의 2004~2030년 전망을 매디슨 예측치 4.12%에서 4.56%로 크게 높였다. 반면 '부유한 나라'의 전망치는 2.06%에서 1.82%로 낮췄다.

이처럼 개도국, 특히 아시아의 성장 가능성에 주목하는 의견이 대세다. 미국 경제학회장을 지낸 데일 조겐슨(Dale Jorgenson) 하버드대 교수는 2018년이면 구매력 기준으로 중국이 미국을 추월해 세계 1위 경제 대국이 되고, 일본을 제외한 아시아 16개 신흥국의 GDP가 G7을 앞설 것으로 진단한다. 인적 자원과 IT에 대한 투자, 생산성 향상 속도 등의 변수를 기준으로 각국의 경제성장 속도를 분석해본 결과다. 2020년에는 인도가 중국을, 러시아가 독일을, 브라질이 영국을 추월할 것으로 내다봤다. 결과적으로 경제 규모로는 중국, 미국, 인도, 일본, 러시아, 독일, 브라질이 G7이 되고, 이들을 중심으로 세계 경제 질서가 새로 짜일 것이라고 강조한다.

너무 장밋빛 일색이라는 생각이 들 수도 있을 것이다. 그러나 1930년 대공황 때도, 사회주의의 도전이 거셌던 1950~60년대에도, 오일쇼크에 이은 스태그플레이션의 위기도 자본주의는 진화적 과정을 통해 극복했다는 점을 기억하자. 지나친 낙관론은 위험하지만 과도한 비관론도 경계해야 한다.

시장에 대한 편견과 경직된 비판들

시장은 진화적 선택을 통해 생산력을 급증시켜 놀라운 성취를 이뤄냈다. 취약했던 분배 문제도 아직 충분하지 않지만 제한적으로는 성공했다. 무수한 공격과 비판을 이겨내고 70억 인류로부터 자신들의 삶을 결정지을 핵심 인프라로 선택받은 이유다.

시장은 1917년 러시아혁명 이래 가장 강력한 도전자였던 사회주의와의 일전도 이겨냈다. 70여 년에 걸친 건곤일척의 승부는 1991년 구소련 해체와 함께 승리로 마무리됐다. 하지만 불과 20년 만에 다시 큰 도전을 맞고 있다. 20년의 독주 과정에서 시장의 모순이 지탱하기 힘들 정도로 뚜렷해졌다는 주장이 확산되고 있는 것이다. 아큐파이 운동이 대표적인 예이다.

사회주의는 역사 속으로 사라졌지만 미증유의 경제 위기를 계기로 시장경제의 지속 가능성은 의심받기 시작했다. 마르크스의 예언대로 자본주의 종말이 다가오고 있다는 목소리도 되살아났다. 어떤 정책을 집행해도 시장 위기는 반복될 뿐이며 위험의 강도가 점차 커진다는 점이 글로벌 금융위기에서 확인됐다는 주장이다. 이들은 자본주의가 수만 년 인류역사에서 길게 봐야 고작 400년 정도 유지돼온 일시적 체제일 뿐이라며 변화가 불가피하다고 주장한다. 하지만 400년 역사의 시장은 인류의 지혜가 축적된 결과물이며, 짧은 역사에도 불구하고 문명에 가장 크게 기여한 체제라는 점을 감안하면 비논리적인 비난이다. 인터넷의 역사가 고작 20여 년이어서 존재 가치나 지속 여부가 검증되지 않았다고 주장하는 것과 마찬가지다.

시장에 대한 오해의 대부분은 그 작동 원리를 고정적이고 경직적인 것으로 이해하는 데서 비롯된다. 자본주의라는 동일한 이름 아래 여러 나라에서 시장이 운용되고 있지만 적용 방식은 나라나 시대에 따라 제각각 변해왔고 한 번도 같은 적이 없었다. 이런 점을 무시한 채 자신이 경험한 시장을 일반화하는 오류가 상당수다. 자본주의에 대한 마르크스적 시각은 19세기 영국의 시장에 대한 비판에서 출발했다. 마르크스가 제기한 노동 소외, 국가의 계급성, 제국주의적 성향 등의 여러 문제에 대해 자본주의는 성실하게 답하면서 잠재력을 입증해왔다. 대부분의 시장에서 누진적 세금, 광범위한 복지, 하루 8시간 노동제도 등이 도입된 것도 같은 맥락이다. 또 몇몇 핵심 이슈에서는 마르크스적 시각이 틀렸음이 역사를 통해 드러났다.

물론 새로운 세기를 맞아 시장은 지금까지와는 다른 차원의 약점도 드러내고 있다. 이는 자본주의를 이끌어온 선진국들을 동시에 어려움에 빠뜨리며 초유의 사태를 불러왔다. 예전에 겪어보지 못한 위기에 당황했지만 이 문제에 대해서도 시장은 점차 해법을 찾아가는 과정에 있다.

이 같은 발전 단계를 무시하고 19세기와 20세기 자본주의의 경직된 모습에서 나타난 문제점을 과대 인식하고 교조적 시각으로 비판하는 것은 잘못된 관점이다. 길게는 400년, 산업혁명 이후 200여 년 동안 시장은 무수한 실험을 거치며 생존해왔다. 자유방임적 완전 경쟁 시장이 추구된 때도 있고 케인스주의적인 강력한 정부 개입이 득세한 적도 있었다. 그 결과 나라마다 운영하는 시장의 형태가 다양해졌다. 자유무역과 해외 자본에 대한 개방을 특징으로 하는 싱가포르는 오히려 정부가 모든 토지를 소유하여 주택의 85%를 공급한다. 스웨덴에는 평등주의적 생각이 우세하지만 발렌베리 가문(Wallenberg family)이 소유한 기업 집단이 GDP의 3분의 1가량을 점유하고 있다. 발렌베리 가문의 주식은 다른 보통주의 수배에 달하는 의결권도 인정받고 있다.

자본주의는 늘 진화하고 있으며 현재의 자본주의는 10년 전, 20년 전과도 다르다. 시장은 수없이 많은 위기와 난관을 거치면서 더 나은 세상을 만들어왔다. 그리고 이제는 보통 사람들을 위해 작동하는 새로운 모델로 진화해야 한다는 힘든 숙제를 안고 있다. 하지만 시장이 보여준 비교 불가능할 정도의 성과를 직시한다면 지금의 문제점에 대한 대책을 찾아가는 과정도 인내할 수 있을 것이다.

노동자를 인간적 삶으로 인도하고 있는 시장

미국 도로를 달리다 보면 'HOV 2＋ONLY', 'HOV 3＋ONLY' 처럼 암호 같은 표지판이 대문짝만 하게 늘어서 있는 걸 보게 된다. 미국에서 운전하는 한국 사람들이 무슨 뜻인지 이해를 못해 애먹는 대표적인 교통법규가 바로 호브(HOV) 차선 제도다. HOV는 'High Occupancy Vehicle'의 약자로, 다인승 차량을 뜻한다. 한국에 버스 전용차선이 있는 것처럼 미국에는 여러 사람이 탄 차량만 다닐 수 있는 호브 차선이 정해져 있다. 'HOV 3＋ONLY'는 3명 이상이 탄 차만 운행할 수 있다는 표시다. 버스 전용 차선처럼 제일 안쪽 한 차선만 호브인 때가 많지만 도로 전체에 적용되는 곳도 적지 않다. 특히 교통 정체가 한국 못지않은 대도시 주변에선 출퇴근 시간에는 예외 없이 호브 차선제를 운용한다.

이러한 제도가 낯설지만 더 관심 있게 보게 되는 부분은 바로 적용 시간이다. 수도 워싱턴 DC 인근 메릴랜드나 버지니아 주 도로들에서는 퇴근 시 호브 차선제 적용 시간은 오후 3시부터 6~7시까지다. 우리가 점심을 먹고 한창 업무에 속도를 붙이고 있을 시간이 되면 퇴근 행렬이 늘어선다는 의미다. 그 이후에 회사에 남아서 일하려면 사유서를 쓰고 사전 승인을 받아야 하는데, 상사나 동료들이 오히려 이상하게 본다고 한다. 늦어도 저녁 7시까지는 귀가가 거의 완료된다는 얘기니 우리와 삶의 질이 다를 수밖에 없다. 미국인들이 TV를 하루 평균 4시간 39분(2009년 기준)이나 시청하는 것도 이른 퇴근이 한 요인일 것이다. 인터넷 시대를 맞아 전 세계가 TV를 덜 보는 추세지만 미국에선 10년 전보다 20%나 시청시간이 늘었다.

호브 차선제 사례를 통해 힘든 노동에서 벗어나고 있는 미국인들의 생활을 엿볼 수 있다. 미국 노동자들의 평균 근무시간은 연 1,681시간(이하 2009년 기준)이다. 한 주에 32.3시간으로 주말이나 휴가 등을 감안하면 하루 6~7시간이다. 9시에 출근하면 대략 4시쯤이면 일이 끝난다는 얘기다.

하루 6~7시간 근무는 선진국에선 보편화된 현상이다. OECD 중 근무시간이 가장 적은 곳은 네덜란드, 노르웨이, 독일로 연 1,390시간 정도다. 한 주 근무시간이 26시간 남짓으로 하루 5시간 정도에 불과하다. 프랑스, 덴마크, 스웨덴, 스페인, 영국은 연 1,600시간, 캐나다, 오스트레일리아, 포르투갈은 1,700시간, 이탈리아, 일본, 뉴질랜드는 1,800시간 안팎을 일한다. 자본주의가 남아도는 실업군을 바탕으로 최저임금으로 최대의 노동을 뽑아내며 근로자들을 착취한다는 주장은 선진국에선 유효성을 상실하고 있다.

물론 이처럼 부러운 근무 환경은 우리에겐 아직 먼 나라 얘기다. 한국의 근무시간은 2,243시간으로 OECD 중 가장 길다. 하루 8~9시간이다. 아시아, 아프리카, 남미 등 제3세계 노동자들도 여전히 힘겨운 노동의 무게를 지탱해야 하는 현실이다. 하지만 한국이 2000년 들어 매년 30시간 넘게 근무시간을 줄여가고 있듯이 시장의 생산 방식은 진화하고 있다. 자본주의적 발전으로 인류는 유사 이래 처음으로 경제적 곤궁과 고단한 노동으로부터 조금씩 멀어지며 인간다운 삶을 확대하고 있다. 한국 근로자들의 경우 근무시간이 2007~2011년 5년 동안 매년 평균 1.66%씩 감소했다. 여전히 불만스럽고 속도가 더디다는 점을 비난할 수 있을지언정 노동자 착취에만 골몰한다는 생각은 시대착오적이다.

덧셈 뺄셈으론 못 푸는 '시장'이라는 고차방정식

시장경제는 복잡한 속성을 지니고 있기 때문에 그만큼 편견과 오해, 빗나간 비판도 많다. 수학으로 치자면 섣불리 덤벼서는 풀기 어려운 고차방정식 같은 것이다. 세금을 올릴 것인가 내릴 것인가, 규제를 풀 것인가 말 것인가. 정부가 개입할 것인가 말 것인가, 어느 하나 간단한 이슈가 없다.

성공한 정책이라고 해서 무조건 타당한 것도 아니다. 정책 시행 시기의 특수성과 정책에 대한 시장 참가자들의 반응에 따라 정반대 결과가 나올 수도 있기 때문이다. 고민 끝에 하나의 정책을 선택했을 때 나타나는 효과 역시 단기와 장기가 다르다. 또 어떤 정책이 원하는 효과를 보이더라도 다른 분야에서 악영향이 생기기도 한다. 경제학자들의 전망이 틀릴 때가 많은 것도 이처럼 복잡한 시장 자체의 속성 때문이다. 경제학의 전망은 일정한 조건을 가정한 뒤 예상 효과를 도출하는 방식인데 고차원적인 시장의 가변성을 고려하지 못해 전제에서부터 뒤틀어지는 경우가 허다한 것이다.

하지만 경제와 경제정책이 어떤 사람들에게는 너무 쉽다. 그들에겐 시장이 초등학생 수준이면 풀 수 있는 사칙연산에 불과하다. 부자들에게 세금을 물리면 세수가 늘어나고, 정부의 돈으로 서민을 지원하면 빈부격차가 해소되고, 임금을 올리면 소비가 촉진돼 성장할 수 있다는 식의 이분법이다. 쉬운 방법이 있는데도 이를 외면하고 실행하지 않는 것은 의사결정권을 가진 사람들이 경제 전체의 이익보다 자신과 특정 집단의 이권을 먼저 생각하기 때문이라고 목소리를 높인다. 자신들이 시장 정의의 독점자임을 자처하면서, 시장의 모든 문제에 대한 해법을 알고 있고 효율을 극대화할 수 있다고 거품을 문다.

하지만 그들은 막상 칼자루를 쥐어주면 어떤 긍정적인 결과도 내지 못한다. 서민을 위한다는 정책과 조치가 서민의 등골을 파먹고, 경제를 살린다는 정책이 경제를 골병들게 만들기 일쑤다. 참담한 실패를 겪은 뒤에야 비로소 시장 정의와 효율이 덧셈 뺄셈처럼 간단히 구해지는 답이 아니라 오래 공부하고 내공을 쌓아야 풀 수 있는 고차방정식임을 직시하게 된다. 시민들도 붕어빵에 붕어가 없는 것처럼 서민을 앞세운 정책에 서민의 이익이 배제된 현실을 뒤늦게 깨닫게 된다.

시장은 복잡한 속성과 메커니즘을 무시하는 참여자에게는 응분의 대가를 요구한다. 노무현 대통령이 분배를 부르짖었지만 양극화가 오히려 크게 악화된 것도 같은 맥락으로 해석할 수 있다. 참여정부 시절에는 시장에 대한 아마추어적 사고가 지배했다. 고차원적 시장의 메커니즘을 자의적으로 설정한 선과 악의 단순 구도로 이해하고 접근했다. 그 결과는 한국이 경제개발을 본격화한 1960년대 이래 50년 동안 가장 부진한 성과로 귀결됐다. 참여정부 시대는 GDP 성장률에서 세계 평균을 밑돈 유일한 시기다. 노 대통령이 '경제 잘하라고 나를 대통령 뽑아준 것은 아니지 않느냐'는 실없는 해명을 할 수밖에 없을 만큼 뼈아픈 실패였다.

당시의 경제 성과를 부풀리는 엉뚱한 분석들이 간혹 나오지만 역대 대통령 집권 시기 GDP 성장률을 보면 결과는 명확하다. 매디슨 데이터를 보면 박정희 9%(1961~79년 평균), 전두환 8.7%(1980~87년), 노태우 8.4%(1988~92년), 김영삼 7.1%(1993~97년), 김대중 4.4%(1998~2002년), 노무현 4.3%(2003~7년)다. 김영삼 정부와 김대중 정부 시절은 전 세계 성장률이 연 3.4%와 3.2%로 부진했던 시기다. 하지만 노무현 정부 시절은 세계경제가 연 4.7%의 강한 성장세로 돌아선 보기 드문 호황기였다. 중국, 브라질, 인도, 러시아 등 브릭스의 거대한 성장 엔진이 본격 가동되기 시작하며 세계경제가 수십 년 만에 활력을 되찾았던 것이다. 당시 세계경제는 크게 성장하면서도 물가는 상승하지 않았다. 너무 뜨겁지도 차지도 않은 이상적인 호황 국면이 이어져 '골디락스(Goldilocks)'라는 신조어가 등장할 정도였다. 이 말은 영국 〈파이낸셜타임스〉가 중국이 2004년 9.5%의 고도성장 속에 물가 상승이 없는 것을 보고 '중국 경제가 골디락스에 진입했다'고 기사화하면서 세계적으로 유행하게 되었다.

하지만 참여정부는 과도하게 정치적인 정책 접근으로 호기를 놓치고 글로벌 성장률마저 밑도는 초라한 성적표를 받아들었다. 정책 실패와 고성장한 주변국의 악영향이 겹치자 부동산 가격이 폭등, 경제에 거품만 쌓이고 말았다. 이 부진은 서민들의 생활고로 직결됐다.

양극화 정도를 보여주는 지니계수가 다른 어느 때보다 참여정부 시절 급등한 것도 이런 이유 때문이다. 노 대통령의 취임 첫 해인 2003년 0.28(전국 2인 이상 비농가 기준)로 양호하던 지니계수는 마지막 해인 2007년 0.3으로 높아졌다. 또 소득5분위배율이 4.4배에서 4.9배로, 빈곤율도 11.4%에서 12.9%로 크게 올랐다. 주요 정부 중 분배 지수 악화율에서 단연 1위다. 시장을 간섭하고 손봐줄 대상 정도로 간주한 철학적 빈곤이 총체적 실패로 이어진 셈이다. 고차원적 메커니즘을 외면한 즉흥적인 접근은 언제나 시장의 복수를 부른다.

'경부행락도로'와 '부자 감세' 논쟁

몇 년 전부터 우리 사회를 달군 이슈 중 하나인 '부자 감세' 논쟁은 시장의 속성을 이해하는 일이 간단치 않음을 잘 보여준다. 한 야당 대표의 감세에 대한 인식은 시장을 단순하게 이해한 전형이다. 그는 어느 좌담회에서 "이명박 정부가 부자 감세해서 줄어든 세수가 1년에 19조 원, 5년간 96조 원 정도 됩니다. 제대로 된 복지국가로 가기 위해서는 증세가 필요한데 일단 부자 감세를 철회하고 부자들에게 증세시켜야 한다고 얘기해야 합니다"라고 주장했다.

세율을 높이면 세수가 늘 것이라거나 부자에게 세금 걷으면 복지를 할 수 있다는 생각은 경제를 사칙연산 정도로 단순화시킨 것이다. 부자 감세라는 말은 감세의 최초 수혜가 세금을 많이 내는 부자에게 돌아간다는 데 초점을 맞춘 공격이겠지만, 정치 구호일 뿐이다. 부자 감세가 아니라 그냥 감세다. 감세가 '승수 효과'를 통해 경제성장을 드라이브하는 효과적인 정책이라는 견해는 광범위하게 인정되고 있다. 승수 효과란 감세액 중 저축되지 않은 부분이 반복적인 투자 과정을 거치면 전체 경제에 감세액보다 훨씬 많은 소득 증대를 불러온다는 이론이다. 1조 원을 감세하고 저축율이 40%라면 6,000억 원이 어딘가에 투자될 것이고, 그 투자를 받은 사람도 60%인 3,600억 원을 투자하는 식으로 효과가 누적된다는 계산이다. 결국 감세에 따른 소득 증가분은 '1조 원+6,000억 원+3,600억 원+2,160억 원+ ……'이고 이를 합하면 2조 5,000억 원이 된다. 1조 원 감세가 국민 소득을 총 2조 5,000억 원 높인다는 의미다. 수학적으로는 첫 항이 1억 원, 공비가 0.6인 무한등비급수의 합이 늘어나는 소득이 된다.

복잡하다면 그냥 감세로 기업이나 가계의 수익이 늘면 투자나 소비가 늘고 이는 고용 증대와 성장 촉진으로 이어진다는 정도로 이해하면 된다. 학계에서는 승수 효과의 크기가 실제로 얼마나 되는지에 대한 이견이 있지만, 감세의 긍정적인 효과에는 대체로 동의한다. 런던대 앤드루 마운트퍼드(Andrew Mountford)와 훔볼트대학 하랄트 울리그(Harald Uhlig)는 2005년 발표한 논문에서 경제정책 중 경기 활성화에 가장 긍정적인 영향을 주는 것은 세금 감면이라고 결론지었다. 노벨상 후보로 거론되는 로버트 배로(Robert Barro)도 정부 지출을 늘리기 위해 세수 확대를 도모하기보다 감세로 개인 소비를 증진시키는 것이 경기 부양에 더 효과적이라고 단언한다. 노벨 경제학상 수상자 로버트 먼델(Robert Mundell) 교수 역시 금융위기 탈출과 경기 침체를 해결하려면 과감한 감세정책이 필요하다고 강조한다.

　증세가 경제에 부정적인 영향을 미친다는 주장에도 이견이 많지 않다. 미국 캘리포니아대 교수이자 백악관 경제자문위원회(CEA) 의장인 크리스티나 로머(Christina Romer)는 2007년 발표한 〈세금 변화의 거시경제 효과〉라는 유명한 논문에서 'GDP 1%의 증세는 실질 GDP 3%의 감소 효과를 가져온다' 고 분석했다. 세금 증가는 광범위하고 지속적으로 생산 활동에 부정적 영향을 미친다는 결론이다. IMF도 증세는 민간 부문의 투자 확대에 악영향을 준다고 강조한다.

　감세 대신 정부가 세금을 걷어 재정지출을 늘리면 결과가 같지 않겠느냐는 반문이 가능하다. 사실 '재정지출이냐 감세냐' 에 대한 논쟁은 학자들이 며칠 밤낮을 토론해도 합의점을 찾기 힘들 만큼 경제학계의 핵심적인 논쟁 중 하나다. 주류 경제학의 양대 산맥인 케인시안(Keynesian)과 시카고학파(또는 통화론자)의 견해가 충돌하는 지점이기 때문이다. 다만 일반적으로 이해해보면 재정지출도 감세와 유사한 효과를 낸다. 재정지출 확대는 1930년대 대공황을 헤쳐 나올 수 있는 이론을 제공한 케인스 경제학의 핵심이다. 케인스의 해법은 대공황 이후 30여 년간 시장경제의 황금기를 열었다.

　하지만 1970년대에 오일쇼크 등의 복합적인 이유로 불황과 물가 상승이 동반된 스태그플레이션이라는 심각한 국면이 전개되자 케인스의 한계가 드러났다. 이 딜레마를 극복하기 위해 채택된 정책이 바로 감세다. 재정지출로 '정부의 실패' 가 누적된 결과가 대공황이었다는 통화주의자들의 새로운 관점이 수용된 것이다. 통화론자들은 감세 등을 통해 시장의 역할을 확대하는 것이 시장의 안정을 유지하는 유일한 길이라고 분석했다. 대표적 통화주의 학자인 밀턴 프리드먼(Milton Friedman)은 케인스식 재정정책의 위험성을 '샤워실의 바보'라는 말로 설명했다. 샤워기를 튼 뒤 처음 찬물이 나올 때 잠시 기다리면 적당한 온도가 되는데, 참지 못하고 밸브를 돌려버리면 금방 너무 뜨거워져 다시 과도하게 밸브를 잠가야 하는 악순환이 빚어진다는 점에 빗댄 표현이다. 정책 효과가 나타나기까지 시차를 감안하지 못하는 무능한 정부의 즉흥적인 시장 개입이 경제의 안정성을 해치는 주범이라는 진단이다.

신자유주의의 이론적 배경이 통화론자들의 주장을 정책으로 집행한 결과는 성공적이었다는 평가가 많다. 이에 따라 요즘 학계에서는 여러 이유들 또는 알지 못하는 어떤 작용 때문에 감세가 재정지출보다 더 큰 경기 부양 효과를 일으킨다는 의견이 우세하다. OECD가 글로벌 경기 활성화 차원에서 회원국에 감세를 권고하는 것도 이런 배경에서다. 민간 투자가 본질적으로 비효율을 내포하는 정부 주도 투자보다 효율적일 때가 많다는 정도로 이해하면 무난하겠다. 하지만 불황기에는 케인스식 재정정책의 유효성이 여전히 강력한 것으로 일반적으로 인식되고 있다.

이처럼 이론적으로 배경을 갖추고 있고 실제 많은 나라에서 채택된 감세정책이 한국에서 부자 감세 논쟁으로 확전되는 과정에서 부자들을 위한 행락도로가 될 것이라며 경부고속도로 건설을 반대했던 일화가 연상된다. 과거 박정희 대통령이 독일 아우토반을 시찰한 뒤 국가 대동맥 건설을 구상하고 1967년 경부고속도로 계획을 내놓자 야당을 비롯해 각계에서 반대 여론이 거셌다. 새겨들을 만한 의견도 있었다. '국가 재정이 파탄날 것'이라는 주장에서부터 '세끼 밥도 못 먹는데 고속도로가 그리 급한가'라는 지적들이다. 나라 예산의 24%에 달하는 430억 원을 투입하는 대역사요, 모험이었던 데다 보릿고개를 넘기는 게 당면 과제였던 당시 서민들의 입장에선 가져볼 만한 회의였다.

하지만 비합리적이고 정파적인 반대도 많았다. 당시 전국 자동차 수가 10만대를 겨우 넘어섰다는 점을 들어 '소수 유한계급의 행락용이 되고 말 고속도로를 왜 고집하느냐'는 반대의 목소리가 높았다. '부자들이 기생 태우고 놀러다니는 꼴을 보라는 말이냐'며 계급적 분노를 자극하는 주장들도 나왔다. 감세 효과는 외면한 채 부자 감세로 낙인찍어 무조건 반대하는 목소리도 그때와 크게 다를 바 없다.

감세로 세금 수입 100조 원 줄었다는 오해

경제 문제에 익숙지 않은 사람들에게 부자 감세라는 선명한 주장은 쉽게 먹히는 논리다. 부자들에게 감세해준 돈이 5년 동안 100조 원에 달한다는 식으로 알기 쉽게 설명해주기 때문이다. 그 돈만 제대로 걷었다면 서민 복지가 어쩌구, 무상급식 재원이 저쩌구 하는 설명까지 곁들이면 이후에는 감세에 관한 어떤 합리적인 제안도 통하지 않게 된다.

이 같은 주장의 허약함은 굳이 복잡한 이론을 동원하지 않아도 감세정책 후 조세 수입을 보면 잘 드러난다. 이명박 정부가 단행한 감세정책이 실제로 적용된 2010년과 2011년을 보면 세수가 줄기는커녕 예상을 크게 초과했다. 2011년 정부가 걷어 들인 국세 수입은 192.4조 원으로 2010년보다 8.3%나 늘었다. 예산안 187.6조 원을 4.8조 원(2.5%) 초과했다. 특히 부자 감세로 제대로 못 걷었다던 소득세 수입이 42.3조 원으로 한 해 전 37.5조 원보다 4.8조 원(12.9%)이나 증가한 점이 두드러진다. 당시 부동산 경기가 극도로 부진해 양도소득세가 한 해 전보다 9.5% 추락했음에도 종합소득세와 근로소득세가 급증한 덕분이다.

법인세 역시 44.9조 원으로 한 해 전 37.3조 원보다 20.4% 급증했다. 예상보다 3.6조 원(8.7%) 늘어난 규모다. 세금이 잘 걷혀 미처 쓰지 못하고 남긴 세계잉여금도 4.6조 원에 달했다. 잉여금 중 상당액(일반회계 세계잉여금)은 지방자치단체(지자체)로 내려보내거나 나라빚을 갚는 데 쓰인다. 이 같은 국세 수입 급증은 예상보다 빠른 경기 회복 덕분이었다. 전부 감세정책의 결과로 볼 수는 없겠지만 감세정책으로 수십조 원의 세금 수입이 누락됐다는 말은 공허한 숫자 놀음임을 보여준다.

소득세와 법인세 급증 현상은 2010년에 더 뚜렷했다. 그해 전체 국세 수입은 117조 원으로 전년보다 13.2조 원이나 더 걷혔다. 경기회복에 힘입어 소득세 수입이 2009년보다 8.8%(3.1조 원), 법인세도 5.7%(2.0조 원) 늘어난 덕분이다. 세계잉여금은 7.8조 원에 달했다. 결과적으로 적정한 감세는 경기를 살리고 세수도 늘리는 효과를 가져온다고 볼 수 있다. 대부분 국가들이 경쟁적으로 세율을 끌어내리고 있는 이유다. 복지 천국이라는 스웨덴도 상속세와 부유세를 아예 폐지하고 소득세와 법인세율을 대폭 인하했다. 복지 재원을 마련하기 위해 세금을 걷어야 한다는 단순한 사고로는 스웨덴의 행보를 설명할 수 없다.

사실이 명확한데도 감세 반대론자들은 합리적인 반론을 제기하기보다 엉터리 산수를 강요한다. 부자 감세 때문에 경제가 파탄 나고 있다는 현실과 동떨어진 주장도 앵무새처럼 반복한다. 다만 논리적으로 궁색하다 보니 감세 때문에 국가의 재정 부실이 심각해졌다는 식으로 슬쩍 초점을 돌린다. 국세 수입이니 세계잉여금이니 하는 복잡한 팩트보다 단순하고 새로운 얘기가 더 주목받는다는 점을 이용하는 치고 빠지기식 행태다.

감세가 항상 좋은 결과를 낳는 최고의 정책이라고 주장하는 것은 아니다. 국내외 경제 상황에 따른 감세의 역효과가 발생할 가능성을 전문가적 시각에서 따져보고 시행 여부를 판단해야 할 것이다.

하지만 경기 불황 시 감세를 통한 경기 진작 효과는 이론과 실전에서 상당 부분 검증돼 훌륭한 정책 대안이 될 수 있다는 점은 분명하다. 부자 감세로 낙인찍기보다 감세의 혜택이 특정 계층에 집중되지 않고 고루 확산되도록 정책 효과를 극대화하는 방법론을 모색하는 데 머리를 맞대는 자세가 바람직하다.

'버핏세'를 계기로 보는 세금의 불편한 진실

부자 감세정책과 관련해 불편하지만 알아야 할 또 하나의 진실이 있다. 부자들이 이미 상당히 많은 세금을 부담하고 있다는 점이다. 2009년 상위 12%의 근로소득자가 소득세의 84.7%를 냈다. 상위 24%의 부담비중은 95.5%에 달한다.

사업소득세도 비슷하다. 고세율이 적용되는 소득 8,800만 원 초과 사업소득자는 13만 1,400명으로 전체 사업자의 4.7%지만 이들이 사업소득세의 70%를 부담한다. 결과적으로 상위 1% 부자가 전체 소득세의 44.9%를 부담하고 있다. 5%가 71.5%를, 10%가 83.9%를 낸다.

반면 중산층 이하는 대폭적인 세금 감면 혜택을 받고 있다는 것도 부인할 수 없는 팩트다. 근로자 10명 중 4명과, 사업소득자의 절반이 소득세를 한 푼도 내지 않고 있다. 영세업자 대부분이 면세사업자이고, 농민의 99%가 농작물 경작에 대해 실질적인 세금을 내지 않는다. 면세자가 넘치다 보니 전체 세수에서 소득세의 비중은 15%에 불과하다. 이는 OECD 평균 25%보다 훨씬 낮은 수준이다. 법인세 역시 기업 1%가 법인세수의 80%를 부담하고 있다. 고소득자에게 일방적으로 세금을 더 내라는 주장이 형평성에서 문제라는 비판이 나오는 이유다. 또 앞서 살펴본 것처럼 증세가 경제 전반에 악영향을 끼친다는 점도 이론과 실제에서 광범위하게 인정받고 있는 정설이다. 화풀이하듯 부자에게 세금을 더 물리기보다 고소득 전문직과 자영업자에 대한 과세율을 높여 경제에 미치는 충격을 최소화하는 방식으로 세원을 확대하는 구조적 접근이 우선돼야 한다.

우리나라에서 대세가 돼버린 부자 증세에 대한 여론을 확산시킨 계기는 2011년 미국에서 벌어진 '버핏세' 논란이다. '오마하의 현인'으로 불리는 유명 주식 투자자이자 전 세계에서 손꼽히는 갑부인 버핏이 주식 투자로 벌어들인 이익에 대한 세율이 그의 비서가 적용받은 세율보다 낮은 일이 벌어지고 있다며 그 스스로 문제를 제기한 데서 비롯됐다. 버핏의 의견에 버락 오바마(Barack Obama) 대통령이 세제 개편을 검토할 의향을 비치며 이슈가 됐다. 그러자 불똥이 한국으로 튀었다. 미국의 부자들은 세금을 더 내겠다고 나서는데 한국의 부자들은 탈세할 궁리만 하느냐는 비난이 들끓더니 같은 해 12월 31일 '한국판 버핏세'가 국회를 통과했다. 연 3억 원 이상 소득자에 대한 최고 세율이 35%에서 38%로 높아진 것이다. 그리하여 한국의 최고 소득세율은 세금 부담이 많다는 부자 나라들의 모임 OECD 평균 (35.5%)보다 높아졌다.

부자에 대한 이 같은 징벌적 세율 인상은 대중에게 정서적 만족감을 줄 수 있겠지만 실질적인 세수 효과는 거의 없다. 필요 경비와 소득 공제액 등을 뺀 실질소득 3억 원이 기준이기 때문에 연소득이 10억 원은 넘어야 하는데 해당자가 사실상 없다는 분석이다.

이 같은 해프닝은 버핏세에 대한 오해에서 비롯된 것이다. 버핏은 수입이 많은 자신이 잘못된 세법 때문에 낮은 세율을 적용받는 것을 불합리하다고 지적했다. 힘든 노동의 결과로 얻은 수입에 대해 자신처럼 자본 투자로 돈을 번 사람보다 많은 세금이 부과되는 상황이 정의감과 형평성에 어긋난다는 타당한 문제 제기다.

미국 국세청 조사에 따르면 실제로 400대 부자들에게 적용된 평균 세율은 1993년 29.3%에서 2008년 18.1%로 급락했다. 이는 20% 선인 미국의 중산층 세율보다 낮은 수준이다. 같은 기간 400대 부자의 과세 소득은 163억 달러에서 910억 달러로 급증했다. 소득이 늘면 세율도 올라가는 게 정상인데 반대 현상이 나타난 것이다.

이 같은 왜곡은 자본 이득(Capital Gain)에 대한 세율을 15%로 낮춘 '보유 이자(Carried Interest)' 조항 때문에 발생했다. 이 조항을 적용받으면 10만 달러 선의 봉급소득에 적용되는 35%보다 세율이 20%포인트나 낮아지는 것이다. 이 조항은 벤처 투자가, 헤지펀드 매니저, 투자 은행가 등 거액 소득자의 절대 다수가 활용하고 있다. 소득의 원천을 봉급으로 신고하지 않고 투자를 통한 자본 이득으로 바꿔 신고하는 것이다. 이 같은 과정을 거쳐 버핏의 소득세율은 17.4%로 비서보다 낮아졌다. 보유 이자 조항은 신규 투자로 창출된 이익에 낮은 세율을 적용해 창업과 일자리 창출을 활성화시키자는 취지에서 실행되었다. 벤처 투자가나 헤지펀드 매니저는 위험을 안고 투자하기 때문에 낮은 세율을 적용해야 한다는 것이다.

오바마 정부에서 이 조항을 폐지하려는 시도가 있었지만 월 가의 저항과 로비로 성공하지 못했다. 하지만 2011년에 연방조세법원이 핵심 쟁점인 자본 이득의 개념에 대해 '금융 투자 관리는 그 자체가 비즈니스이므로 관련 수입은 일반 소득처럼 취급돼야 한다'고 해석을 내려 폐지의 명분이 생겼다.

우리의 조세 환경은 버핏세가 논의되는 상황과는 전혀 다르다. 우리는 미국과 달리 주식 투자로 생긴 자본 이득에는 세금을 부과하지 않고 주식 거래 자체에 거래세를 물리는 방식이다. 버핏의 지적과 다른 상황이고 세율 구조가 불합리하지 않은데도 한국판 버핏세는 특수 작전을 펼치듯 후다닥 일사천리로 진행됐다. 정작 미국에선 도입 명분이 충분한 버핏세인데도 세제 변경의 실효성에 대해 몇 년째 갑론을박이 치열하다.

전 세계는 지금 법인세 인하 경쟁 중

기업의 이익에 부과하는 세금인 법인세율을 인하하는 것도 세계적인 트렌드다. 미국, 일본, 독일, 스웨덴, 대만, 싱가포르 등 법인세 인하 행렬에 참여하지 않는 나라를 찾아보기 힘들 정도다. 최근 사례도 부지기수다. OECD 회원국 중 법인세율이 가장 높았던 일본은 2012년 4월부터 법인세율을 대폭 인하해, 39.5%에서 36.8%로 2.7%포인트를 한꺼번에 내렸다. 일본의 행보에 자극받은 오바마 대통령은 법인세 최고 세율을 35%에서 28%로 대폭 낮추는 법안을 추진 중이다. 2012년 11월 오바마와 대통령 자리를 다투기 위해 후보 지명전에 출마했던 공화당의 대선 주자들도 일제히 큰 폭의 법인세 인하를 공약했다. 공화당 대선후보였던 미트 롬니(Mitt Romney)는 오바마가 제시한 28%보다 3%포인트 낮은 25%를 제안했다. 릭 샌토럼(Rick Santorum) 전 상원의원은 법인세를 절반인 17.5%로 인하하고, 제조업에는 아예 면세하겠다고 선언했다. 깅그리치 전 하원의장과 론 폴(Ron Paul) 하원의원은 12.5%와 15%로 대폭 인하를 공약했다. 미국에서는 여야 할 것 없이 경제 활성화에 감세가 필요하다는 공감대가 형성돼 있다.

다른 나라들도 발 빠른 감세 움직임을 보인다. 대만은 25%였던 법인세율을 2010년 1월과 5월 두 차례에 걸쳐 20%에서 17%로 단계적으로 인하했다. 같은 해 싱가포르도 18%에서 17%로 법인세율을 하향했다. 스웨덴은 28%이던 최고 세율을 2009년 2%포인트 인하했고, 독일은 39%이던 세율을 2008년에 30%로 크게 낮췄다. OECD는 법인세가 저축과 투자 결정을 왜곡해 경제성장을 저해한다고 여긴다. 법인세가 1%포인트 높아지면 외국인직접투자(FDI)가 1~2% 떨어진다며 법인세를 낮출 것을 권고하고 있다. 이 같은 조언 등을 참조해 참여정부도 법인세를 2%포인트 인하했다.

금융과 부동산 시장의 거품을 키우다 파국을 맞은 아일랜드에 대한 프랑스, 독일 등 유럽의 구제금융 제공 조건이 법인세 인상이었다는 점은 법인세 감세 효과를 웅변해준다. 아일랜드의 법인세율은 12.5%로 세계 최저 수준이다. 이에 따라 FDI가 전부 아일랜드로 몰린다는 게 주변국들의 불만이다. 보잘 것 없는 소국이던 아일랜드가 불과 20년 만에 일시적이나마 유럽의 강자로 부상하기까지 저율의 법인세가 위력을 발휘했다는 건 부인할 수 없는 사실이다.

우리나라의 법인세 최고 세율은 25%에서 2010년 22%로 인하돼 OECD 평균(23.6%)보다 2%포인트 가량 낮아졌다. 따라서 추가 인하가 필요한지에 대해 신중히 판단해볼 여지가 있다. 다만 FDI가 필요한 개도국의 법인세가 일반적으로 선진국보다 낮다는 점도 정책 결정 시 고려해야 한다. 우리와 경쟁하는 대만과 싱가포르의 법인세율은 17%이며, 홍콩도 16.5%에 불과하다.

법인세 인하로 대기업이 세금 감면 혜택을 받는다고 서민을 배반하는 재벌 옹호정책이라 매도하는 것은 잘못된 시각이다. 요즘 들어 감세가 '부자 감세'로 불리며 계급적 논쟁으로 비화됐지만 그동안 우리나라는 법인세를 지속적으로 낮춰왔다. 1970년 무렵 45%이던 최고 세율은 총 7차례 인하 조치를 거쳐 22%까지 낮아졌다. 좌파 성향이라던 김대중 정부도 2001년에 법인세를 28%에서 27%로 인하했고, 노무현 정부는 2005년에 다시 25%까지 내렸다. 법인세 감세의 효과와 필요성에 대한 공감대가 넓다는 점을 보여준다. 한국경제연구원은 법인세율을 3%포인트 인하하면 국내 투자가 6~7조 원 증가한다고 2009년 연구에서 실증 분석했다. 복지국가의 모범으로 불리는 스웨덴이 1991년부터 대대적으로 세금 인하를 단행하며 57%였던 법인세를 26.5%로 내린 것도 같은 이유다. 이처럼 전 세계가 법인세를 내리고 있는데 한국의 정당들만 인상을 주장하고 있는 것은 역주행이다.

소득세도 마찬가지다. 김대중 정부 말기인 2002년 소득세 최고 세율이 40%에서 36%로 크게 낮아졌고, 노무현 정부 때 다시 35%로 내려갔다. OECD의 평균 소득세율도 2000년 40.2%에서 2009년 34.7%로, 법인세율은 30.2%에서 23.7%로 크게 내렸다. 여러 정황을 볼 때 부자 감세라는 공격은 정파적인 공세일 뿐 국민경제적 입장에서의 정당성은 갖추지 못했다는 판단이다.

감세는 필요에 따라 선택 가능한 정책옵션이다. 포퓰리즘적 논리에 밀려 감세를 정책 선택에서 배제하는 것은 시장의 역동성을 해치는 결과로 이어질 수 있다. 부자들에 대한 감세가 서민들에게 더 좋은 결과로 돌아와 '윈윈(win-win)' 한다면 마다할 이유가 없다. 어느 정부나 서민을 위한다. 다만 방법론에서 차이가 날 뿐이다. 부자 증세가 서민정책이라는 식의 단순 논리를 경계해야 한다.

'시장의 실패'를 압도하는 '시장의 성공'

시장은 자발적으로 물건과 서비스를 교환하는 공간이다. 물리적인 장소만이 아니라 인터넷과 같은 가상공간도 포함한다. 사람마다 다르게 정의하겠지만 보통 사유재산제도와 결합된 시장경제를 자본주의로 본다. 현실에서 운용을 보면 시장경제와 자본주의는 동일한 말로 간주해도 무방할 것이다.

시장경제는 '시장의 실패'라 부르는 부작용을 동반한다. 시장에 대한 간섭을 죄악시하는 자유방임주의 시장경제에서 특히 실패가 두드러진다. 빈부격차, 불황, 실업, 독점화, 외부 효과 등이 대표적이다. 시장의 실패는 현대 자본주의에서는 상당 부분 치유되거나 완화됐지만 여전히 만족스럽지 못하다.

우선 빈부격차를 보면 복지국가 모델 등으로 보완되긴 했지만 아직 갈 길이 멀다. 시장이 덜 발달된 나라에서 양극화가 더 심한 점으로 미뤄볼 때 시장만 비난하는 것은 과도하지만, 그래도 해결의 책임은 시장에 있다. 한때 정답으로 여겨졌던 서유럽 복지 모델은 분명한 한계를 드러내며 변화를 강요받고 있다. 동아시아의 발전 모델에 대한 재평가를 포함해 다양한 해법을 모색해봐야 할 시점이다.

독점 규제법 등으로 견제되고 있긴 하지만 독과점의 횡포도 자본주의의 건강성과 안정성을 해치는 핵심요인이다. 철강, 에너지, 시멘트, 통신 등 장치 산업에서의 독점화 경향이 특히 심각하다. 클수록 유리해지는 '규모의 경제'가 작동한 결과다.

불황과 실업에도 시장은 취약점을 노출한다. 자본주의 경제에 불황이 존재한다는 게 처음 인식된 시기는 1870년대 초다. 당시 시작된 심각한 불황이 1890년대 중반까지 20여 년 동안 세계를 지배한 탓에 실업도 급증했다. 자본주의에 대한 회의도 커졌다. 케인스가 통화팽창을 통한 재정지출 처방을 낸 이후 30~40년 동안 자본주의는 사실상 완전고용에 가까운 성과를 내기도 했다. 하지만 오일쇼크를 계기로 케인스 신화도 무너져 실업과 불황은 여전히 도전 과제다.

공공재 시장의 비효율 역시 시장 실패의 하나다. 공공재는 사회가 공동 생산, 공동 소비하는 재화다. 국가가 도로, 등대, 가로등, 공원 같은 공공시설이나 국방, 치안, 행정 같은 공공서비스를 민간 기업 대신 생산한다. 하지만 이 과정에서 비효율이 발생한다. 공해 등 외부 비경제의 만연도 문제다. 폐수를 몰래 방출하는 사례처럼, 기업이 이익을 극단적으로 추구하는 과정에서 사회 전체에 해를 입힌다. 외부 비경제를 막기 위해 규제를 가하고 감시를 하지만 충분하지 않다.

시장의 실패는 버거운 과제다. 그러나 점차 개선되고 있다. 물론 자본주의의 실패라고 부를 만큼 폐해가 컸던 적도 있다. 그러나 이제 그처럼 심각한 실패는 많지 않다. 만족스럽지 않지만 일정한 기대를 충족시킬 정도의 해법을 갖게 됐다.

정경유착, 이기주의, 물신주의 등 사회 문화적인 측면에서 시장경제의 타락을 지적하는 시각도 있다. 이 문제들은 자본주의만의 속성이라고 보기 힘들지만 이 역시 활발히 보완되고 있다. 민주 정부가 출현하고 시민의식이 성숙하면서 악덕 자본가들이 견제되고, 인간의 얼굴을 가진 공동체 자본주의를 위한 노력도 다양하게 전개되고 있다.

적잖은 단점에도 불구하고 시장을 포기할 수 없는 이유는 그 실패를 압도하는 '시장의 성공'이 워낙 뚜렷해서다. 시장경제의 최대 장점은 사회주의나 과거 봉건 경제 등 다른 경제체제보다 생산 효율에서 절대적 우위에 있다는 점이다. 고효율의 이유는 애덤 스미스(Adam Smith)가 잘 정리했다. 스미스는 시장 참가자들은 누구나 자신을 위해 일하기 때문에 자기중심적이라는 인간의 본성이 잘 발휘된다고 진단한다. 수요가 있는 곳에 공급이 따르도록 하는 것이 시장의 힘이다. 시장 참가자들은 알고 있는 정보를 총동원해 생산과 소비를 조절한다. 관료들의 무능과 부패는 원천적으로 배제된다. 이 같은 자기중심적인 행동의 동기는 사유재산제도에 의해 유발된다고 스미스는 설명했다.

경쟁 시스템도 시장의 힘이다. 경쟁은 더 좋은 품질의 상품을 더 싸게 공급하도록 기업들을 강제한다. 경쟁의 승패는 시장에서 가려진다. 가장 효율적인 상품의 종류와 수량, 생산 방법이 시장에서 발견된다. 생산과 수요에 대한 수많은 정보를 효율적으로 전달하는 신호등 기능의 존재도 장점이다. 매출, 가격, 수익률이 시장 참여자들에게 보낸 신호를 종합해 기업은 생산량을 조절하고 소비자는 소비 행동을 정한다. 신호등 기능을 맹신해선 안 되지만 장기적으로 관찰하면 큰 흐름을 잡아갈 수 있다. 시장은 참가자들의 사익 추구를 갈등으로 몰아가지 않고 조화시키는 기능도 갖고 있다. 거래를 하는 쌍방이 시장을 통해 모두 이익을 얻을 수 있다는 점을 알고 시장의 결정에 순응하기 때문이다.

시장의 이 같은 성공은 실패를 상쇄하고도 남는 큰 장점이다. 수천 년 동안 정체 상태였던 인류의 경제생활이 자본주의 등장으로 빠르게 발전했다. 자본주의에 시동이 걸린 17세기 중반 무렵부터 세계 인구가 크게 늘어난 것도 같은 이유다. 서기 원년 2억 5,000만 명이던 세계 인구는 1650년에 5억 4,500만 명으로 2배가 됐다. 이후 자본주의가 발전하면서 1750년 7억 2,800만 명, 1800년 9억 100만 명, 1900년 16억 800만 명, 2000년 60억 9,000만 명으로 급속 팽창했다.

또 자본주의 경제 발전은 정치, 사회, 문화 등 전 부문의 진보를 이끌었다. 사유의 폭이 확장돼 자유주의가 자리 잡았고, 수천 년 동안 신분, 인종, 종교, 성(性), 재산 등의 이유로 벌어진 차별이 철폐되고 완화됐다. 시장은 경제뿐만 아니라 인본적이고 합리적인 인류 문명의 탄생을 이끈 주역이다. 자본주의 시장경제의 성공이라 말해도 지나치지 않을 큰 성취다.

시장의 적, B급이거나 소피스트이거나…

'B급 문화의 창달'이라는 색다른 목표를 표방한 〈딴지일보〉에 한때 흥미를 붙였다. 그들의 표현대로 엽기발랄하고 시니컬한 시각이 신선했다. 수시로 욕도 구사해주니 카타르시스가 느껴졌다. 〈딴지일보〉는 1998년에 김어준이 만든 인터넷 신문이다. 하지만 몇 달 들락거리다 더 이상 클릭하지 않게 됐다. 익숙해져버린 자극적 표현 외에 큰 장점이 없어서였다. 그렇게 잊고 있던 〈딴지일보〉를 다시 찾게 된 건 황우석 사태가 벌어졌을 때였다. 황 박사의 진실이 크게 의심받는 상황에서 〈딴지일보〉가 시종일관 그를 지지하는 무리한 베팅을 감행했기 때문이다. 게다가 즉석 만남 주선을 내세운 '남로당(남녀불꽃노동당)'이라는 이름의 살냄새 물씬한 성인 서비스에 치중하면서, B급을 지향한다지만 실상은 C급이라는 생각이 굳어졌다.

황 박사의 거짓이 드러나며 잊혔던 김어준이라는 이름이 2011년 '나꼼수(나는 꼼수다)'와 함께 재등장했다. 새롭게 포장된 느낌이었지만 여전히 사실에 바탕을 두기보다 일단 지르고 보는 뻔한 B급일 뿐이라는 판단이 앞섰다. '안 봐도 비디오'라는 생각에 관심 밖이었다. 누군가 또 B급의 '뽕삘'에 빠져 잠시 허우적대겠지만 그러다 말겠지 하는 정도로 생각했다. 그런데 내 생각과 달리 나꼼수는 박원순 서울시장 당선의 일등공신이라 할 만큼 온 나라를 뒤집었다. 공작과 뒷담화가 범람하는 후진적인 한국 정치가 그 수준에 제격인 B급 문화와 궁합을 맞추면서 새로운 차원의 재미가 만들어졌기 때문이다. 대중은 마치 B급 문화의 극단인 포르노를 처음 대할 때처럼 옳지 않은 줄 알면서도 적나라하고 마약 같은 자극에 빠져들고 말았다.

B급 문화는 그 나름 가치가 있고 존재할 필요도 있다. 뒤틀어보는 시각을 통해 문제의식을 가다듬는 계기를 준다. 의도된 B급은 남다른 격을 보여주며 '키치'가 되기도 한다. '아뵤~'의 이소룡처럼 내공에 따라서는 전설이 되고 포스트모던급 지위를 얻는다. B급 정서에 바탕을 둔 가수 싸이의 〈강남 스타일〉이 전 세계 대중 문화계를 달궜던 것도 같은 맥락이다. 하지만 일탈이 과도해 배설하고 오버하는 B급이라면 B급 공간에 머물러 있는 게 건강한 사회다.

시장 최대의 적도 바로 절제되지 않은 B급들이다. 이들이 준동하면 시장 안정성이 위협받는다. B급의 준동을 경제학에서는 '악화가 양화를 구축한다'고 표현한다. 16세기 영국에서는 금화나 은화를 사용했는데 사람들이 진짜 금은화는 장롱 속에 숨겨두고 금은 함유량이 부족한 가짜 돈을 유통한 데서 유래된 표현이다. 지금은 질 나쁜 것이 좋은 것을 밀어내는 현상을 가리키는 등 폭 넓게 사용된다.

시장 실패를 막고 순기능을 극대화하려면 B급을 가려내는 시장 참가자들의 각성이 가장 중요하다. 런던대 철학과 교수였던 앤서니 그레일링(Anthony Grayling)은 자유민주주의의 이상은 식견, 사려, 이성, 책임감 있는 시민을 전제로 한다고 말한다. 자유주의 이상에 부응할 만한 식견이 부족한 사람이 너무 많은 게 자유주의의 적이라는 지적이다. 이는 자유주의를 철학적 근거로 성장한 시장경제에도 적용되는 논리다. 시장경제가 잘 유지되려면 작동 원리를 이해하는 각성된 시민의식이 필수적이다.

사사건건 개입해 궤변을 늘어놓는 아마추어들도 시장을 위협한다. 최초로 민주주의를 꽃피운 아테네에는 도시국가를 오염시킨 일군의 B급 학자들이 있었다. 이들은 소피스트, 즉 궤변가로 불렸다. 직접민주정치가 꽃피자 남의 주장을 반박하고 자신의 논리를 관철하는 변론 수요가 급증했고, 지중해 여러 지방에서 몰려든 학자들이 부잣집 자제 등을 상대로 변론술을 가르친 게 기원이다. 변론이 목적이다 보니 이들은 절대 진리를 부정했다. 심지어 정확히 날아간 화살도 토끼를 맞힐 수 없다는 황당한 주장도 서슴지 않는다. 화살이 토끼에 1미터까지 근접해 곧 맞힐 것 같지만 0.1초 후에도 여전히 토끼 앞 10센티미터이고, 0.01초가 더 지나도 1센티미터 앞이며, 0.001초를 더 기다려도 0.1밀리미터 앞일 뿐 맞히지 못한다는 그럴싸해 보이는 논리를 전개한다.

소피스트들은 진리가 아니라 진리인 척하는 기술을 보급하며 아테네를 오염시켰다. 이들의 허구는 소크라테스, 플라톤, 아리스토텔레스 등에 의해 비판받았다. 소크라테스는 사람들이 근거 없이 막연하게 믿는 상식을 '순수의견'이라 불렀다. 반대로 의심하고 꼼꼼하게 확인한 뒤 비로소 얻는 건전한 상식을 참된 '지식'으로 구분했다. 주워들은 말을 비판 없이 옮기면서 지식인 양 착각하는 참여자가 많을수록 시장은 제대로 작동하지 못한다.

대안 없이 냉소하고, 상대의 존재를 악으로 낙인찍는 비타협적 선동가들도 시장의 적이다. 작은 문제라도 생기면 자본주의의 치명적 문제라며 거품을 무는 부류다. 해결책과 대안을 모색하면 될 일을 '더러운 시장'이라며 저주의 언어를 앞세운다. 합리적으로 이해할 만한 상대의 주장도 꼬투리를 잡아 무조건 깎아내린다. 예컨대 이명박 정부가 지키지도 못할 장밋빛 747공약으로 정권을 잡고 국민을 속였다고 무차별 비난하는 행태가 그러하다. 대통령 취임 후 6~7개월 만에 초유의 글로벌 금융위기가 터진 탓에 사태 수습이 급선무였다는 사정은 무시한 채 분노를 부추기는 험한 말을 쏟아낸다. 이런 반응은 정부의 무리한 공약 수행을 부추겨 경제를 왜곡시키는 부작용을 부르는 행위다.

지식인과 정치인 등 리더들의 위선과 무지도 시장을 망가뜨린다. '부자 감세정책이 경제를 활성화시키는 데 아무 효과를 내지 못했고 양극화를 심화시키는 부작용만 가져왔다'고 단언하는 경제학 교수도 등장했다. 감세정책의 등장 배경을 아는 전문가임에도 불구하고 '부자를 더 잘살게 해줘야 가난한 사람에게도 이득이 돌아온다는 헛소리를 집어치워야 한다'며 거친 언어로 공격한다. 한 여당 의원은 시류에 편승해 '부자만을 위한 정책을 편 점을 사과한다'는 어처구니없는 발언을 하기도 했다. 최소한의 사실 관계와 진위조차 판단하지 못하고 시류에 휩쓸려 유리한 자리만 찾아가는 모습이다.

사실을 왜곡하는 대담한 적들도 곳곳에 포진하고 있다. 특히 대중의 입맛을 쫓거나 여론몰이를 위해 편파를 일삼는 B급 매체들이 대거 등장했다. 이들은 기본적인 사실관계조차 무시하고 각색하는 행태를 보이며 인터넷과 포털 사이트에서 기생하고 있다. 클릭수를 높이거나 정파적 입장에 유리하면 이들에게 진실은 중요하지 않다.

한 인터넷 매체 대표의 생각은 편파를 넘어 마비 상태인 균형 감각을 적나라하게 보여준다. 언론관을 묻는 질문에 그는 "(나는) 한 번도 공정 보도나 객관 보도를 한다고 강조한 적이 없다. 우리 같은 인터넷 매체가 문화체육관광부에 2,000개 이상 등록돼 있다. 오히려 고유의 색깔을 내야 한다"고 답했다. '사실을 왜곡하면 안 된다' 는 단서를 뒤에 덧붙이긴 했지만 유력 언론인의 입에서 나온 '공정 보도와 객관 보도는 관심 밖' 이라는 말은 상식이하다.

진영 논리에 파묻혀 부끄러운 줄도 모르고 편파성을 여과 없이 드러내는 사례는 차고 넘친다. '제왕절개 5,000만 원······ 미국 교포들도 FTA 반대' 라는 제목의 함량 미달 기사에서도 확인된다. 'FTA로 약값 인상과 의료 민영화가 불가피하고 제왕절개에 5,000만 원 드는 미국의 후진적 의료 제도가 한국에 이식될 것' 이라는 정체불명 교포들의 성명을 대문짝만 하게 쓴 것이다. 인터넷 사이트에서 교포 여성 1,000여 명이 냈다는 이 성명은 상식적으로 별 '기삿거리' 가 못 된다. 성명 참가자가 누구인지 모르는 데다 미국에 산다고 한미 FTA를 잘 안다는 주장도 비논리적이기 때문이다. 하지만 이 기사는 포털 사이트 메인에 하루 종일 보기 좋게 걸렸다.

5장

신자유주의에 대한
오해와 이해

신자유주의, 세계화 시대 자본주의의 적자

새 밀레니엄을 목전에 둔 1999년 토머스 프리드먼(Thomas Friedman)이 내놓은 《렉서스와 올리브나무》는 '세계화에 관한 바이블'이라는 찬사를 들었다. 그는 지구촌을 하나로 묶고, 이전과 전혀 다른 세상으로 변화시키고 있는 거대한 세계화 트렌드가 빠르게 진행되고 있음을 설득력 있게 제시했다. 지금이야 상식처럼 받아들여지지만 당시 그의 혜안과 중층적인 해석은 세계를 보는 시야를 확장시켰다.

프리드먼은 세계화의 시작을 1989년 베를린 장벽의 붕괴로 꼽았다. 장벽 붕괴가 구소련 해체로 이어져 자본주의와 민주주의 중심의 경제 질서를 창출했고, 때마침 불어닥친 IT 혁명으로 정보가 자유롭게 이동하면서 사람들이 인식하지 못하는 사이 세계화가 급속도로 진행되었다는 통찰이었다. 그 무렵 단시간에 전 세계 소비자를 사로잡은, 일본에서 만든 자동차 렉서스는 세계화의 상징이 되었다. 렉서스는 세계화 시대의 새 조류인 표준화되는 글로벌 시장, 빛처럼 빠른 정보 유통 속도, 각성하고 연대하는 전 세계 대중의 특징을 잘 드러내는 징표였던 것이다. 프리드먼은 세계화는 우리가 좋든 싫든 맞이하는 새벽과 같다고 말하며 새 옷에 자신의 사이즈를 맞출 것을 주문했다. '세계화의 무자비함에 대응하는 최선의 방책은 그 논리와 작동 원리를 이해하는 것'이라고 지적했다.

프리드먼이 잘 정리한 세계화야말로 신자유주의를 대표하는 특징일 것이다. 그는 미국의 힘과 전략적 이해가 미국산 IT와 어울려 미국식 표준이 확산되는 세계화의 흐름을 낳았다고 진단했다. 세계화 시대를 맞아 미국이 신자유주의의 대표 국가로 꼽히는 것도 이런 배경 때문일 것이다.

《렉서스와 올리브나무》 출간 후 몇 년이 지났을 때 프리드먼은 아예 '세계는 평평하다'고 선언했다. 그는 《세계는 평평하다》에서 2000년부터 세계화 3.0버전이 시작됐으며 인터넷과 디지털 발달을 통해 세계적 차원에서 개인화가 이뤄진 결과 세계가 평등해졌다고 통찰했다. 나라와 개인 간 차이가 없고, 인권과 기회가 균등하게 보장되며, 민주주의와 시장경제는 전 세계적 현상이 되고 있다고 진단했다.

세계화를 특징으로 하는 신자유주의는 이처럼 호의적인 분위기에서 출발했다. 새로운 도전을 통해 더 나은 세상을 보여줄 것이란 기대를 한껏 부풀렸다. 하지만 신자유주의는 이제 자본주의적 세계 질서에 비판적인 사람들이 핵심으로 앞세우는 상투적인 레퍼토리로 전락해 동네북 신세가 됐다. 신자유주의가 경쟁의 세계화를 통해 거대 다국적기업의 이익에 복무하고, 지구적 차원에서 약자를 소외시키며, 서민의 삶을 파괴한다는 주장이다. 세계화와 함께 찾아온 신자유주의에 윌리엄 셰익스피어(William Shakespeare)가 쓴 희곡 《베니스의 상인》의 고리대금업자 샤일록과 같은 냉혈한의 이미지가 덧씌워진 것이다.

신자유주의는 일단의 반대파들로부터 지구촌을 신음하게 만든 글로벌 금융위기의 배후로 지목되고, 모든 악의 근원이자 구제 불능의 체제라는 혹독한 비난을 받는다. 1980년대 한때 종속이론을 무시하면 의식 없는 사람으로 취급받았듯 이제 신자유주의 비판에 인색하면 개념 없다며 공격받는 일이 다반사다. 자본주의가 한계의 극단을 드러내 붕괴될 운명임을 입증하는 최고의 알리바이로 신자유주의가 동원되고 있는 것이다.

한 대학 교수가 인터넷 매체에 실은 글은 신자유주의에 대한 적개심을 일상화한 우리 사회 일각의 일그러진 인식을 잘 보여준다. "1970년대 중반 이후 지구를 망쳐놓았던 신자유주의가 막바지 위기에 달했다. 부동산과 금융 투기로 살아가는 자본과 이들을 위한 재정 지출로 재정 적자를 낳은 보수 정부처럼 젊은 세대와 미래 세대를 착취하는 신자유주의 시대의 자본과 보수 세력에 대항해 젊은 진보 좌파가 '우리는 99%다'를 외치면서 새로운 계급을 형성하고 있다. 지구 곳곳에서 불안정한 삶에 시달리는 정규직, 비정규직, 농민, 영세업자, 빈곤 노령층, 생태, 여성, 장애인, 청소년, 아동, 이주자들이……"

신자유주의가 득세해 세계경제를 도탄에 빠뜨리고 인류를 파멸의 위기로 몰아넣었다는 인식은 현실 왜곡이다. 자본주의와 신자유주의의 역사를 이해하지 못하거나 오해한 것이다. 신자유주의는 부동산과 금융 투기에 의존하지도, 재정 적자를 감수하며 투기 자본의 이익을 위해 복무하지도 않는다. 막바지 위기를 맞지도 않았다.

신자유주의는 수백 년에 걸친 자본주의 진화의 역사적 산물이다. 모순과 부패로 얼룩진 폐기 대상이 아니라 더 좋은 시장을 향한 인류의 지혜와 고민이 녹아 있는 소중한 자산이다. 신자유주의가 완전 무결하다고 주장하는 것은 아니다. 글로벌 금융위기의 책임론에서 자유로울 수도 없다. 하지만 신자유주의는 맹목적이고 노골적인 비난으로부터 제자리를 찾아줘야 할 만큼 귀중한 역사성과 함께 많은 장점도 갖춘 시장경제 시스템의 적자다.

신자유주의가 경기 침체를 부른다는 오해

신자유주의의 문제점을 지적하는 대표적인 논리는 세계경제의 침체를 불러왔다는 것이다. 좌파 운동가들의 일방적 생각이지만 장하준 영국 케임브리지대 교수도 이 주장에 가세하고 있다. 장 교수가 쓴 모든 글을 관통하는 핵심 메시지는 바로 신자유주의가 성장에 해롭다는 것이다.

베스트셀러가 된 《그들이 말하지 않는 23가지》라는 책에서 장 교수는 이렇게 썼다. "1980년대 이후 상당수 부유한 자본주의 국가에서 '부자들에게 유리한 소득재분배'를 신봉하는 정부가 정권을 잡았다. 이들은 복지를 축소했고 부자에게는 세금을 깎아줬다. 이른바 '신자유주의 개혁'이었다. 그런데 이후 부유한 국가의 성장률은 더 떨어졌고 빈부격차는 벌어졌다. IBRD 자료를 보면, 1960~70년대 전 세계적으로 1인당 평균 소득이 매년 3% 늘었으나 1980~2009년에는 1.4%로 줄었다."

그러나 장 교수는 데이터를 잘못 해석한 것이다. 신자유주의는 경기 침체를 불러온 게 아니라 오히려 글로벌 경제의 성장 동력을 회복시켰다. 매디슨 데이터로 분석해보면 신자유주의 시대 세계경제의 괄목할 만한 성장이 이뤄졌음을 알 수 있다.

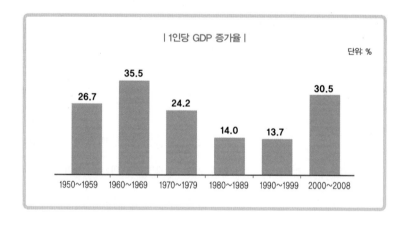

| 1인당 GDP 증가율 |

단위: %

1950~1959	1960~1969	1970~1979	1980~1989	1990~1999	2000~2008
26.7	35.5	24.2	14.0	13.7	30.5

신자유주의가 가장 심화된 2000년대(2000~2008년) 9년 동안 전 세계 1인당 GDP는 30.5%나 증가했다. 1999년 5,833달러에서 2008년 7,614달러로 높아진 것이다. 이 증가율은 신자유주의가 세계적 차원으로 확산되기 전인 1980년대 성장률 14.0%의 2배가 넘고, 자본주의의 전성기였던 1950~70년대와 맞먹는 수준이다. 신자유주의가 성장을 저해했다는 주장이 허구임을 알 수 있다.

GDP 성장률을 추적해도 같은 결론에 도달한다. 세계화 확산기인 1990년 이후의 경제 성적표를 보면 신자유주의와 성장의 관계를 판단해볼 수 있다. 분석 결과는 세계화가 본격화된 이후 세계경제 성장률이 둔화를 멈추고 회복세로 진입했음을 보여준다.

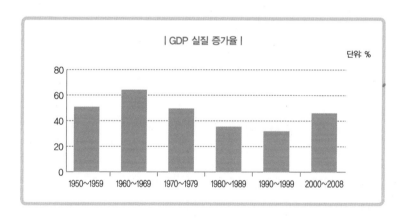

세계화의 흐름이 본격화되기 전인 1980년대 10년 동안 세계 GDP는 35.4% 늘었다. 이는 1960년대 63.5%와 1970년대의 49.8%에 비해 크게 낮은 성장률이다. 이 같은 생산성의 급락은 신자유주의적 변화가 가속화된 1990년대로 접어들어서야 주춤해졌다. 1990년대 10

년간 GDP 증가율은 31.7%로 이전 10년(35.4%)과의 격차가 크지 않다. 그러다 신자유주의가 전 세계적으로 확산된 2000년대에는 오히려 큰 폭의 증가세로 반전했다. 2000~2008년 9년 동안 GDP는 45.7% 급증했다. 연평균 성장률에서 자본주의 고도성장기의 막바지였던 1970년대 수준을 회복한 것이다.

장 교수가 시장경제 전성기였던 1960~70년대의 성장률을 들이대며 신자유주의의 성과가 부진하다고 진단한 것은 적절치 못한 비교다. 오히려 성장 둔화로 고전하던 시장경제는 신자유주의적 정책이 확산된 이후 전성기 시절을 연상시킬 만큼 성장 동력을 강화했다고 보는 것이 타당하다. 최근 10여 년 새 세계경제의 성장에 가속도가 붙은 것을 두고 신자유주의 덕분이라고 해석하는 것도 성급한 판단일 수 있다. 하지만 신자유주의가 성장을 저해한다는 주장이 사실이 아닌 점은 분명하다.

신자유주의와 서민 생존권

신자유주의에 대한 가장 거친 비난은 서민과 중산층을 빈곤으로 내몰고 생존권마저 위협한다는 주장이다. 서민 경제는 신자유주의적 성장과 과실 분배 과정에서 철저히 배제돼 파탄 지경이 됐다는 여론 몰이가 일상적이다. 비정규직, 하청·계약직, 아르바이트 등 불안정한 노동이 급증하고, 세계적 차원에서 99%의 빈곤화가 진행되고 있다며 신자유주의를 폐기해야 한다는 이론을 전개한다. '불안정한' 이라는 뜻의 '프레카리오(precario)'와 무산계급(노동자)을 의미하는 '프롤레타리아트(proletariat)'를 합성한 '프레카리아트(precariat) 계급'이라는 신조어를 만들어 신자유주의의 비정함을 규탄한다. 이런 시각은 사회전반에서 비판 없이 수용되기도 한다.

신자유주의가 서민들을 사지로 내몰고 있다는 주장은 그러나 사실이 아니다. 성과는 외면하고 과장과 왜곡을 통해 문제점만을 집중 부각해 신자유주의라는 괴물을 만들어내는 논법일 뿐이다. '내 손안의 세상'을 구현해준 스마트폰으로 비유해보자. 2011년 미국에 얼마간 체류하면서 스마트폰의 위력을 절감했다. 한국에서 휴대전화 개통을 해지했기 때문에 통화를 할 수 없었지만 나머지 기능은 대부분 쓸 수 있었다. 수시로 메일을 확인하고 정보를 검색하는 것은 물론 영어사전 기능도 유용했다. 특히 비싼 국제전화 대신 카카오톡을 활용할 수 있어 편리하고 든든했다.

하지만 스마트폰의 그늘도 분명하다. 저스틴 비버와 셀레나 고메즈라는 미국 10대들이 워너비 대상인 아이돌 커플이 스마트폰을 해킹당한 사건이 있었다. 한국으로 치면 슈퍼주니어와 소녀시대 격인 이들의 진한 동영상이 유출돼 파문이 커졌다. 이 사건은 스마트폰이 해킹이라는 치명적 문제를 안고 있음을 상기시켰다. 하지만 해킹 때문에 스마트폰을 '쓰레기폰'이라 부르거나, 스마트폰이 아닌 휴대전화(피처폰feature phone)가 최고라고 주장한다면 난센스일 것이다. 사용 시 더 주의하고 안전장치도 보완하는 접근이 최선이다. 해킹에 더 안전한 스마트폰으로 바꾸는 방법도 있다.

프레카리아트를 양산한 신자유주의 시대 고용 시장의 변화도 현대 사회의 다양한 생활 패턴과 복잡해진 경제 구조의 그늘이다. 정책 방안을 모색해고 사회적 차원에서 껴안고 고통을 분담해야 할 문제다. 특히 미래를 책임져야 할 젊은이들이 비싼 등록금을 감당하기 어려워 아르바이트를 전전해야 하는 상황은 국가적 비극이다. 이 문제를 먼저 겪고 비교적 성공적으로 대처한 유럽 등의 사례를 참조해 바람직한 해법을 모색할 수 있을 것이다. 하지만 고용 불안정을 이유로 신자유주의를 뒤집어엎어야 한다는 주장은 이해하기 어렵다. 또 고용 불안정을 감안하더라도 결과적으로 신자유주의는 빈부격차를 확대시키지 않았다. 오히려 신흥국의 수많은 서민들을 빈곤에서 탈출시켜 중산층으로 이끌고 있다.

신자유주의 국가들의 양극화 추이를 추적해봐도 서민 가계를 파탄 냈다는 주장의 모순이 드러난다. 대표적 신자유주의국으로 분류되는 미국, 영국, 캐나다, 일본, 아일랜드, 칠레 6개국의 지니계수 변화를 점검해보자. 신자유주의적 흐름이 심화된 2000년 이후의 지니

| 신자유주의국 양극화(지니계수) 추이 |

구분	2000년	2008년	증감율(%)
칠레	0.538	0.494	-8.2
아일랜드	0.304	0.293	-3.4
일본	0.337	0.329	-2.2
캐나다	0.318	0.324	1.6
영국	0.363	0.345	-5.2
미국	0.357	0.378	6.1

※자료: OECD

계수 변화를 살펴보면 많은 나라들에서 하향 안정세가 목격된다. 6개국 중 4개 국가에서 지니계수가 개선됐고, 악화된 곳은 미국과 캐나다에 그쳤다. 특히 칠레, 영국, 아일랜드 등 신자유주적 개혁 강도가 상대적으로 더 높은 나라에서 빈부격차가 많이 줄어든 것으로 나타난다.

칠레는 주변이 다른 남미 국가들처럼 빈부가 소득 격차가 극심한 나라였지만 2000년대 들어 양극화 정도가 8.2%나 완화됐다. 2000년 0.538이던 지니계수가 2008년 0.494로 급락, 처음으로 0.5 아래로 내려갔다. 지니계수의 이 같은 급격한 개선은 쉽게 보기 힘든 사례다. 칠레는 전 세계에서 FTA를 가장 활발하게 추진하는 등 미국보다도 더 빨리 규제 완화에 나선 신자유주의의 대표국으로 꼽히는 나라다. 신자유주의 정책을 많이 도입한 대표적 국가인 영국과 아일랜드의 지니계수도 2000년대 들어 5.2%와 3.4% 낮아졌다. 신자유주의가 서민을 파탄으로 내몬다는 주장이 근거가 없다는 점을 다시 한 번 확인할 수 있다. 오히려 신자유주의가 양극화를 확대하기보다 완화하는 데 기여한다는 심증을 굳혀주는 결과다.

반면 같은 기간(2000~2008년) 독일, 프랑스, 스웨덴 등 선진 복지국가에서는 전반적으로 양극화가 심해졌다. 독일의 지니계수는 0.26에서 0.29로 11.8%나 나빠졌고 스웨덴과 핀란드도 6.9%와 2.1% 악화됐다. 신자유주의가 양극화를 심화시키고 노동자와 서민의 삶을 질곡으로 몰아넣었다는 주장은 근거가 없다.

신자유주의가 선진국의 지배 전략이라는 음모론

신자유주의에 대한 또 하나의 비난은 미국, 유럽 등 선진국들이 '글로벌 스탠더드'라는 미명하에 개도국 시장을 강제로 개방시킨다는 주장이다. 성장 한계에 부딪힌 선진국들이 신자유주의 확산을 통해 경쟁 우위를 고착화하고 자본주의 세계 체제를 유지해간다는 시각이다. 이 같은 세련된 지배 전략 탓에 선진국과 개도국 간 부의 격차도 계속 확대되고 있다는 지적이다.

세계경제의 변방에서 중심으로 진입한 브라질의 성공 스토리를 보면 이 역시 번지수를 잘못 찾은 엉뚱한 비판임이 드러난다. 중남미 최대 경제 대국 브라질은 2011년 GDP 규모에서 영국을 제치고 세계 6위에 오르는 기염을 토했다. 브라질을 키운 8할은 시장의 역동성을 키우는 신자유주의 경제정책이다. 브라질 경제를 살렸다고 평가받는 지도자인 페르난도 카르도주(Fernando Cardoso) 대통령과 그 뒤를 이은 룰라 다 실바(Lula da Silva) 대통령은 둘 다 골수 좌파였다. 하지만 이들은 대통령이 된 뒤 자본시장 개방, 변동환율제, 외자 유치 등을 성장 동력으로 삼고, 세계 자본주의 질서에 브라질을 깊숙이 편입시키는 전형적인 신자유주의정책을 강력히 추진한 덕분에 성공했다.

카르도주는 마르크스를 신봉하던 경제학자로 종속이론의 대표적인 이론가였다. 노동자 출신인 룰라도 '노동자와 빈민을 위한 대통령'을 슬로건으로 내걸었고 '전 세계 좌파의 희망'이란 기대 속에 대통령직을 시작했다. 하지만 두 대통령은 집권하자마자 '나의 과거를 잊어달라', '나는 노조 아닌 국민의 대표'라고 선언한 뒤 '신자유주의의 전도사'라는 수식어가 따라붙을 만큼 극적인 변신을 보여줬다. 지지층으로부터 배신자라는 비난에 시달렸지만 그들의 현명한 배신은 브라질을 허우대만 멀쩡한 남미 골목대장에서 '세계경제의 희망'으로 탈바꿈시켰다. 이 같은 신자유주의자로의 그들의 변신을 선진국의 강요나 음모 때문이라고 우길 사람은 없을 것이다. 또 한국의 신자유주의적 정책이 김대중 정부와 노무현 정부에 의해 본격화된 점도 선진국의 지배 전략과 강요 때문이라는 주장의 모순을 웅변한다.

실증 분석을 통해서도 음모론적 주장의 허구는 확인된다. 만일 선진국 지배 전략의 일환이었다면 신자유주의가 등장한 이후 선진국이 더 좋은 성과를 얻었을 것이다. 하지만 매디슨 데이터를 보면 시장 세계화의 수혜는 아시아, 남미, 아프리카 등 개도국에 집중되고 있다. 개도국들은 신자유주의가 태동한 1980년대보다 본격화되기 시작한 1990년대에, 또 신자유주의적 변화가 심화된 2000년대로 접어들면서 성장세가 강화됐다. 반면 유럽, 북미 등 전통적인 선진국들은 시간이 지날수록 위축되는 모습이 뚜렷하다.

개도국 중에서도 아시아의 도약이 단연 돋보인다. 아시아 61개국은 신자유주의가 본격화된 1990~2008년 동안 연 5.4%의 가파른 경제성장을 기록했다. 아프리카와 남미도 매년 3.6%, 3.2%씩 부를 늘렸다. 이들은 일제히 1980~89년보다 성장률이 높아져 신자유주의의 혜택이 컸음을 시사하고 있다.

단위: %

구분	1970~1979	1980~1989	1990~1999	2001~2008
유럽 30개국	3.3	2.2	2.0	2.1
북미	3.4	3.1	3.1	2.3
동유럽 7개국	4.1	6.7	−0.2	4.5
남미 15개국	5.7	1.9	2.9	3.6
아시아 61개국	5.6	4.9	4.7	6.3
아프리카 57개국	4.4	2.5	2.5	4.8
세계 평균	4.1	3.1	2.8	4.3

※자료: 앵거스 매디슨, 연평균치이며 북미는 미국·캐나다·오스트레일리아·뉴질랜드 4개국임

　　반대로 음모론의 주역인 유럽과 기타 선진국(미국·캐나다·오스트레일리아·뉴질랜드 4국)은 신자유주의가 본격적으로 개막한 이후 부진에 시달리고 있다. 북미는 1980~89년 3.1%이던 성장률이 1990~2008년 2.7%로, 유럽 30개국은 2.2%에서 2.0%로 떨어졌다. 세계화를 주도하는 미국과 유럽의 성장률이 크게 둔화된 점은 신자유주의적 경쟁 확산이 영향력을 유지하려는 선진국들의 지배 전략이라는 비판이 신빙성이 없음을 방증한다.

　　1인당 GDP 증가율도 선진국보다 아시아권이 월등하다. 1990~2008년 전 세계의 1인당 GDP는 연 2.1% 증가했다. 하지만 아시아 61개국의 성장률은 연 4.0%로 세계 평균의 2배에 달한다. 이는 신자유주의가 가속화되기 전인 1980~89년의 성장률 3.0%보다 훨씬 높다. 반면 유럽과 기타 선진국의 1인당 GDP 증가율은 1980년대 2.8%와 2.2%에서 1990~2008년에 1.7%와 1.6%로 크게 뒷걸음쳤다. 이 분석들은 세계화를 주도한 세력은 유럽과 미국 등 서구 선진국이었

지만 그 과실은 아시아, 남미 등 신흥 경제권에서 더 많이 가져갔음을 보여준다.

신자유주의가 선진국의 지배 전략이라는 주장의 핵심은 미국 중심의 질서인 '워싱턴 컨센서스'를 IMF 등의 국제기구를 앞세워 개도국에 전파해 확산시킨다는 것이다. 설사 선진국들이 그런 의도와 음모론적 태도로 신자유주의를 이식하고 있다 하더라도 개도국의 발전이 뚜렷하다면 굳이 그것을 강요라고 해석할 필요는 없을 것이다. 선진국이 자신의 이해를 일방적으로 관철시키는 게 아니라 양자 모두에게 유리한 표준화된 선진 경제 시스템을 합의 하에 도입하는 것으로 봐야 한다.

'신자유주의＝시장만능주의'라는 도식적 비판

"자본주의적 시장경제는 평등하지 않다. 특히 노동자와 자본가의 조건은 비대칭적이다. 자본가들이 권력을 가지고 있고 노동자들은 분산돼 상호 대체 가능한 노동력으로만 존재하기 때문에 힘이 약할 수밖에 없다. 따라서 시장에서 동등한 대우를 받을 수 없고, 노동자들은 조직을 통해 단결해서 자본가에 대한 협상력을 가져야 한다. 자본주의는 그런 불평등을 가지고 있다."

어느 마르크스주의자가 했을 것 같은 이 발언은 근대 경제학의 아버지인 스미스의 《국부론》에 나오는 말이다. 스미스는 자본과 노동간 힘의 불균형을 인식하고 노동자의 단결권이 필요함을 역설했다.

좌파들은 신자유주의를 시장만능주의라고 등치시킨 뒤 신자유주의적 사고가 허상이고 무지임을 반박하기 위해 이 구절을 인용한다. 스미스조차 인정한 시장의 맹점을 무시하는 신자유주의의 무모함을 비난하는 레퍼토리인 셈이다.

하지만 스미스의 이 시각은 근대적 자본주의가 본격 출발할 때부터 이미 '시장만능주의'라는 도그마에 빠지지 않고 단점을 보완하기 위해 부단히 노력해왔음을 역설적으로 입증한다. 오늘날 대부분의 시장경제 국가에서 노동삼권이 당연한 권리로 자리 잡게 된 데서도 알 수 있다.

일단의 비판론자들은 신자유주의는 시장 만능주의에 빠져 있고, 시장은 노동자를 착취하고 있다는 말을 주문처럼 외우고 다닌다. 하지만 그런 비판은 현실과 동떨어진 것이다. 신자유주의뿐만 아니라 지구상의 어떤 자본주의도 시장만능주의라는 편협한 모습으로 존재하지 않는다. 만약 시장에 대한 편애가 심한 현실의 자본주의 체제가 있다면 긍정적인 시장의 속성을 더 적극적으로 활용해보자는 접근일 뿐이다. 자본주의는 이미 시장의 실패에 대해 공감대를 갖고 있고, 각국은 예외 없이 그들 나름의 보완책을 도입하고 있다.

신자유주의의 종주국이자 악의 제국처럼 묘사되기도 하는 미국의 자본주의도 시장만능주의와는 거리가 멀다. 시장의 자율적 기능이 더 잘 발현될 수 있도록 경제사회 여건을 정비하고 있는 정도로 이해해야 한다. 신자유주의는 시장만능주의라기보다 국가와 시장이 경쟁하는 분야가 있을 경우 다른 조건들이 동일하다면 시장에서 맡는 게 더 좋은 결과를 가져온다는 입장으로 이해하는 게 옳다. 미국을 시장 만능주의로 보는 시각이 과도함은 독점을 어느 나라보다 강력히 규제한다는 데서 드러난다. 미국은 지나치게 큰 기업은 강제로 분리시킬 수 있는 '기업 분할 명령제' 라는 강력한 장치를 두고 있다. 독점을 시장 실패의 주요 사유로 보기 때문이다. 특정기업이 시장을 장악해 독점적 이익을 얻거나 그럴 목적으로 기업을 결합해 생기는 독점 폐해를 막는 제도다.

1890년 셔먼 반트러스트법을 제정한 이래 정부의 반독점 정책에 대한 실행 의지도 분명해 실제로 분할 명령이 심심치 않게 발동된다. MS도 한때 기업 분할 명령을 받았다. 시장 독점으로 소비자에게 피해를 줄 우려가 크다며 워싱턴 연방지방법원은 2000년 PC 운영체제 독점권 남용 관련 소송을 심리하면서 운영체체와 응용 소프트웨어 부문으로 분할을 요구했다. 당시 반독점 소송은 연방정부와 19개 주 정부가 함께 제기했다. 법정 투쟁을 통해 분할 명령을 겨우 피하긴 했지만 항소심에서도 PC 운영 시스템의 독점적 지위를 부당하게 이용한 점이 지적돼 불씨는 여전히 살아 있다. MS 외에도 수많은 사례가 있다. 1911년 석유시장의 90%를 장악했던 스탠더드오일(Standard Oil)은 30개사로 분할할 것을 명령받았다. 이듬해는 담배 시장의 95%를 독점한 아메리칸토바코(British American Tobacco)가 16개사로 분리 됐다. AT&T도 정부의 분할 명령에 불복해 소송을 벌였지만 결국 1984년에 8개사로 나눠졌다. '영원한 블루칩' 으로 불렸던 IT업계의 거인 IBM 역시 기업 분할을 피하려다 MS에 역전의 빌미를 허용했다는 평가가 일반적이다. 영국, 일본, 아일랜드 등도 기업 분할 명령제를 도입하고 있다. 공교롭게도 전부 신자유주의의 대표 국가로 꼽히는 나라들이다. 신자유주의가 맹목적 시장예찬론을 펼친다는 주장이 과장임을 보여준다.

오늘날 자본주의 세계에서는 200년 전 스미스가 《국부론》에서 주장한 것처럼 완전 경쟁이 가능하고 시장이 전지전능하다고 생각하는 사람은 없다. 시장만능주의에 빠진 교조적인 자본주의자는 1%도 없다. 신자유주의 역시 정부의 실패를 보완하기 위한 방법론으로 시장 친화적 방향으로 몇 걸음 더 나갔을 뿐 결코 시장만능주의는 아니다.

모호한 신자유주의의 실체, 초점 잃은 공격

신자유주의에 대한 공격이 많지만 사실 신자유주의라고 칭할 만한 경제 시스템의 전형이 분명한 건 아니다. 일반적으로는 기업과 시장에 대한 정부 규제를 완화하고 시장 자율을 확대하는 접근 방향을 신자유주의라 부른다. 신자유주의적 주요 방법론으로는 감세가 거론된다. 금융시장 개방을 통한 자본 이동 자유화도 신자유주의 특징으로 꼽힌다. 이런 측면에서 신자유주의 대표 국가로 지목되는 나라가 미국과 영국이다.

하지만 미국과 영국을 신자유주의적 자본주의의 전형으로 단정한 뒤 두 나라의 단점을 부풀려 신자유주의를 공격하는 것은 지나친 무리수다. 두 나라도 알고 보면 신자유주의의 일반의 특성과 배치되는 특성을 많이 보유하고 있기 때문이다. 반대로 신자유주의의 대척점으로 간주되는 유럽 복지국가들이 미국, 영국보다 더 신자유주의적인 정책을 도입한 경우도 허다하다.

신자유주의 여부를 가려보는 데 적합한 지표가 있다. OECD가 회원국들의 시장 규제 정도를 산출한 지표다. 이 분석에 따르면 시장 규제가 약한 순으로 미국 1위, 영국 2위, 아일랜드 3위다. 신자유주의 대표국으로 꼽히는 나라들이니 얼핏 맞아 보인다. 하지만 뒤따르는 순위를 보면 헷갈리기 시작한다. 4위가 캐나다인 것까지는 이해되지만 그 뒤부터 유럽 복지국가들이 줄줄이 등장한다. 네덜란드, 아이슬란드, 스페인, 덴마크, 일본, 노르웨이가 시장 규제 강도가 약한 나라 5~10위다. 유럽 주요 복지국가들도 신자유주의적 정책을 도입하는 데 앞장서고 있는 셈이다.

또 대표적인 정책이 감세인 만큼 신자유주의국의 법인세율이 낮을 것으로 생각하지만 이 역시 편견이다. OECD에서 기업이 번 이익에 부과하는 법인세율이 가장 높은 나라는 다름 아닌 신자유주의 종주국으로 불리는 미국이다. 미국 법인세율은 39.2%로 압도적인 1위다. 이 대목에서 친기업정책으로 자본가들을 위하고 서민은 소외시키는 체제가 신자유주의라는 주장은 미로에 빠질 수밖에 없다. 역시 신자유주의국으로 분류되는 일본은 2012년 4월 인하 조치 전까지만 해도 미국을 제친 법인세율 1위 국가였다. 미국과 더불어 신자유주의의 쌍두마차로 인식되는 영국의 법인세율이 28.0%로 회원국 중에서 꽤 높은 축이라는 점도 혼란을 더한다.

신자유주의국으로 분류되는 아일랜드의 법인세율이 12.5%로 세계최저인 것은 맞다. 하지만 아일랜드의 바로 뒤를 칠레, 아이슬란드, 체코, 헝가리, 폴란드, 슬로바키아 등이 따라온다. 이들의 법인세는 17~19% 수준이다. 대부분 해외 자금 유치가 필요한 개도국들이다. 외국자본 유치를 위해 감세했다고 해서 체코, 헝가리 등을 신자유주의 국가라고 불러야 할지 의문이다.

시장만능주의라는 험한 말을 듣는 미국과 영국에서 정부에서 일하는 공무원 비율이 높다는 점도 신자유주의 비판이 초점을 잃고 있음을 시사한다. 미국과 영국의 경제활동인구 중 공무원 비율은 14.1%와 14.6%에 달한다. 신자유주의의 대척점에 있는 나라로 인식되는 독일(10.4%)이나 네덜란드(12.8%)를 크게 웃돈다. OECD에서 공무원 비율이 제일 낮은 일본(5.3%)이나 우리나라(5.5%)에 비하면 3배에 육박하는 수준이다. 과도한 공무원 수는 미국과 영국이 '작은 정부'라는 통념과 어긋난다.

신자유주의라는 프레임 아래 이뤄지는 자본주의 비판은 이처럼 다분히 자의적이고 정치적인 접근이다. 신자유주의는 일반적으로 규정할 수 있는 정형화된 기준을 갖는 경제 시스템으로 보기 힘들다. 당면한 문제를 해결하고 지속 성장을 담보하기 위해 시장 자유화와 규제 완화 쪽으로 한 발 더 다가서려는 요즈음 자본주의의 경향을 지칭할 뿐 실체가 불분명하다. 글로벌 흐름에 능동적으로 대처하려는 목적도 있을 것이다. 특정 국가를 신자유주의로 지목하고, 그 나라 경제의 어려움을 신자유주의의 단점으로 일반화하는 것은 바람직하지 않다. 신자유주의는 특정국의 시장 시스템이라기보다 자본주의 전반에 나타나는 일반적인 흐름으로 이해하는 게 타당하다.

한국이 미국식 신자유주의라는 낙인

우리 경제에 대한 좌파 선동가들의 대표적인 비판이 신자유주의적 정책을 전방위적으로 도입하고 있다는 규탄이다. 종말이 예정된 신자유주의에 투항해 경제를 망가뜨리고 서민 경제를 파탄내고 있다는 지적이다. 이 같은 주장은 오해와 왜곡의 중첩이다. 우선 신자유주의 때문에 우리 경제가 망가졌다는 말은 사실무근이다. 우리 경제는 다른 나라들의 부러움을 살 정도로 최근 몇 년 새 탄탄한 입지를 다지고 있다.

　무차별적으로 신자유주의를 시행하고 있다는 주장도 사실이 아니다. 작은 정부를 바탕으로 시장 기능을 최대로 살리는 신자유주의적 정책 지향과 우리 현실은 상당한 거리가 있다. 정부가 통신 요금을 규제하다가 인하를 요구하고, 대형 할인 매장의 출점을 제한하고, 웬만한 금융 상품은 승인을 받아야 출시가 가능한 점 등을 보면 알 수 있다. 시장의 결정에 맡기고 국가 개입은 자제하는 신자유주의 체제라기보다 오히려 과도한 규제와 간섭이 일상화된 나라다. 공정거래위원회, 방송통신위원회, 금융감독원 등 여러 규제 기관들은 막강한 권한을 휘두르며 시장 질서에 개입하고 있다.

　대표적인 신자유주의 정책으로 불린 이명박 정부의 감세정책도 참여정부 시절 징벌적으로 도입된 반시장적인 세제를 정상화하고, 세계적인 인하 트렌드를 추종하는 정도에 불과하다. 감세는 책의 일환으로 일반적으로 활용되는 수단이며, 군이 신자유주의 국가가 아니어도 대부분 도입 중인 정책이다. 한국의 감세는 아일랜드 등 유럽 일부 국가에서 시도한 것과 같은 극단적인 신자유주의적 감세정책과 분명한 차이가 있다.

투기 자본의 고삐를 푸는 등 미국식 금융시장 개방 모델을 이식한다는 생각도 오해다. 세계화 시대를 맞아 금융시장도 개방을 통해 경쟁력을 높이는 방향으로 가고 있지만 단단한 감시 체계 구축이 우선시되고 있다. 한국 증시에 진입하는 외국인은 누구나 금융 당국에 등록해야 하는 데서도 드러난다. 해외 장기 투자 자금을 한국 증시에 유입하기 위해 필요한 모건스탠리캐피탈인터내셔널(Morgan Stanley Capital International) 선진 지수 가입에 몇 년째 거부당한 이유도 외국인 투자자들의 등록제 폐지 요구를 들어주지 않아서다.

2012년부터 본격화된 헤지펀드 도입 등을 들어 투기 자본에 문을 열어줬다는 비판도 제기되지만 이 역시 과도하다. 자본시장통합법에 따라 헤지펀드를 허용했지만 투자 대상과 투자자 제한 등의 엄격한 규제가 함께 마련됐다. 헤지펀드 도입을 두고 투기 자본에 대문을 열어줬다고 비난하는 것은 부당하다. 비행기 사고가 위험하니 공항을 없애야 한다는 식의 발상이기 때문이다. 안전장치를 마련하면 비행기가 편리하고 유용한 이동수단이듯 헤지펀드는 시장 참가자들에게 위험 회피 수단과 가격 발견 기능을 제공하는 순기능을 가진 선진 금융 상품이다.

우리나라가 신자유주의와 거리가 멀다는 것은 시장 규제 지수가 높다는 데서도 확인된다. OECD가 조사한 시장 규제 지수에서 우리나라는 34개국 중 25위다. 우리보다 규제가 심한 나라는 34위 이스라엘, 26위 그리스, 터키, 폴란드, 멕시코, 슬로바키아, 체코, 칠레, 룩셈부르크, 모두 9개국에 그친다. 이들 전부는 일류 선진국이 아니다. 선진국들을 대거 포함한 나머지 24개국은 한국보다 규제 수준이 낮다.

이명박 정부의 정책을 봐도 신자유주의와는 거리가 있다. 대표적인 정책인 4대강 정비 사업은 케인스식 재정정책이다. 신자유주의 경제학에서는 인플레만 일으킬 뿐이라며 재정정책의 유효성을 전면 부정하는 경제철학이다. 정부가 개입하지 말고 시장에 맡겨야 한다는 것을 제1의 원칙으로 삼고 있다. 경제 사령탑의 면면을 봐도 신자유주의의 대척점에 있는 케인시안이 다수다. 한국은행 김중수 총재는 케인스 학맥을 이은 것으로 유명한 펜실베이니아대에서 경제학 박사 학위를 받았다. 이명박 대통령이 2009년 집권 2기 내각을 구성하며 총리로 영입했던 정운찬 서울대 교수는 스스로 인정할 정도로 국내의 대표적 케인시안이다. 이명박 정부 실력자인 강만수 산업은행 총재 역시 환율 결정에 개입해야 한다고 주장했던 만큼 시장 내부에서 균형 찾기를 중시하는 신자유주의자로 보긴 어렵다. 신자유주의는 케인스 경제학을 부정하면서 출발한 이론이다. 케인시안이 통화주의에 장단을 맞춘다는 것은 어불성설이다. 인적 구성만 봐도 이명박 정부가 신자유주의를 지향했다는 주장의 모순성이 드러나는 셈이다.

결론적으로 우리나라가 규제를 완화하고 시장의 활용도를 높이고 있는 것은 국내외 경제 환경의 변화에 따른 자연스러운 대응일 뿐 신자유주의와는 거리가 있다. 시장만능주의나 시장예찬론이라기보다 압축 성장하는 과정에서 어쩔 수 없이 유지했던 과도한 규제들을 시장 쪽으로 몇 발짝 이동시키는 정도로 봐야 한다. 경제 규모가 커질수록 시장 기능의 활용도를 높여가는 방향은 합리적이고 불가피한 정책 선택이다.

신자유주의 심화로 미국 경제가 거덜 났다는 모함

요즘 조금 나아졌다고 하지만 미국 경제는 항상 난타당한다. 빈곤층이 넘쳐나고 경쟁력이 떨어지며 성장이 어렵고 희망도 안 보인다는 식이다. 마치 남미 어느 나라처럼 한때 잘나갔지만 이제 과거의 영화를 추억하며 쇠락해가는 신세로 치부될 때가 많다. 금융, 우주항공, 군수를 빼면 미국이 잘하는 산업이 뭐가 있느냐며 비아냥댄다. 요새 미국 자동차의 인기가 떨어지고, 좋은 미제 전자제품을 보지 못한 지 오래됐다며 제조업이 경쟁력을 상실했다는 설명도 곁들여진다. 미국 경제 파탄은 신자유주의 폐해를 확인해주는 증거로 인용된다.

미국을 상징하는 하드웨어인 월드트레이드센터가 무너졌고, 바로 그 옆 주코티 공원에서는 1%만을 위해 작동하는 미국 경제 소프트웨어를 공격하는 아큐파이 운동이 벌어지고 있다며 미국 시스템은 총체적으로 붕괴했다고 단언하기도 한다. 근거 없는 팩트를 대신해 이미지를 동원하는 저강도 공격 전략이다. 이 같은 상징 조작을 거쳐 미국과의 FTA는 파산이 검증된 시스템을 수입하는 것이라는 논리로 구렁이 담 넘어가듯 연결된다. 신자유주의의 맏형 미국 경제는 진짜로 파국을 맞은 것일까?

결론부터 말하면 미국 경제가 거덜 났다는 주장은 무지이거나 모함이다. 미국 경제는 여전히 강하다. G7 선진국 중 최근 수십 년 동안 경제에서 가장 좋은 성과를 낸 나라가 미국이다. 지표를 보면 확실히 알 수 있다. 매디슨 연구로 보면 신자유주의가 본격화된 19년 (1990~2008년) 동안 미국의 경제성장률은 연 2.73%로, G7 중 가장 높다. 독일, 프랑스 등 경쟁국을 1%포인트나 앞지른 성장률이다. 같은 기간 30개 서유럽국의 평균 성장률(2.03%)도 제쳤다. 3억 인구의 세계 최고 경제 대국이 신자유주의적 경제정책이 강화된 최근 19년 새 다른 나라와의 차이를 더 벌렸다.

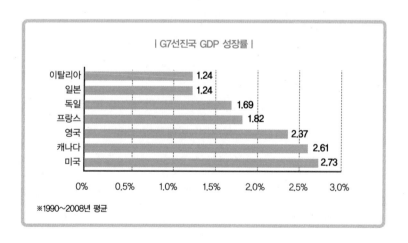

| G7선진국 GDP 성장률 |

이탈리아 1.24
일본 1.24
독일 1.69
프랑스 1.82
영국 2.37
캐나다 2.61
미국 2.73

0% 0.5% 1.0% 1.5% 2.0% 2.5% 3.0%

※1990~2008년 평균

신자유주의 경향이 강한 것으로 분류되는 캐나다와 영국 역시 같은 기간 2.61%, 2.37% 성장하며 G7 중 미국의 뒤를 이었다. 신자유주의가 성장 측면에서 강점을 갖고 있음을 보여주는 결과다. 같은 기간 1인당 GDP 성장률 역시 영국과 미국이 연 2.05%와 1.64%로 수위를 차지했다.

미국 경제의 강세는 현재 진행형이다. 2010년 경제성장률은 2.9%로, OECD 평균 성장률 2.4%보다 0.5%포인트 높았다. 유럽 재정 위기로 세계경제가 극심한 몸살을 앓았던 2011년에도 상대적으로 탄탄한 성장(1.7%)을 이어갔고 2012년에도 2%대의 안정적인 성장세로 다른 선진국들보다 한 발 앞섰다.

경제 지표 외 다른 측면을 비교해도 미국의 경쟁력이 확인된다. 스위스 국제경영개발원 조사에서 미국의 국가 경쟁력은 2011년 홍콩과 함께 공동 1위다. 싱가포르, 스웨덴, 스위스, 대만, 캐나다, 카타르, 오스트레일리아, 독일이 미국의 뒤를 쫓고 있다. 미국은 우리가 세계시장에서 휴대전화, TV, 냉장고, 자동차를 만들어 인기를 끈다고 우습게 볼 수 있는 나라가 아니다. 미국의 전략 산업은 서비스업이다. 서비스업은 부침이 크고 일자리 창출 능력이 떨어지는 단점이 있지만 고부가가치인 점은 분명하다. 골드만삭스와 JP모건 같은 투자 은행, MS와 구글 같은 지식 기반 회사들이 탁월한 경쟁력으로 벌어들이는 돈을 생각해보면 짐작할 수 있다.

서비스업이 강하다고 해서 제조업이 허약한 것도 아니다. 경쟁력과 창의력을 평가받는 제조업을 기반으로 한 회사도 전 세계에서 가장 많다. 톰슨로이터(Thomas Reuters)가 2011년 혁신 분야에서 세계를 선도하는 기업 100곳을 선정해 발표했는데 미국 회사가 40곳으로 가장 많았다. 특허 승인 성공률, 특허 포트폴리오의 해외 접근성, 문헌에 언급된 특허의 파급도, 총 특허 개수 등 4개 지표를 바탕으로 전 세계 기업의 혁신성을 평가한 결과다. 애플, 3M, 보잉, 코닝, 다우케미칼, GE, HP, 인텔, IBM, MS, 모토로라, 퀄컴, 제록스 등이 주인공들이다.

미국 다음으로 일본이 캐논, 후지쓰, 히타치, 혼다, 파나소닉, 샤프, 소니, 도시바, 도요타 등 27개사를 랭킹에 진입시켰다. 프랑스가 에어버스, 로레알 등 11곳, 스웨덴은 볼보, 에릭슨 등 6곳, 독일이 바스프, 바이엘, 지멘스 등 4곳, 네덜란드가 필립스, 로열더치셸 등 4곳, 스위스 3곳, 리히텐슈타인 1곳이다. 우리나라에선 삼성전자, LG전자, LS산전, 제일모직 4곳이 선정됐다. 과학기술력이나 지식산업 수준을 감안하면 미국의 경쟁력은 더 압도적이다. 과학 분야 노벨상의 절반 이상은 여전히 미국 과학자들의 몫이다. 2011년도 노벨 물리학상, 화학상, 생리의학상, 3개 과학 분야 수상자 7명 중 4명이 미국에서 활동 중이다.

물론 미국 경제도 많은 약점을 갖고 있다. 제조업이 약해졌고 대학을 졸업해도 웬만해선 일자리를 구하지 못할 만큼 고용 사정이 악화됐다. 오바마 대통령이 제조업을 부흥시키겠다고 목소리를 높이고 하루가 멀다 하고 일자리를 언급하고 있는 이유다. 하지만 그 정도의 문제는 세계 어느 나라나 갖고 있다. 잘나간다는 중국이나 브라질,

스웨덴, 독일, 우리나라 역시 고민은 만만찮다. 신자유주의로 경제가 망가졌네, 종이호랑이로 전락했네 하는 평가는 미국 스스로의 엄살이고 고민이라면 모를까 제3자가 걱정해줘야 할 만큼은 아니다. 중국이 거대 인구를 앞세워 빠른 속도로 따라잡고 있지만 미국을 견제할 만한 잠재력을 가졌다는 의미일 뿐이다. 10여 년 뒤 중국의 GDP가 미국을 추월한다 해도 글로벌 경제에서 미국의 헤게모니를 바로 대신하지는 못한다는 게 전문가들의 지적이다. 십 수억 명이라는 큰 시장에서 오는 장점일 뿐 기술, 영향력, 창의력 등 총체적인 경쟁력에서 미국의 독주를 막기는 이르다. 결론적으로 미국의 실패로 신자유주의 실패를 논하려는 시도는 무리수다.

글로벌 기업 순위에서도 미국 경제의 건재함이 드러난다. 경제 잡지 〈포브스〉에서는 매년 2,000대 기업을 발표한다. 단순 매출순이 아니라 영업이익, 자산 규모, 시가총액 등 다양한 지표를 종합적으로 분석한다. 그렇게 뽑힌 상위 50대 기업 중 19곳이 미국 회사다. 50대 기업 중 국내에서 독점적인 지위를 가진 덕분에 규모가 클 수밖에 없는 금융과 에너지업종을 제외한 일반 기업은 18곳인데, 이 중 절반인 9곳이 미국 국적이다.

미국의 경쟁력은 차세대 산업인 IT 부문에서 특히 두드러진다. 시가총액 기준(2011년 6월 기준) 글로벌 10대 IT 기업 중 9곳을 미국이 휩쓸었다. 애플이 압도적인 1위를 차지하고 있으며, MS와 IBM, 오라클, 구글, 인텔, 퀄컴, 시스코, 아마존, 8개 기업이 10위 안에 포진 중이다. 10위 안에 든 유일한 미국 외 기업은 바로 한국의 삼성전자(7위)

다. MS, 애플, 구글, 페이스북 등 많은 미국 기업들은 글로벌 비즈니스 지도를 바꾸고 있는 리더들이다. 세계를 주름잡는 기업이 있는 한 미국 경제가 망했다는 평가는 부적절할 수밖에 없다.

미래 성장 가능성에서도 미국은 높은 점수를 받는다. OECD는 미래 성장 가능성을 보여주는 잠재 성장률에서 미국을 34개국 중 12위의 상위국으로 분석했다. 독일, 프랑스, 일본 등 경쟁국들을 앞서는 결과다. 실리콘밸리에서 전해지는 스타트업(벤처) 성공 스토리에서도 미국의 창의력과 잠재력이 읽힌다. 이 책을 쓴 2012년 4월 한 달만 해도 인스타그램(Instagram)이라는 벤처기업이 직원 8명, 창업 2년 만에 10억 달러의 몸값을 불리며 페이스북에 매각됐다. 사진 촬영 후 초점을 맞출 수 있는 디지털카메라가 등장해 잡스의 아이폰처럼 게임 체인저(Game Changer)가 될 것이라는 찬사를 받고 있다. 나이를 먹었지만 아직 활력이 살아 있는 미국 경제의 힘을 감지하는 것은 그리 어려운 일이 아니다.

스웨덴 모델의 핵심은 신자유주의 시장 개혁

스웨덴은 복지국가의 모범적인 모델로 불린다. 복지에 성공하고 성장도 잡은 스웨덴 모델은 여러 나라들의 연구 대상이다. 스웨덴은 1970~80년대에 공공 부문 확대, 세금 인상 등의 시장 규제정책을 도입하여 사회주의적 전통이 강한 나라로 이해되기도 하지만 이는 사실 오해다. 스웨덴의 성공은 신자유주의적 발전 모델을 채택한 덕분이다. 스웨덴 국회의원 요니 뭉크함마르(Johnny Munkhammar)는 전 세계 사람들이 스웨덴 경제에 사회주의적 요소가 많다는 선입견을 갖고 있지만 사실은 전혀 다르다는 내용의 글을 2011년 미국 〈월스트리트저널〉에 기고해 큰 화제를 모았다. '시장경제로의 개혁이 바로 스웨덴 모델이야, 이 바보야' 라는 도발적인 제목을 가진 글에서 그는 다음과 같이 말한다.

"외국의 많은 정책 담당자들은 예전부터 배워야 할 모델로 스웨덴을 꼽는다. 이는 자랑스러운 일이다. 하지만 이들 대부분은 스웨덴 성공 모델을 잘못 이해하고 있다. 나는 강연을 다닐 때 마다 엉뚱한 질문을 많이 받는다. '성공적으로 사회주의적 정책을 실시하고 있는 스웨덴 의원께서 왜 우리에게는 자유시장정책을 해야 한다고 말씀하시나요?' 라는 질문이다.

단호히 말하지만 스웨덴은 절대 사회주의적 국가가 아니다. 경제 자유 지수 조사에서 160개국 중 21번째이며, 최근 재정 위기 속에서도 경제 자유도가 향상된 몇 안 되는 나라중 하나다. 독일이나 벨기에보다 시장 자유도 점수가 높다. 스웨덴의 사회주의적 역사는 1970~80년대에 기껏 10~20년간이다. 이는 오늘날 스웨덴 성공 스토리의 아주 작은 부분에 불과하다.

19세기 스웨덴은 유럽에서 가장 가난하고 개발이 안 된 나라였다. 하지만 1800년대 중반 재무부 장관 요한 오그스트 그리펜스테트(Johan August Gripenstedt)가 광범위한 자본주의 경제정책을 과감히 도입하면서 도약하기 시작했다. 자유무역을 선언하고 이민을 받아들였으며 자유로운 기업 활동과 자유 경쟁적 시장을 도입했다. 특히 금융 분야 규제가 해제됐다. 그 결과 스웨덴은 1890년까지 세계에서 가장 빠른 경제성장을 보였고, 이는 1950년까지 지속됐다. 60년 동안의 성공 시기에 스웨덴 사람들의 세금 부담률은 유럽 평균보다 낮았다.

하지만 세계대전 이후 유럽에서는 사회주의가 유행했고, 스웨덴도 점차 그 생각을 받아들일 수밖에 없었다. 특히 1970년대는 시장과 사회에 대해 정부가 급진적으로 개입하는 시대였다. 스웨덴도 전반적인 세금을 2배로 올리고 일부 산업을 공공화했으며, 시장 규제를 강화하고 공공 부문을 확장했다. 국경도 걸어잠궜다. 그러자 1970년에 세계 4위였던 1인당 GDP는 1990년 13위로 떨어졌다. 20년 동안 실질임금은 단 1% 올랐다.

그리하여 스웨덴은 1980년 후반부터 다시 시장 규제 완화를 시작했다. 고소득자의 누진세율을 낮추고 통화 안정성을 확보하고 저물가정책을 폈다. 1990년대 들어선 자유화를 더 가속화했다. 노동과 주택을 제외한 대부분 시장이 자유화됐다. 많은 국영기업을 민영화하고, 공공 연금을 축소하고, 민간 퇴직연금 상품을 도입해 인구 노령화에 대응했다.

사회주의가 아닌 경제 자유화정책을 결단한 것이 지난 15년간 스웨덴이 돋보인 성공을 거둔 원동력이었다. 1990년 초반부터 시작된 개혁 조치 이후 실질임금은 10년 동안 35%나 올랐다. 지난 4년 동안 정부는 외국인 근로자에 국경을 개방하고 국영기업을 매각하고 공무원 수를 줄이고 있다. 재산세를 내리고 부유세는 폐지했다. 10년 전 GDP의 56%에 달했던 조세 부담률은 이제 45%로 줄었다.

반면 근로 의욕을 북돋우기 위해 실업수당, 조기은퇴수당을 줄였다. 그리하여 이러한 복지 혜택을 받는 사람이 2006년 이후 15만 명 감소했다. 스웨덴은 여전히 청년 실업, 높은 세금 등의 문제를 안고 있다. 그래서 경제 자유화를 위한 개혁은 지속될 것이다. 지금까지의 결과는 고무적이다. 이것이 스웨덴식 모델의 진짜 내용이다."

유럽 최빈국이던 스웨덴이 세계 최고의 부자 나라 된 것은 시장 자유를 보장하는 정책을 도입했던 덕분이며, 유럽 위기의 한복판에서 건재한 것도 20년 전부터 다시 시작한 규제 완화정책 때문이라는 설명이다. 멩크해머는 사회주의적 방법론을 적용한 시기는 1970~80년대에 20년도 채 되지 않으며, 이 시기 실질임금은 딱 1%에 오르는 데 불과했다고 강조한다. 이에 대한 반성으로 스웨덴은 다시 신자유주의적 정책으로 돌아왔고 이후 10년 동안 임금 실질 상승률은 35%로 높아졌다는 비교가 생생하다.

신자유주의 시대의 세계경제 전망은 '희망적'

신자유주의가 경쟁과 효율만을 앞세우다 보니 공동체가 파괴되고 세계경제가 나락으로 떨어졌다는 주장이 적지 않다. '신자유주의 종언설'도 심심찮게 제기된다. 아일랜드의 구제 금융 신청을 신자유주의 사망으로 몰기도 한다. 무리한 신자유주의 경제정책을 전면 도입한 탓에 글로벌 금융위기에 좌초되고 말았다며 신자유주의의 허망한 패배와 사망 선고로 해석하는 것이다. 좌파적 시각으로 자본주의를 공격하는 논리다.

이 같은 주장은 세계경제의 현실을 왜곡하고 부정적인 측면을 과장한 것이라고 앞서 지적했다. 지구촌의 많은 석학들은 신자유주의시대 세계경제의 잠재력에 대해 오히려 낙관적인 전망을 내놓는다. 당면한 금융위기를 이겨내고 앞으로 더 뚜렷한 성장 궤도에 오를 것이란 분석이다. 2001년 노벨 경제학상을 수상한 마이클 스펜스(Michael Spence) 뉴욕스턴경영대학원 교수는 향후 50년간 세계는 '풍요의 시기'를 누릴 것이라고 강조한다. 신자유주의 폐해를 거론하며 세계경제의 앞날을 암울하게 보는 일각의 견해를 일축하는 분석이다. 그는 고도성장하는 신흥국과 성장 정체의 선진국이 하나로 수렴되고 있으며, 인류의 60%가 풍요를 누리는 '넥스트 컨버전스(Next convergence)' 시대가 도래했다고 진단했다.

스펜스 교수는 50년 뒤에는 세계의 75% 이상이 지금 선진국 수준의 생활을 누릴 것으로 본다. 2차 세계대전 이후 일본과 브라질이 부상했고, 한국과 대만, 홍콩, 싱가포르가 뒤따랐던 성장 패턴이 반복적으로 나타나고 있다는 얘기다. 그는 한국의 뒤를 이어 태국과 인도네시아, 보츠나와, 오만 등이, 마지막으로 중국과 인도, 베트남 등이 고도성장 패턴으로 진입했다고 설명한다. 또 신흥국들이 연 7% 이상 고속 성장하며 10년마다 소득과 생산력을 2배로 늘리고 있다고 분석한다.

고성장의 배경으로는 '세계경제의 출범'을 지목했다. 국가 간 재화와 용역의 교환이 가능해지고, 자본 흐름이 늘고, 특히 지식과 기술이전이 이뤄졌기 때문이라는 설명이다. 이에 따라 50년 뒤에는 '미국, 중국, 인도 사람들의 생활수준이 큰 차이를 보이지 않을 것'이라고 내다봤다. 결론적으로 선진국과 개도국은 자본주의가 본격 시작된 18세기 이후 200여 년 만에 처음으로 동반 성장이라는 새로운 단계로 진입할 것이라는 낙관이다.

국제경제 학계에서는 스펜스 교수와 같은 희망적인 미래 전망이 보편적이다. IBRD도 글로벌 경제의 지속적인 성장을 낙관한다. IBRD는 세계경제가 오는 2030년까지 적어도 한 세대 동안 안정적인 발전을 지속할 것이라는 입장을 수시로 피력하고 있다. 세계화와 규제 완화라는 신자유주의적 경제정책의 확산이 세계경제에 새로운 기회를 줄 것으로 보고 있는 셈이다.

글로벌 금융위기에 치여 2010년 구제 금융을 신청하면서 성공신화를 마감한 아일랜드 스토리를 신자유주의 사망의 상징으로 보는 것도 과도한 해석이다. 오히려 수산업과 농업에 의존하던 희망이라곤 없던 나라가 1987년부터 시작한 신자유주의적 정책에 힘입어 단기간에 성공 신화를 쓴 가능성의 사례로 볼 수 있다. 40%에 달한 법인세를 세계 최저 수준인 12.5%로 낮추자 많은 외국인 투자가 유치됐고 극적인 성공 스토리가 만들어졌다. 그 결과 1988년 1만 달러 수준이던 1인당 GDP는 5만 달러를 돌파했다. 유럽의 빈국에서 세계 최고의 부국으로 변신했고, 신자유주의적 시장 접근의 유효성을 입증했다. 다만 고성장 신화에 매몰돼 거품을 용인하고, 금융에 과도하게 의존한 전략이 뼈아픈 실패로 이어졌다. 투기 자본과 빚(타인자본)의 적절한 통제가 양보해서는 안 되는 정책 목표임을 확인시켰다.

거품과 투기, 신자유주의에 반성을 요구하다

자본주의 역사의 한 페이지를 장식 중인 신자유주의는 시장의 여러 취약점을 개선한 업데이트된 시스템이다. 하지만 적잖은 문제도 노출됐다. 1930년대 이후 처음으로 자본주의의 존폐가 거론될 정도로 심각한 글로벌 금융위기를 불러온 데서 잘 드러난다. 양대 축인 미국과 유럽에서 연쇄적으로 발생한 위기는 시장에 대한 회의로도 이어지고 있다. 하지만 위기에 대한 책임을 신자유주의에 전적으로 돌리는 것은 옳지 않다. 진행 중인 금융위기는 시장 시스템의 문제라기보다 정책 실패에서 비롯된 측면이 크기 때문이다.

위기의 출발은 '서브프라임 모기지'였다. 주택 시장의 거품 붕괴로 10조 달러에 달했던 주택 담보 모기지 자산이 부실화되자 미국의 금융 회사들이 천문학적인 손실을 입었고 연쇄적으로 전 세계 금융 시스템에 균열을 일으켰다. 유럽을 비롯한 세계 각국은 미국발 충격파로 부실해진 자국의 금융 회사에 대규모 자금을 투입했고, 이 과정에서 정부 재정마저 취약해졌다. 복지 지출 등으로 가뜩이나 허약하던 남유럽 국가들이 국가 부도의 위기에 빠진 과정이다.

파국을 불러온 주택시장의 거품은 오랫동안 저금리정책이 유지되며 누적된 결과다. 저금리로 풍부해진 유동성을 어떻게 활용할지 고심하던 미국의 금융 회사들은 이전에는 쳐다보지 않았던 저소득층 대출시장에 경쟁적으로 진입했다. 결과적으로 신용이 낮은 서민을 대상으로 한 서브프라임 대출이 급증했고 연쇄 효과로 부동산 시장 거품도 더 커졌다. 주택담보대출은 CDO(부채담보부증권)라는 파생 상품으로 증권화돼 위험을 분산했지만 집값이 무너지자 걷잡을 수 없이 터지고 말았다.

정부는 은행들의 무리한 주택 대출 영업을 통제하지 못한 뼈아픈 정책실수를 저질렀다. '세계경제 대통령'으로 행세했던 저금리정책의 주역 앨런 그린스펀(Alan Greenspan) 전 FRB 의장은 잘못을 인정하는 수모를 겪었다. 청문회에 불려나가 서브프라임 대출의 규모, 깊이, 시장 위험을 제대로 파악하지 못하는 실수를 범했노라 고백할 수밖에 없었다. 은행들이 스스로의 능력으로 자신을 지켜내고 주주들을 보호할 수 있을 것으로 생각했다고 변명했다. 파생 상품의 위험이 시장에서 자율적으로 해소될 것이라고 판단한 안일함이 재앙을 부른 것이다.

돌이켜보면 핵심은 거품과 투기다. 자본주의 경제는 거품과의 투쟁의 역사인데도 신자유주의적 정책은 부동산시장의 거품을 오히려 조장했다. 17세기 자본주의의 첫 패권 국가로 등장한 네덜란드에서 튤립 투기 이후 거품은 지속적으로 반복되고 있다. 당시 네덜란드에 터키로부터 튤립이 수입된 뒤 사교계를 중심으로 튤립 수집 바람이 불었고, 특히 뿌리 모양이 희귀한 튤립의 값은 천정부지로 뛰었다. 귀족뿐만 아니라 상인, 농부, 등 전 국민이 튤립에 돈을 쏟아붓기 시작하자 꽃 한 송이가 집 한 채 값에 맞먹을 만큼 뛰어올랐다. 하지만 사람들이 어느 순간 튤립 가치에 회의를 갖게 되자 불과 며칠 만에 가격이 100분의 1로 추락하며 거품이 가라앉았다.

이후에도 거품 형성은 자본주의적 가격 질서의 한 특징이 되었다. 거품은 어떤 요인에 의해 시장의 신호등인 가격 기제에 오류가 생기는 현상이다. 조지프 슘페터(Joseph Schumpeter)는 새로운 산업이나 기술이 태동할 때 투기가 나타난다고 말했다. 투기는 곧 거품으로 이어진다. 우리나라에서는 2000년 전후 '닷컴 버블'이 있었다. 인터넷 기반의 새로운 비즈니스 모델에 대한 부푼 기대가 거품으로 커졌다. 그중에서도 새롬기술의 주식이 거품의 전형을 보여줬다. 인터넷을 통한 해외 무료 통화를 컨셉트로 1999년 2,000원대의 주가가 6개월 만에 30만 원으로 110배 치솟았다. 새롬기술의 기업가치(시가총액)는 한때 현대차와 포스코를 웃돌았다.

그린스펀식 시장 자유주의는 금융시장에 과도한 자율을 허용했고, 그 결과 고삐 풀린 돈의 힘이 자산가치를 밀어올리며 거품을 조장했다. 그린스펀은 위기를 일으킨 당사자지만 시장에 대한 그의 시각에는 예리한 구석이 있다. 그는 글로벌 금융위기가 발발했던 때로부터 10여 년 전에 이미 '비이성적 과열'이라는 말로 거품의 위험을 경고했다. 1996년 미국 경제가 이른바 '신경제'를 구가한 그 덕분에 주가가 끝없이 올라가는 아슬아슬한 상황이 연출되자 비이성적 과열이라는 메시지를 던져 단번에 진정시켰던 것이다. 그런 그린스펀조차 더 큰 거품을 일으킨 치명적 실패는 거품 제거의 과정이 지난하며 그 노력은 아무리 많아도 지나치지 않는다는 증거다.

실물이 뒷받침되지 않은 돈의 힘에 의한 자산 가치 상승의 끝은 언제나 파국이다. 영국 경제학자 수전 스트레인지(Susan Strange)는 금융 중심 투기시장을 1986년에 '카지노 자본주의'라고 이름 붙이고 경고 벨을 울렸다. IT 기술 발달과 국제 금융시장의 통합이 맞물리며 자본주의 경제가 투기적 자본 활동에 좌우되는 취약성을 갖게 됐다고 지적했다. 스트레인지의 앞선 경고에도 카지노 자본주의적 상황을 초래한 신자유주의는 심각하게 반성해야 한다.

신자유주의는 금융시장의 통합과 세계화라는 새로운 경로를 통해 거품을 부추기고 투기를 조장했다. 낯선 메커니즘에 대한 무지와 효율적 시장에 대한 과신이 위기를 불어왔다. 거품이 터지고 만다는 건 시장에 내재된 또 하나의 속성이다. 극도의 불균형이 초래될 경우 시장은 균형을 강제한다. 이탈된 궤도를 정상으로 되돌린다는 점에서 이 강제는 미덕이기도 하다. 고통스럽게 균형을 찾는 파괴적인 과정이 전개되기 전에 적절한 선제적 대응으로 충격파를 차단해야 한다.

신자유주의는 경기 변동성을 키우는 단점도 노출했다. 특히 금융 사이드로부터 변동성이 유발된다. 자본 자유화로 금융시장이 급속 팽창하고 투기 자본이 국경을 넘나들며 각국 금융시장을 교란하고 있어서다. '워싱턴 컨센서스'를 앞세운 무차별적 금융 세계화가 투기 세계화로 이어진 셈이다. 일개 투기 자본이 각국 중앙은행과 공개적으로 힘겨루기를 할 정도로 고삐 풀린 상황은 비정상적이다.

하지만 투기적 금융시장에 대한 반성이 자본시장 활성화라는 시대적 명제를 부정하는 방향으로 이어지는 것은 곤란하다. 통제 못할 정도의 자율을 허용하는 것은 잘못이지만 자본시장을 적대시하는 발상은 더 큰 잘못이다. 자본시장은 모험 자본을 육성해 중소 벤처기업의 성장을 견인하고, 비즈니스의 저변을 두텁게 해 경제 활력을 되살리는 핵심 역할을 수행하기 때문이다. 수많은 IT 기업들이 자본시장에서 자금을 수혈해 세계적 기업으로 성장했다. 은행은 본질적으로 위험을 떠안는 모험을 감행하지 못한다. 돈을 맡긴 고객에게 꼬박꼬박 이자를 줘야 하는 입장에서, 위험하지만 창조적인 분야에 과감하게 지원하기 힘들다. 안전하게 예대 마진을 취하는 영업에 의존할 수밖에 없다. 새롬기술은 망했지만 실패의 경험이 NHN, 엔씨소프트 등 수많은 인터넷 기업의 성공에 밑거름이 됐다는 점도 인식해야 한다. 자본시장의 성장은 신자유주의의 폐해가 아니라 오히려 최대 성과로 봐야 한다. 다만 투기장으로 만들지 않도록 적절히 견제하면서도 모험 자본을 형성하도록 촉진하는 균형 잡힌 시장구조의 설계가 핵심이다.

신자유주의 역사성 이해가 해법 찾기 첫걸음

신자유주의의 단점들이 설사 치명적이더라도, 신자유주의가 유효성을 상실했다 쳐도 이를 자본주의 실패로 귀결시키는 것은 호들갑스러운 억지 주장이다. 신자유주의는, 18세기 영국의 산업혁명으로 본격화된 자본주의 250여 년 역사에서 20~30년 정도의 짧은 시기에 불과하다.

자본주의는 오래전부터 변화에 변화를 거듭해 오늘날 신자유주의의 모습으로 진화했다. 그렇다고 신자유주의를 자본주의와 등치시키는 것은 단순화의 오류다. 신자유주의는 자본주의 발전의 역사가 축적돼 나타난 시스템이지만 완결된 형태가 아니라 더 완전한 시장으로 발전하기 위한 과도기적 과정이다. 신자유주의가 결정적 단점을 가졌다고 하더라도 그것을 자본주의의 치명적 결함으로 인식할 필요는 없다. 세계경제를 이끄는 선진국 미국과 유럽에서 새로운 차원의 위기가 발생했다고 자본주의 실패로 단정해서도 안 된다. 신자유주의적 자본주의의 한계가 엄중함을 인식하고 장점을 살려내는 방향으로 근본적인 해법을 모색하면 될 일이다.

시속 100킬로미터이던 고속도로의 제한속도를 차량 기술과 도로 발달을 감안해 150킬로미터로 상향 조정했다고 가정해보자. 전체적인 속도가 빨라져 교통 흐름과 효율은 좋아졌지만 대형 사고가 잇따를 수 있다. 이때 바람직한 해법은 당연히 최고 속도를 다시 설정하는 일이다. 큰 사고를 빌미로 고속도로를 폐쇄하고 사고 피해를 줄일 수 있는 국도만 이용하자거나 이전의 100킬로미터 제한속도로 돌아가자는 생각은 비합리적이다. 새로운 기술의 혜택과 안전한 운행이라는 두 목표를 모두 달성하는 방안으로 최고속도를 100~150킬로미터의 적절한 지점으로 조정하는 것이 상식적인 해법이다.

신자유주의 개혁도 비슷하다. 신자유주의적 시장과 경쟁의 문제점을 합리적으로 분석해 새로운 규칙을 세우면 된다. 예전의 국가개입주의나 사회주의가 정답이라고 주장하는 것은 제한속도 100킬로나 50킬로미터 시대로 돌아가자는 발상이다. 자본주의는 그동안 수많은 위기들을 경험했다. 1870년의 대불황, 1930년대 대공황, 1970년대 오일쇼크를 떠올려보라. 그런 위기와 도전에 대응하며 한 발씩 진화해온 과정이 자본주의 역사다. 그 발전 과정을 이해하는 것이 새로운 방법론을 찾아내는 첫걸음이 될 것이다.

자본주의 역사를 들춰보면 의외로 많은 대안과 다양한 자본주의 모습이 시장에 공존하고 있음을 발견할 수 있다. '큰 시장, 작은 정부'를 콘셉트로 한 신자유주의는 이제 30년 안팎의 역사를 가지고 있다. 이전 50년간 미국은 케인스주의에 입각해 강력한 개입정책을 실시한 대표적인 나라였다. 자본주의는 더 완전한 시장을 찾기 위해 극단을 넘나드는 다양한 실험을 하고 있으며, 그런 과정 속에 진화를 거듭해왔다. 역사 속에서 신자유주의를 이해해야 바른 해법을 발견할 수 있다.

국가주의와 방임주의를 오간 초기 자본주의

자본주의 역사를 살펴보는 것은 새로운 자본주의를 설계하기 위한 필수 과정이다. 실패에서 배우고 성공의 콘텐츠를 축적하면 새 방법론을 구상할 수 있다.

자본주의 시스템에서 채택된 최초의 경제정책은 '중상주의'로 부르는 국가 개입주의다. 중상주의는 16세기 무렵 봉건사회 경제체제를 대체하며 유럽에서 탄생했다. 초기 자본주의인 이 시기를 상업자본주의라 부른다. 18세기 산업혁명을 거치면서 산업 생산이 자본주의의 핵심 양식으로 자리 잡기 이전에 상업으로 부를 축적한 최초의 자본가계급이 탄생했다.

이 시기엔 국가의 강력한 개입이 당연시됐다. 전쟁이 빈번하게 발발했고 국가의 목표로 설정된 부국강병을 위해 수출 증대가 당면 과제였기 때문이다. 국가가 개입해 군수산업과 수출산업을 강력히 지원했다. 스페인, 포르투갈, 프랑스, 네덜란드, 영국 등이 중상주의를 주도했다. 특히 네덜란드와 영국은 의회 민주주의를 먼저 확립한 덕분에 17~18세기 자본주의적 경제 발전을 주도했다. 왕실로부터의 세금 강탈이 차단되고 자본가에 대한 규제가 완화된 덕분이었다.

이처럼 개입정책을 기반으로 한 중상주의 체제를 유지하던 유럽은 19세기 들어 자유방임주의로 이전했다. 산업혁명 이후 세력이 커진 소상공인, 즉 부르주아들이 정부의 개입을 반대하고 나섰기 때문이다. 이들은 개인의 자유를 중시하는 자유주의 사상을 배경으로 왕족과 귀족으로부터 경제 질서의 자유를 요구했다. 국가의 중상주의적 개입은 자신들보다 거대 상업자본에 유리한 정책이라고 판단한 것이다.

소상공인들의 이 같은 요구를 이론적으로 뒷받침한 것이 《국부론》이다. 스미스는 인간의 본성이 잘 발휘되는 기제가 시장이라고 진단했다. 따라서 정부가 개입하기보다 '보이지 않는 손'인 가격이 시장을 움직이도록 자유를 줘야 한다고 주장했다. 그의 생각은 큰 호응을 얻어 영국은 19세기 중반 무렵 대부분의 규제를 철폐하고 자유방임 시장을 구축하기 위해 노력했다.

스미스의 위대성은 무제한적인 자유방임을 주장하지 않은 점에서 드러난다. 그는 규칙 없는 스포츠가 성립할 수 없듯 시장에도 공정한 규칙이 필수적이라고 봤다. 정부 개입으로 시장 독점이 나타나고, 이는 효율을 저해하게 된다며 독과점에 대한 반대도 분명히 했다. 시장의 자유를 중심으로 설계된 초기 자본주의는 그의 분석대로 큰 생산력의 증가를 부르며 성공적인 모습을 보였다.

하지만 자본주의는 1873년 대불황이라는 역사상 첫 공황을 맞았다. 20년가량 지속된 질긴 공황은 시장경제에 대한 회의를 키웠다. 대불황을 시작으로 약 10년 주기로 불황이 반복되자 '자유로운 시장'이라는 낙관적인 견해는 급속히 퇴조하기 시작했다. 심각한 시장의 실패를 목격하게 된 것이다. 시장에 대한 의구심은 1929년 미국의 주가 폭락에서 시작돼 2차 세계대전이 터지기 전까지 세계를 지배한 대공황으로 결정타를 맞았다. 이제 자유롭고 완전한 시장은 허구임을 드러냈고, 자본주의의 지속 가능성에 대한 우려도 확산됐다.

좋은 시장을 찾기 위한 세 갈래의 도전과 실험

스미스식 자유방임주의가 생산력 발전을 불렀지만 반복되는 불황, 근로자들의 빈곤, 독점이라는 문제를 노출하자 자본주의는 변화를 구했다. 방향은 이전 중상주의적 모습으로의 일정한 귀환이었다. 정부가 시장 자유와 경쟁 질서를 정의하는 개입주의적 움직임이 부활한 것이다.

이 개입은 예전의 국가주의적 모습과 형식은 같지만 내용은 상당히 달랐다. 여러 나라에서 이미 국민의 총의가 반영돼 민주적으로 구성된 정부가 자리 잡았기 때문이다. 이처럼 정부의 엘리트성과 도덕성을 바탕으로 변화를 모색하고 새로운 자본주의를 찾으려는 일련의 흐름은 '신자유주의(New liberalism)'라는 이름으로 불렸다. 자본주의 종주국으로 부상한 영국이 도입했던 '사회적 자유주의(Social Liberalism)'가 당시 신자유주의 움직임의 대표적 모델이다. 또 독일은 '질서자유주의'라는 이름의 신자유주의를 시도했고, 미국에선 정부의 적극적인 시장 개입을 주창하는 '케인스주의'가 등장했다.

영국의 사회적 자유주의가 시장 실패를 보완한 방식은 노동자의 권리를 법으로 보호하는 것이었다. 정부 개입을 통한 소득재분배를 강조한 것이다. 19세기 영국은 이미 법치주의를 근간으로 의회 민주주의를 확립해 국가에 대한 국민의 신뢰가 강했다. 정부 개입으로 문제를 개선할 수 있다고 판단할 수 있었던 배경이다. 영국은 대불황을 계기로 19세기 말~20세기 초에 토지 소유 제한, 상속세 도입, 부자에게 고세율 부과 등의 시장 개혁 조치를 대거 도입했다.

그리고 국가가 노동계급의 빈곤 탈출을 도와야 한다는 생각에서 기회 평등의 핵심인 교육에 대한 지원을 강화하는 등 강력한 사회보장제도를 실시했다. 자본과 노동의 힘의 균형을 위해 노동조합법, 노동쟁의법 등 여러 노동법도 만들었다. 노인연금법, 어린이보호법, 국민보험법 등 현재 유럽의 복지국가나 미국식 수정자본주의의 근간을 이루는 많은 사회보장정책들도 이 시기에 도입됐다.

독일은 질서자유주의로 불리는 실험적인 길을 걸었다. 국가가 경제 질서를 확립하는 데 책임져야 한다는 것이 질서자유주의의 기본 개념이다. 하지만 그 책임을 수행하는 국가의 개입 범위를 완전 경쟁을 위한 환경 조성으로 엄격히 제한한다는 게 특징이다. 그리하여 질서자유주의는 개입주의이면서도 '가장 모범적인 자유방임주의'로 불린다. 발터 오위켄(Walter Eucken)과 빌헬름 뢰프케(Wilhelm Ropke)라는 학자가 질서자유주의를 대표한다. 오위켄은 시장 자율을 해치는 독점을 적극적으로 제어하는 경제 질서를 확립하려는 목적이 아니라면 개인에게 완전한 경제활동의 자유를 줘야 한다고 생각했다. 뢰프케는 시장 질서가 제대로 작동하려면 집단주의에 빠지지 않는 휴머니즘에 기반을 둔 건강한 정신과 윤리가 필요하다고 강조했다. 서독은 2차 세계대전 이후 질서자유주의를 기반으로 경제 재건에 나서 '라인 강의 기적'을 만들었다. 이들은 구소련의 사회주의 경제는 물론 2차 세계대전 이후 확산된 영국과 미국의 케인스식 개입정책도 시장 효율을 훼손한다는 이유로 강하게 비판했다.

질서자유주의는 실업, 불황, 자원 낭비 등 자유방임 경제에서 나타난 폐해들이 대부분 독점에서 비롯된다고 본다. 독점이 가격기구를 왜곡시켜 생산과 투자를 위축시킨다는 판단이다. 불황의 이유도 독과점으로 생산비가 상승하고 불투명한 정부정책으로 투자 위험이 증대되었기 때문이라고 진단한다. 임금 상승도 독점적인 지위의 노동조합 때문이라고 봤다. 독점 대기업이 문제라는 이 같은 인식은 중소 기업이 활발한 오늘날 독일 경제의 틀을 만들어냈다.

또 독점과 함께 인플레도 시장경제의 재앙으로 간주해 물가 안정을 핵심 목표로 제시했다. 유효수요 확대정책으로 불리는 케인스식 개입정책은 인플레를 초래해 장기적인 불황을 불러온다는 이유로 반대를 분명히 했다. 이러한 질서자유주의적 사고는 완전 경쟁시장을 만들어야 생산의 효율성과 개인의 자유가 보장된다는 것으로 요약된다. 국가는 완전 경쟁시장을 구현하기 위해 독점, 인플레 등을 방지하는 정책을 책임지고 마련해야 한다.

질서자유주의자들은 케인스가 시장의 역동성을 과소평가하고 경제를 마치 조정할 수 있는 기계장치처럼 잘못 이해했다고 지적했다. 이는 1980년대 미국을 중심으로 시작된 오늘날 '신자유주의(Neo Liberalism)'의 주장과 일맥상통한다. 20세기 중반부터 시작된 서독의 질서자유주의가 오늘날 전 세계로 확산된 신자유주의적 자본주의 시스템의 선구로 불리기도 하는 이유다.

고질병인 공황과 실업을 잡은 케인스 경제학

스미스 이래 자유주의 고전학파 경제학은 불황과 실업을 일시적인 예외적 현상으로 치부했다. 불황이 발생하면 상품 가격과 임금이 하락해 수요와 고용을 다시 증대시켜 문제가 저절로 해소된다고 본 것이다. 현실에서는 불황이 주기적으로 반복되고 실업이 감당할 수 없을 정도였지만 애써 외면했다. 하지만 자유주의 경제학은 1929년 시작된 대공황으로 종말을 고했다.

파탄 지경이 된 자유방임주의에 대한 반성과 그 대안으로 제시되어 오늘날까지 주류 경제학으로 대우받는 해법이 바로 케인스주의다. 케인스는 스미스 이후 경제학에서 가장 큰 비중을 차지한다. 그가 시장의 실패에 대응하기 위해 제시한 방법론은 정부의 재정정책을 통해 유효수요를 확대하는 것이다. 이 같은 케인스의 해법은 정부가 양극화, 불황, 실업 등 시장경제의 폐해를 막고 국민들의 최저생활을 보장하기 위해 적극적인 역할을 해야 한다는 생각으로 이어져 유럽 복지국가 모델의 이론적 기초를 이뤘다.

대공황은 시장의 명성을 크게 훼손시키고 자본주의에 대한 의심마저 극대화시켰다. 대공황이 그전까지 주기적으로 나타나던 불황에 비해 파괴력이 너무 컸기 때문이다. 수천만 명에 달하는 실업자가 생겼고, 공업 생산력 저하와 무역 감소를 일으켰으며, 농산물값 폭락, 금본위제 정지 사태를 불렀다. 세계 공업 생산은 1925년을 100으로 볼 때 1932년은 65.9로 축소되었고, 세계 무역량은 71%나 줄었다. 피해가 제일 심했던 미국의 경우 1923~1925년 평균을 100으로 볼 때 1933년에는 고용 61, 공업 60, 임금 38, 건축 14 수준으로 추락했다. 실업자는 1930년 300만여 명에서 1933년에는 1,500만여 명으로 늘었다. GNP는 1929년 870억 달러에서 1930년 755억 달러, 1931년 590억 달러로 급감했다.

초유의 공황이 전 세계를 휩쓰는 상황에서 케인스는 1936년에 저서 《고용 이자 및 화폐에 관한 일반 이론》을 통해 시장에서 완전 경쟁이 자율적으로 달성된다고 본 고전학파 경제학의 기본 전제가 오류라고 선언한다. 투자가 저축보다 적기 일쑤여서 상품 수요는 항상 부족하고, 이로 인해 불황과 실업이 오히려 일반적인 현상이라고 진단한 것이다. 지금은 당연하게 받아들여지는 그의 이론은 당시로선 통념을 뒤집는 것이었다. 그제야 자본주의는 자신을 괴롭히던 실업과 불황이 발생하는 이유를 설명할 수 있게 됐다.

이유를 알면 대책도 가능하다. 케인스는 수요 부족, 불황, 실업을 해결하려면 통화 발행으로 조달한 재원을 투입해 공공사업을 벌여 총수요를 확대해야 한다고 주장했다. 또 중앙은행이 보유한 금이나 은만큼만 화폐를 발행하는 당시 금본위제를 폐기해야 한다는 혁명적인 구상도 제시했다. 금보유량에 얽매이지 말고 정책적 판단만으로 돈을 찍어내는 오늘날과 같은 관리통화제도의 도입을 주창한 것이다.

정부가 적극 개입해 시장 실패를 보완하자는 케인스 경제학은 이후 1970년대까지 30~40년 동안 공황이 없고 전쟁이 없으며 빈곤도 크게 감소한 20세기 자본주의의 전성기를 이끌었다. 이는 당시 서구를 휩쓸던 사회주의의 공세로부터 자본주의를 구해냈다. 1970년대 초 미국 리처드 닉슨(Richard Nixon) 대통령은 '우리는 이제 모두 케인스주의자들이다' 라는 말로 그의 기여를 상찬했다. 사회주의적 접근인 국가의 개입을 강조한 케인스 경제는 수정자본주의, 혼합경제 등의 이름으로 한 시대를 풍미했다. 국가 개입을 중시하는 사고가 초기 자본주의인 중상주의와 비슷하다는 이유로 '신중상주의'라고 불리기도 했다.

스태그플레이션을 극복해낸 신자유주의

케인스식 성장과 복지 모델은 2차 세계대전 이후 자본주의의 전성기를 이끌었다. 하지만 30여년 만에 한계가 드러나기 시작했다. 나라가 복지를 책임지는 과정에서 누적된 비효율이 성장 자체를 심하게 압박하는 딜레마에 봉착했다. '시장의 실패'를 치유했지만 '국가의 실패'를 부른 것이다. 독일, 영국, 프랑스 등 케인스에 영향받은 유럽의 복지국가들은 예외 없이 과잉 복지 때문에 경제 부진에 시달렸다. 복지가 오히려 복지 기반을 훼손하는 악순환이다. 복지에 대한 투자가 상대적으로 덜하다는 미국조차 GDP 대비 정부 지출 비중이 1929년 10% 수준에서 1980년에는 40% 선으로 급증했다.

케인스 경제학은 관료들이 유능하고 사심이 없을 것이라는 비현실적인 가정을 앞세워 개입주의를 정당화했다고 지적받는다. 영국 정부의 관료로 맹활약했고 2차 세계대전 이후 새로운 자본주의 질서를 구축하는 데 일익을 담당했던 케인스의 이론이 사심 없고 능력 있는 엘리트의 존재를 가정한 이른바 '하비 가의 전제(Harvey Road presupposition)'에 기반을 뒀다는 비판이다. 하비 가는 케인스가 태어나고 자란 곳으로, 케임브리지대 인근 거리다. 이 거리에 대거 몰려 살았던 케임브리지대의 교수들처럼 통찰력과 양심을 겸비한 인사들이 정부를 선하게 운영할 것이라는 잘못된 전제에 빠져 정부 개입을 정당화했다는 지적이다.

케인스의 생각에 반기를 든 신자유주의 경제학자 제임스 뷰캐넌(James Buchanan)은 고위 정치인이나 관료들이 오히려 비양심적일 가능성이 높다는 이론을 전개했다. 그는 도덕심이 낮은 사람일수록 출세와 승진을 위해 물불을 가리지 않고 결국 출세에 성공한다고 실증적으로 분석했다. 경쟁 상대가 없고 도산할 걱정이 없는 독점자이기 때문에 무사안일주의와 무능에 빠지기 쉽다고 지적하기도 했다.

케인스를 불신하게 된 결정적 계기는 1970년대에 발생한 스태그플레이션이다. 경기가 침체되면 물가 상승률이 낮아지고, 경기가 달궈지면 물가가 오른다는 게 케인스 등 당시 주류 경제학의 기본 원리였다. 그런데 경기 침체 국면에서 물가가 동반 상승하는 이해하지 못할 스태그플레이션 현상이 발생한 것이다. 스태그플레이션은 1974년에 터진 오일쇼크라는 특수 상황 때문에 촉발된 것으로 이해됐지만, 시대 상황과 맞물리면서 케인스 경제학에도 반성을 요구했다. 케인시안들의 아이디어를 빌린 복지국가 모델을 지탱하려다가 재정이 부실해지고, 정부의 무능과 부패가 문제로 부각된 당시 상황에서 스태그플레이션이 발생하자 국가개입주의에 대한 반발이 노골적으로 일어났다.

케인스식 총수요 확대정책은 인플레만 불러올 뿐이라며 엄격한 통화관리와 균형 재정의 유지가 필수적이라는 새로운 생각이 힘을 얻었다. 반(反)케인스주의의 선봉은 프리드먼을 비롯한 통화주의자들이었다. '시카고학파'로 불리는 이들은 인플레 없이 물가가 안정돼야 시장의 효율적 자원배분 기능이 살아나고 고용도 증대된다고 분석했다. 케인스식 개입은 정부의 오판으로 경기 진폭만 키울 뿐이라며 전체 통화량을 꾸준히 관리해나가는 게 경제 안정 성장을 이뤄내는 유일한 방법이라고 진단했다. 통화주의자들의 이 같은 생각은 세계대전 직후 서독에서 채택된 질서자유주의와도 일맥상통한다.

프리드먼은 《자본주의와 자유》라는 저작에서 자유경쟁에 기반을 둔 경쟁적 자본주의 체제가 개인의 자유와 복지를 증진시키며, 인류가 고안해낸 가장 훌륭한 제도라고 진단했다. 따라서 사유재산권 존중, 공평한 기회 보장, 경쟁적 시장 환경 조성을 마무리한 뒤에는 정부 역할이 최소화돼야 한다고 주장했다. 오늘날 진지한 경제철학자들의 머릿속을 지배하는 시장 시스템에 대한 사고의 틀은 바로 프리드먼에게서 빌려온 것이라 할 수 있다.

프리드먼의 생각을 정책으로 수용해 시장의 자유를 확대하고 정부 개입을 최소화하는 방향의 신자유주의를 도입한 주역은 바로, 1979~90년 영국을 통치했던 마거릿 대처(Margaret Thatcher) 총리, 미국에서 1981~89년 집권한 미국의 로널드 레이건(Ronald Reagan) 대통령이다. 이들은 통화주의자들이 제시한 새로운 이론을 받아들여 늙은 자본주의의 심장박동을 촉진하기 위해 '작은 정부, 큰 시장'이 필요하다고 역설했다.

레이건 대통령이 취임한 1981년 미국은 글로벌 리더십을 거의 상실한 상태였다. 베트남전 패배 이후 군대마저 무기력해졌다. 부품이 부족해 전투기를 띄우지 못하고, 훈련된 병사가 부족해 전투함을 운항하지 못한다는 자조가 난무할 정도였다. 경제적으로도 대공황 이후 가장 힘든 시기였다. 게다가 지미 카터(Jimmy Carter) 대통령에게서 7.5%의 실업률과 12.5%에 달하는 높은 물가 상승률을 물려받았다. 미국은 비틀거렸고 자본주의가 내리막길로 들어섰다는 목소리가 높았다. 사회주의에 미래를 빼앗길 것이라는 위기의식도 컸다.

그럼에도 레이건은 좌절을 희망으로 돌려놨다. 과감한 신자유주의 정책으로 미국과 세계경제를 새로운 국면으로 이끌었다. 감세를 앞세운 그의 정책에 대한 시각은 다양하지만 미국 경제 재건의 발판을 마련했다는 평가가 우세하다. 대공황 이래 정부의 시장 개입을 당연시하던 것과 달리 정부 역할과 규제를 줄이고 민간자율을 확대하는 '레이거노믹스'로 전환해 자본주의의 물줄기를 바꿨다. 이는 위기에서 허우적대던 자본주의에 돌파구를 마련한 것이었다. 레이건의 임기 중 미국 경제는 연평균 3.8%의 탄탄한 성장세를 유지했다. 실업률은 5.4%로 하락했고, 취임 직전 1980년에 10.4%였던 물가 상승률은 임기 말인 1988년에 4.2%로 잡혔다.

레이건은 재임 시 정부 부채를 9,000억 달러에서 3배 수준인 2조 9,000억 달러로 급증시켜 오늘날 엄청나게 누적된 재정 적자의 시발점이 됐다며 레이거노믹스를 비판하는 시각도 적지 않다. 하지만 이는 후임자들의 실정을 그에게 과도하게 덧씌운 혐의가 짙다. 오바마 대통령조차 공화당의 상징 인물인 레이건을 벤치마킹하고 있다는 점에서 그에 대한 미국인들의 후한 평가를 읽을 수 있다.

2013년 4월 타계한 대처 총리 역시 영국병을 치료하고 새로운 성장 기반을 구축했다는 평가를 받는다. 19세기 해가 지지 않는 '사상 최고의 제국'을 건설했던 영국은 2차 세계대전 직후부터 유럽 최저 수준의 만성적인 저성장에 시달렸다. 매디슨에 따르면 1947년부터 1972년까지 26년 동안 서유럽 11개국의 평균 수준보다 저성장했을 정도로 영국병은 심각했다. 대처의 개혁은 이 같은 극도의 저성장에서 헤어나 기력을 회복하는 계기가 됐다. 영국 경제는 대처에서 시작된 신자유주의적 개혁이 존 메이저(John Major) 총리로 이어지며 본 궤도에 오른 1994년 이후 15년 동안 단 1년을 제외하고 전부 서유럽 11개국보다 초과 성장의 반전을 이뤄냈다. 1999년 프랑스를 제치고 EU 2위 국가가 됐고, 2005년에는 세계 5위의 경제 대국으로 부상했다.

대처 집권 이후에도 영국 경제가 크게 나아지지 않았다며 평가절하하는 이들도 있다. 이는 당시 영국 상황에 대한 이해가 부족하기 때문이다. 주변 서유럽 11개국과의 상대 실적을 비교해보면 대처 이후 영국 경제의 경쟁 우위가 확연하게 드러난다. 매디슨에 따르면 1970년대 10년 동안 영국은 서유럽 11개국보다 성장률 면에서 11.6%나 뒤쳐지는 큰 부진을 보였다. 하지만 대처 집권기인 1980년대부터 초과 성장하기 시작해 지금까지 30년 동안 서유럽을 꾸준히

| 영국과 서유럽 11개국의 GDP 성장률 |

단위: %

구분	1970~1979	1980~1989	1990~1999	2000~2008
영국	26.5	27.1	23.0	25.0
서유럽	38.1	23.0	19.2	16.3
초과 성장률	−11.6	4.1	3.8	8.7

※자료: 매디슨, 연평균치

앞섰다. 초과 성장률을 분석해보면 1980년대 4.1%, 1990년대 3.8%, 2000년대(2000~2008년) 8.7%로 완연한 회복세를 확인할 수 있다.

대처 총리 집권기인 1980년대에 소득 형평성을 보여주는 지니계수가 악화된 점은 비판 대상이다. 하지만 새삼스레 양극화가 심화된 것이 아니라 1970년대부터 급속도로 악화되기 시작한 추세를 곧바로 저지하는 데 실패한 것으로 해석해야 한다는 반론이 유력하다. 수십 년 간 누적된 과도한 복지정책의 부담이 너무 커서 대처 개혁의 효과가 더딜 수밖에 없었다는 얘기다. 실제로 대처 총리의 집권 당시 공공 지출 대비 복지 지출의 비중은 초기에 소폭 감소하다 후반기에 다시 증가했다. GDP 대비 사회복지 지출 비율도 대처 집권 당시에는 거의 낮아지지 않았다. 일단 늘어난 사회복지 지출의 수급자가 많아 총량 측면에서 빠른 감축에 실패한 것이다.

하지만 시간이 흐르면서 개혁 성과가 축적돼 1990년 무렵부터 지니계수도 빠른 속도로 좋아지기 시작했다. 특히 2000년대 들어 영국이 양극화 개선에서 OECD 중 가장 뚜렷한 성과를 낸 점은 대처리즘에 대한 알리바이다. 빈곤율도 1980년 이후 처음으로 OECD 평균 아래로 떨어지는 등 영국은 재도약을 위한 기반을 만들어냈다.

신자유주의는 더 좋은 시장으로 가는 징검다리

케인스의 실패를 보완하기 위해 등장한 신자유주의는 하이에크, 프리드먼, 뷰캐넌 등이 가다듬었다. 하이에크는 사회철학, 프리드먼은 거시경제학, 뷰캐넌은 미시경제학(공공경제학)에서 신자유주의적 변화를 이끌었다.

　신자유주의경제정책은 1980년에 영국과 미국에서 본격 도입됐지만 이론은 이미 1950년대부터 등장했다. 앞서 살펴본 것처럼 서독은 신자유주의 경제학을 세계대전 직후부터 질서자유주의라는 이름으로 받아들여 독일 경제 부흥을 이끌었다. 지금의 신자유주의와 맥락을 같이하면서도 30년이나 빨랐다. 실제로도 영국의 사회적 자유주의와 함께 독일의 질서자유주의는 당시 신자유주의(New liberalism, 뉴리버럴리즘)로 불렸다. 미국이나 영국이 신자유주의의 종주국으로 불리고 있지만 엄밀히 보면 세계대전 이후 독일에서 가장 먼저 신자유주의정책이 시작된 셈이다.

　지금의 신자유주의는 20세기 초반부터 시작된 '뉴리버럴리즘'과 구별해 '네오리버럴리즘(Neo-Liberalism)'이라는 이름으로 불린다. 두 신자유주의는 유사한 이름에도 불구하고 표면적으로는 대립되는 양상이다. 뉴리버럴리즘이 고전적 자유주의에 대한 반성에서 출발해 국가가 일정한 역할을 해야 한다는 입장인 반면, 네오리버럴리즘은 과도한 국가 개입의 폐해에 주목하고 시장 자유주의 정신을 살릴 것을 주문하기 때문이다.

　하지만 이들 신자유주의는 본질적으로는 유사한 측면이 적지 않다. 독일의 신자유주의인 질서자유주의와 현재 신자유주의의 이론적 기반인 통화주의가 모두 물가 안정의 중요성을 강조하는 점에서도 잘 드러난다. 시장 자유주의를 실현하는 방법론에서 스미스 시절과 지금이 다르듯 시장 개입에 대한 인식도 크게 변화한 탓에 돌고 돌아 닮은꼴을 보이고 있는 것이다. 실제로 일부 학자들은 두 신자유주의를 동일한 흐름으로 간주한다. 반대로 케인스주의는 정부 개입을 주장한 중상주의의 성격을 가졌지만 전후 내용을 따져보면 고전적 중상주의와 전혀 다르다. 민주주의에서 국민의 선택을 받은 정부는 왕실 중심의 예전 지배 집단과 차별성이 뚜렷하기 때문이다.

신자유주의는 개입과 방임을 반복해온 일련의 과정에서 나타난 진화된 자본주의다. 글로벌 경제 위기가 파국으로 이어지지 않는 한 신자유주의는 더 좋은 시장 시스템으로 가는 징검다리가 될 것이다. 자본주의 본산의 위기이기 때문에 예전과 차원이 다르고 극복이 불가능하다는 주장은 빗나간 마르크스적 논법이다. 수많은 위기를 이겨온 것처럼 자본주의는 앞으로도 새로운 지평을 열어갈 것이다.

자유주의와 개입주의 사이에서 적절한 지점을 찾기 위한 고단하지만 의미 있는 행보를 가속화할 것이다. 케인스에 대한 의구심이 프리드먼에 의해 극복됐듯이 프리드먼에 대한 회의는 다른 누군가에 의해 보완될 것이다. 그 누군가는 케인시안일 수도 통화주의자일 수도 있다. 전혀 다른 새로운 사고가 등장할 수도 있다. 어떤 해법이 선택되든 그 방식을 어떤 이름으로 부르든 신자유주의의 장점은 계승되고 단점은 보완될 될 것이다. 제국주의론이나 종속이론을 무시하면 반(反)지성으로 간주되던 시절이 있었다. 하지만 전부 철지난 이론으로 전락하고 말았다. 신자유주의에 대한 오해와 왜곡도 같은 운명을 맞을 것이다.

6장

FTA, 전 세계로
확장되는 경제 영토

서울시 부기 논쟁과 닮은 FTA 진실 게임

한미 자유무역협정(Free Trade Agreement, FTA)이 2011년 11월 통과돼 2012년 3월부터 발효됐지만 여전히 논란이 적지 않다. 잘된 일이라는 여론이 우세하지만 반대하는 세력들은 극렬한 저항을 멈추지 않고 있다. 협상 주역들을 매국노로 부르기까지 한다. 야당은 FTA 폐기를 주장하고 있다.

인터넷에는 FTA가 경제와 서민의 삶을 파탄 낼 것이라는 주장이 지천으로 넘친다. 이들에게 무역, 통상, 국제법을 들어가며 논쟁을 붙다가는 득달같이 달려들어 철 지난 신자유주의를 옹호하고 가진 자를 대변한다는 날선 공격이 날아온다. 미국의 무한 경쟁 시스템이 한국에 이식되는 통로가 될 뿐이라며, 자본가들의 이익을 위해 굴욕적인 협정을 체결했다고 주장한다.

모두 사실이 아니거나 한참 과장된 것이다. 이론에서나 현실에서나 FTA는 당사국 양쪽에 득이 된다는 점은 일반적으로 검증된 사실이다. 반대파들의 주장과 반대로 FTA가 서민의 삶을 개선시키고 소득 격차를 완화시킨다는 증거가 많다. 미국이 강요한 협정도 아니다. 미국 내에서는 오히려 자신들의 거대한 시장을 내주는 데 비해 얻은 게 적다며 한미 FTA에 반대하는 의견이 만만찮다. 일본을 비롯해 미국과 무역 협정을 맺으려고 노력하는 나라도 많다.

대부분의 전문가도 한미 FTA가 한국 경제에 도움을 줄 것이라고 말한다. 그런데도 경제를 파탄 낼 것이라 생각하는 사람들이 적지 않은 이유는 왜곡된 정보가 끊임없이 생산, 유통되고 있기 때문이다. 사실 FTA는 웬만한 지식인이라도 상당히 공부해야 이해할 수 있는 전문적인 이슈다. 반대파들은 그 틈을 파고든다. 복잡한 문제를 터무니없이 단순화시키고 발생할 가능성이 거의 없는 최악의 경우를 가정법을 동원해 부각시킨다.

FTA 논쟁은 2011년 서울시장 선거전을 달궜던 회계 장부 논쟁과 꼭 닮았다. 당시 TV 토론에서 나경원 후보가 '서울시는 단식부기를 사용한다'고 하자 박원순 후보가 '구멍가게도 아닌데 뭔 소리냐'며 복식부기라고 주장해 공방이 뜨거웠다. 부기와 FTA는 둘 다 전문적인 이슈임에도 비전문가들이 나서서 목소리를 높이고 왜곡도 서슴지 않는다는 점에서 유사점이 많다. 당시 부기 논쟁을 재구성해보면 이렇다.

박원순: 보여주기식 행정 탓에 서울시 부채가 25조 원에 이른다.

나경원: 25조 원은 복식부기에 따른 계산이고 단식부기로 하면 19조 원 정도다.

박원순: 구멍가게에서 쓰는 단식부기를 기준으로 말하는 이유가 뭐냐.

나경원: 서울시는 정부 회계 기준을 따라 원칙적으로 단식부기를 쓴다.

박원순: 정부나 지자체 중 단식을 쓰는 곳은 없다. 기업들도 복식부기로 간 지 오래다.

이후에도 당시 박원순 후보 측은 "정부 회계 기준을 '복식부기' 가 아닌 '단식부기' 라고 우기는 것은 서울시 재정 현황을 분식회계로 덮어보겠다는 것과 같다"고 공격했다. 국가회계법과 지방재정법에 '복식부기 회계 원리에 기초하라' 고 명시돼 있는데도 부채를 축소하기 위해 단식부기라고 우긴다는 주장이다. 이에 대해 나경원 후보 측은 "박 후보 측이 잘못 알고 있는 것"이라며 서울시는 단식부기를 하고 있고 채무 관리도 그에 맞춰 하고 있다고 재차 설명했다.

이 공방을 기억하는 사람은 많겠지만 어느 쪽이 맞는지 사실관계를 아는 사람은 거의 없을 것이다. 너무 전문적인 영역인 데다 비전문가들이 목소리를 높이는 바람에 진실이 묻히고 말았기 때문이다. 결론부터 말하면 정부 회계 기준은 원칙적으로 단식이고 서울시도 그에 따르고 있다는 나경원 후보의 말이 맞다. 박원순 후보의 발언은 사실과 다르다. 단식부기는 구멍가게에서만 쓰는 부기가 아니며, 전 세계 정부와 지자체 대부분이 쓰고 있다. 기업들이 복식부기를 쓴 지 오래

됐다는 주장도 기업들은 언제나 복식만 써왔다는 점에서 틀렸다.

영리를 목적으로 하는 기업은 복식을 쓰고, 그렇지 않은 정부와 사회단체 등은 단식을 쓰는 게 일반적인 회계 관행이자 원칙이다. 서울시도 기관 설립 이래 단식부기를 써왔고 지금도 쓰고 있다. 단식부기로 결산한 6개 장부와 14개 부속 명세서가 서울시 회계의 기본이다.

다만 행정안전부의 지시에 따라 전국 246개 지자체는 2007년부터 별도의 재무 보고서를 복식부기로 추가 작성하기 시작했다. 이 재무 보고의 목적은 '재정 투명성을 제고하고, 지자체와 이해관계가 있는 정보 이용자가 재정 활동 내용을 파악해 합리적인 의사결정을 하는 데 유용한 정보를 제공하는 것'이다. 이에 따라 지자체들은 결산 시 기존 예산 회계(단식) 결산에 그치지 않고 재무회계(복식) 결산을 추가로 수행하고 있다.

하지만 재무 보고서는 현재로선 보완적인 회계 장부다. 행정안전부는 재무회계 결산 보고서 작성 지침에서 '기존의 예산 회계를 대체하는 것이 아니라 현행 예산 회계 제도를 보완해 통합 재정 정보를 제공'하는 것이라고 설명하고 있다. 박 후보 측이 공방 때 제시한 관련 법률 조항들은 새로 만들어야 하는 재무 보고서 작성에만 해당되는 규정이다. 정리해보면 서울시는 단식부기로 기본적인 예산 회계 장부를 작성 중이며, 몇 년 전부터 복식 재무 회계 장부를 보완적으로 만들기 시작했다. 결국 나 후보의 발언이 사실에 부합한다. 박 후보의 워딩은 그 자체로 사실과 다른 데다 전체적인 맥락도 잘못 파악한 것이다.

하지만 당시 여론은 반대였다. '한 해 예산이 수십조 원인데 동네 슈퍼에서도 안 쓰는 단식부기를 쓴다고?', '나 후보가 시장이 되면 서울시는 구멍가게로 전락하겠군요.', '서울시가 나 후보에게만 단식부기로 보고한 모양이군요.' 등의 비아냥이 쏟아졌다. 주요 언론들이 전문 영역인 회계와 행정을 이해하지 못해 양측 주장을 정치 공방으로만 다뤘기 때문이다. 반면 편파적인 상당수 매체들은 사실관계에 대한 무지와 오해, 악의에 기초해 나 후보가 '거짓 주장을 했다', '망신을 샀다'는 등의 이례적 표현까지 동원했다.

부기 논쟁의 진실을 더 자세히 살펴보자. 단식부기는 채권 채무, 현금 출납 등을 상식적인 방법으로 기장한다. 손익은 나타내지 못하며 재산 변동만 기록한다. 반면 복식부기는 거래 활동이 복잡하고 정확한 수익을 산출해야 하는 기업에서 주로 쓴다.

하지만 단식부기가 가계부나 구멍가게에서만 쓴다는 건 오해다. 소규모 자영업자나 공공 부문, 사회단체들도 단식을 쓴다. 중앙정부나 지자체도 건국 이래 단식 결산 회계 보고서를 작성 중이다. 손익계산이 필요 없고 현금 유입과 유출을 단순 정리하는 방식이라 회계 장부 작성자나 이용자의 이해가 쉽다는 장점 때문이다. 대부분의 다른 나라들도 마찬가지다. 예산이 수천 조 원일 독일과 일본 정부도 세입과 세출이라는 간단한 구조이긴 마찬가지여서 단식으로 결산한다.

복식부기는 과학적이고 선진적인 회계 장부다. 기업들이 내놓는 손익계산서, 대차대조표 등이 복식 장부다. 일반인이 이해하기는 어렵지만 전문가들이 볼 때 정확하고 논리적이다. 기업처럼 상거래가 많고 손익이 중요할 때는 당연히 복식을 쓴다. 복식 장부는 기재 내용이 복잡해진다. 예컨대 '매출 채권' 항목을 만들고 그에 대응해 '매출 채권 충당금'도 계산해야 한다. 매출 채권은 거래한 뒤 아직 받지 않은 대금이다. 충당금은 매출 채권 중 부도 등의 사유로 받지 못할 위험액을 추정한 것이다. 매출 채권 100억 원 중 5억 원을 받지 못할 것 같으면 5억 원을 충당금으로 회사 내부에 쌓아 위험에 대비하는 개념이다. 그래야 영업 상황을 정확히 파악할 수 있기 때문이다.

단식과 복식 장부를 자동차에 비교하면 수동 변속기와 자동 변속기와 같다. 자동 변속기가 편리하고 진화된 기술이지만 트럭 같은 대형 차량은 힘 좋고 연비 좋은 장점이 있는 수동을 여전히 쓴다. 요새는 수동 변속기이면서 작동은 자동화시킨 '자동화 수동 변속기(Automated Manual Transmission)'도 등장했다. 운전 편의를 위해 자동 방식을 가미했지만 본질은 여전히 클러치가 있는 수동 변속기다. 복식 재무 보고서를 별도로 만들기 시작했지만 이는 보완의 차원이며 지자체의 한 해 살림을 관리하고 정리하는 기본적인 회계는 여전히 단식 장부인 점과 유사하다. 서울시는 2011년 하반기에야 재무회계를 담당할 회계 전문가를 계약직 공무원으로 채용했다.

한 해가 마감된 뒤 지방의회가 별도의 '결산 검사 위원회'를 설치해 심사하는 대상도 세입세출보고서, 계속비결산보고서, 채권현재액보고서, 채무결산보고서, 공유재산증감 및 현재액보고서, 물품증감 및 현재액보고서 등 6개의 단식 회계장부다. 복식 장부는 의회의 최종 검사 절차를 거치지 않는다. 대신 외부 감사인(회계사)이 장부를 검사한다. 하지만 회계사는 책임 있는 '감사 의견' 대신 '검토 의견'만 낸다. 감사 의견은 엄밀한 실사를 통해 장부가 정확하게 작성됐음을 회계사가 확인하는 것으로 사실상 외부 감사의 최종 목적이다. '적정'을 못 받고 '한정', '의견 거절' 등의 감사 의견을 받아 주식이 상장 폐지되는 사례를 많이 접했을 것이다.

반면 검토는 대외적인 공신력이 필요하지 않는 영세한 기업에만 허용되는 방식이다. 회계사는 장부에서 중요한 회계 기준을 어기지 않았는지 정도만 점검한다. 따라서 감사는 7일가량 걸리지만 검토 기간은 길어야 2일 정도다. 성도회계법인은 지난해 부산광역시의 재무 보고서에 '검토는 주로 질문과 분석적 절차에 의거해 수행하므로 감사보다는 낮은 수준의 확신을 제공하며, 감사를 실시하지 않았기 때문에 감사 의견은 표명하지 않는다'고 명기했다. 복식 재무 보고서가 아직 의미 있게 작성되는 장부가 아니라는 점을 보여준다.

25조 원인 부채 규모를 19조 원으로 줄여보려고 단식부기를 고집한다는 공격도 과도하다. 일반적으로 생각하는 빚 규모를 단식 장부가 더 잘 반영하는 측면이 있어서다. 복식 부채는 광의의 회계학적 개념이라 통상적인 정의보다 커지게 된다. 예컨대 서울시 산하 SH공사가 보유한 임대 아파트에서 1조 원의 임대 보증금을 받았을 때 단식부기는 이를 빚으로 계산하지 않는다. 만기가 오면 받은 임대 보증금을 돌려주면 되기 때문이다.

하지만 복식 장부에서는 1조 원이 부채로 잡힌다. '미래 시점에 확정적으로 돌려줘야 할 돈'은 부채로 정의되기 때문이다. 대신 임대 보증금 수입을 연관된 현금 자산으로 잡아 장부의 균형을 맞춘다. 즉 부채를 적는 칸(대변)에 1조 원을 기재하고 반대쪽(차변)에 같은 금액의 현금 1조 원을 자산으로 기록하게 된다. 재산(자산)이 늘어난 것은 감안하지 않고 빚만 복식으로 계산해 25조 원이라고 하는 것은 회계적으로는 맞지만 상식과는 다소 다른 판단이다.

행정안전부가 부기 논쟁이 벌어졌을 당시 "지자체의 재정 위험을 따질 때는 직접적 지급과 관련된 단식부기상의 채무를 기준으로 하는 게 적합하다"며 나 후보 측 손을 들어준 것도 이런 이유에서다. 더구나 행정안전부는 지자체 채무 범위를 지방채(해외 채권 포함), 차입금, 채무 부담 행위, 보증채무 부담 행위로 명시하고 있다. 나 후보가 계산한 부채 19조 원이 이와 일치한다.

굳이 부채(복식부기 용어)인지 채무(단식부기 용어)인지 용어를 구분해 부채로는 25조 원, 채무로는 19조 원이라고 하는 것도 의미 없는 분류다. 정부나 지자체의 부채를 언급할 때는 관행적으로 단식부기상 빚(채무)을 기준으로 하기 때문이다. 유럽 재정 위기 때문에 2011년부터 자주 언급되고 있는 각국의 국가 부채도 IMF가 정한 단식부기 기준의 빚을 말한다. 박원순 시장이 당선 직후 가진 기자회견에서 단식부기를 기준으로 부채를 줄이겠다며 자신의 말을 번복한 것도 이 같은 사정에서다.

지자체의 회계 장부 작성 방식은 중앙정부에도 똑같이 적용된다. 최근 제정된 국가회계법에 따라 51개 정부 부처는 기존 단식 예산 회계 결산에 복식 재무회계 결산을 추가해야 한다. 다만 제도가 지자체보다 늦게 도입돼 각 부처와 산하 기업들의 재정 상태를 복식 기준으로 취합한 2011년 '국가 통합 재무 보고서'는 2012년 5월 처음으로 국회에 정식 제출됐다.

부기 논쟁이 사실을 가리지 못한 것은 비전문가들이 나서 틀린 정보를 확산시킨 영향이 컸다. 서울대 조국 교수 등이 잘못된 근거를 들이대며 나 후보가 거짓말을 한다는 식으로 트윗한 게 순식간에 리트윗되며 진실을 대체했기 때문이다. 행정안전부가 나서 단식 기준으로 보는 게 옳다고 언급했지만 소극적인 해명은 이미 인터넷을 뒤덮은 조롱과 선입견의 파고에 휩쓸리고 말았다.

FTA로 망했다던 멕시코 증시, 알고 보니 17배나 급등

FTA를 둘러싼 논쟁은 서울시 부기 논쟁과 여러 측면에서 닮았다. 합리적으로 진실을 찾기보다 전문가들의 의견이 무시되고, 정치색을 띈 비전문가들에 의해 사실관계가 왜곡되고 있는 점이 특히 그렇다.

FTA는 상호 교역 증대를 목적으로 상품이나 서비스의 이동을 쉽게 만드는 협정이다. 자유무역이 교역 양국에 모두 도움이 된다는 건 국제적으로 통하는 상식이다. 해외에서 한미 FTA를 긍정적으로 평가하는 데서도 알 수 있다. 싱가포르 최대 은행 DBS는 한미 FTA가 한국의 생산성과 자본 형성을 도와 앞으로 10년간 인구 고령화에서 오는 압박을 완화하고 장기적 경제성장을 지속하도록 도울 것이라고 평가했다.

영국 〈이코노미스트〉는 한국의 대미 수출이 대미 수입보다 월등히 크다며 한미 FTA를 긍정적으로 평가하고 한국과 치열한 경쟁을 벌이는 일본 등에서는 한국의 협상 대표들에게 감탄하고 있다고 썼다. 사회주의 중국의 〈환구시보〉마저 '한국은 일본이나 중국 등 경쟁국들보다 먼저 EU와 FTA로 연결되면서 유럽 시장 선점 효과가 기대되며 한미 FTA까지 발효되면 글로벌 FTA의 허브로 부상할 가능성이 있다'고 진단했다.

전문가들과 세계 각국의 평가가 긍정적이지만 한국에서는 한미 FTA가 우리 경제를 파국으로 몰고갈 것이란 주장이 끊이지 않는다. 미국 캐나다와 북미 자유무역협정(NAFTA) 체결 후 멕시코 경제가 해체되고 서민의 삶이 파탄 났다는 점이 주요 근거로 제시된다. 그렇다면 멕시코 경제는 NAFTA 체결 후 거덜 났을까?

그렇지 않다. 멕시코는 NAFTA 체결 후 오히려 1970~80년대 극심했던 경제적 혼란을 극복하고 안정적인 성장 기조를 이어가고 있다. 주가를 보면 멕시코 경제가 무너졌다는 말이 거짓임이 단적으로 드러난다. FTA가 발효되던 1994년 초 2,500선이던 멕시코 주가지수(IPC)는 지금 4만 3,000 근처다. 18년 동안 17배나 뛴 것이다. 특히 글로벌 금융위기가 전개된 2009년 이후 3년여 동안에도 주가는 2배가량 급등했다.

주가를 경제 상황으로 대입할 수 없겠지만 20년 가까운 장기 급등 추세라면 긍정적인 평가가 많지 않고는 불가능한 일이다. 실제로 IBRD에 따르면 멕시코는 전 세계 13위권의 경제 규모를 자랑하는 대국으로 자리 잡았다. NAFTA 이후 파탄 났다는 건 부정적인 부분만을 확대 해석한 것에 불과하다.

매디슨 분석에 따르면 멕시코의 GDP는 NAFTA 협정 전인 1993년 5,689억 달러에서 2008년에 8,773억 달러로 불어났다. 남다른 성장은 아닐지 모르지만 꾸준히 전진해온 모습이다. 멕시코는 GDP 1조 2,623억 달러인 브라질과 함께 남미의 2대 경제국이다. 1인당 GDP는 1993년 6,339달러에서 2008년 7,979달러로 높아졌다. 매디슨의 분석은 물가, 환율, 실질 구매력 등 모든 변수를 감안해 1990년 미국 달러 가치를 기준으로 실질 증감을 보여준다는 점을 기억하자. FTA 체결 후 15년 동안 국민들의 평균 생활수준이 30%가량 개선됐다는 의미다. 참고로 OECD에서 집계하고 있는 멕시코의 1인당 GDP를 보면 2003년 1만 884달러, 2006년 1만 3,673달러에 이어 2010년 1만 5,204달러로 2만 달러 시대를 향해가고 있다.

경제 지표에서 확인되는 것처럼 멕시코 경제는 최소한 문제없이 성장하고 있는 상황이다. 물론 지표 뒤에 도사리고 있는 문제점들도 적지 않을 것이다. 남미 국가들의 일반적인 특징처럼 멕시코 역시 사회 경제적으로 불안정하다. 특히 오랫동안 봉건적인 체제였던 농업 부문이 급진적인 구조 조정을 겪으며 혼란이 가중되고 있다. 하지만 크게 성공했다고 평가할 만한 정도는 아닐지라도 꾸준히 나아가고 있는 점을 부인하기 힘들다. FTA 체결 후 망했다는 주장은 사실이 아니다.

멕시코 경제에 대한 왜곡 실태와 실상

멕시코 경제가 꾸준한 성장세를 보이며 전진 중인데도 미국과의 FTA 이후 파탄 났다는 인식은 상당수 한국인들에게 정설처럼 인식된다. 왜일까? 인터넷을 찾아보니 2006년 방송된 KBS 스페셜 다큐멘터리 〈FTA 12년 멕시코 경제의 명과 암〉이 큰 영향을 끼친 것을 알 수 있었다. 이 다큐멘터리는 멕시코 경제와 FTA 폐해를 보여주는 바이블로 미국과 FTA를 맺은 멕시코를 2006년에 취재해 협정 12년을 결산한 프로그램이다. 영상의 특성상 설득력이 큰 데다 신뢰도 높은 공영방송 프로그램이라는 점에서 비판 없이 수용되고 있다. 문제는 프로그램 제목처럼 명암을 균형감 있게 본 게 아니라 편파적 시각으로 부정적 측면만 부각시킨 점이다. 수없이 퍼 날라지며 '공영방송에서 만든 거라 믿을 만하다고 보는데, FTA가 정말 무서운 거군요'라는 식의 댓글이 수북이 쌓이고 있다.

방송에서 사실 왜곡과 논리 비약은 가지에 가지를 치고 살이 붙여지면서 지속적으로 확대 재생산되고 있다. 이 프로그램을 보니 정말 FTA 하면 안 되겠다는 생각이 절로 든다. 그런데 정말일까 하고 검증해보니 역시 실체적 진실과 거리가 먼 왜곡과 오해투성이다. 남미에 널려 있는 반시장주의 성향의 정치인과 학자들만 골라서 인터뷰하고, 하층민의 힘든 생활을 FTA 탓으로 덮어씌운다.

이 프로그램의 평가와 달리 멕시코 정부는 FTA가 성공적이었다고 자평한다. 주한 멕시코 대사관은 당시 방송 뒤 나쁜 부분만 과장됐다

며 유감을 표명했다. 한미 FTA에 반대하는 논리를 찾기 위해 멕시코
의 풍요로움은 외면하고 부정적 이미지만 이용했다며 이례적으로 프
로그램을 비판했다. 대사관 측은 NAFTA 발효 후 미국, 캐나다, 멕시
코 간 교역이 167% 급증해 멕시코의 성장을 견인했다고 반박했다.
이 같은 대사관의 시각은 국제적으로 인정받고 있다. IBRD는 멕시코
가 NAFTA에 가입하지 않았다면 수출이 25%, 외국인 직접투자는
40% 줄었을 것이란 연구 결과를 내놓기도 했다. KBS가 보도한 주요
사실관계가 FTA 체결 후 멕시코의 실제 상황과 얼마나 부합하는지
검증해보자.

보도: 상위 10%의 자산과 소득이 NAFTA 이후 2배 증가했다. 이는 상
위 10%가 독식하고 있다는 의미다.

사실: 멕시코는 여타 남미 국가처럼 전통적으로 빈부격차가 극심하지
만 NAFTA 체결 후 개선됐다. 상위 10%의 소득 점유율은 1994년
43.9%에서 2004년엔 40.5%로 크게 낮아졌다. 상위 10%보다 다
른 계층의 소득이 더 많이 늘었다는 의미다.

보도: NAFTA로 인해 엘리트층과 빈곤 상태의 대다수 국민이라는 두
부류로 나뉘었다.

사실: 멕시코의 빈곤은 역사가 깊다. 스페인 부왕이 통치하던 식민지
시대에서 비롯된 구조적인 문제다. NAFTA로 엘리트층과 절대
빈곤층으로 양분된 건 아니다. 또 IBRD 조사에 따르면 FTA 체결

후 빈곤층 비율은 오히려 크게 줄었다. 1992년 53%로 절반을 넘었지만 2002년 50%, 2006년 43%로 떨어졌다.

보도: NAFTA 이후 200만 명 이상이 농촌을 떠났다. 더 이상 기회가 없기 때문이다. 전국적으로 농촌이 무너졌다.

사실: 극히 후진적이던 농업의 누적된 문제가 NAFTA를 계기로 해결해가는 상황으로 봐야 한다. 멕시코에는 1934년 법제화돼 반세기 넘게 유지돼온 '농지 공동소유 공동경작'이라는 '에히도 제도'가 있었다. 토지 소유자는 마을이고 농민은 경작권과 수익권만 갖는 독특한 제도다. 이는 농업의 상업적 발전을 원천 차단해 농민 대부분을 극빈자로 만드는 요인이었다. 결국 1970년대 이후 농지 점유권을 대자본가에게 넘기고 자진해서 농노로 전락하는 사례가 속출했다.

또 NAFTA의 내국민 대우 규정에 따라 멕시코에 투자하는 미국기업이나 미국인에게도 토지를 나눠줘야 하는 문제에도 봉착했다. 결국 에히도 제도를 폐지하자 수많은 농민들은 경작권을 합법적으로 팔고 고임금을 쫓아 마낄라도라 같은 산업 지대로 이동했다. NAFTA 때문에 농촌이 붕괴됐다기보다 반세기 넘게 누적된 문제를 풀어가는 과정으로 인식해야 한다.

보도: NAFTA 이후 멕시코시티 외곽의 도시 빈민가가 확대되고 서민들이 생존의 벼랑 끝으로 밀려 목숨을 건 미국행 밀입국이 러시다.

사실: 에히도의 늪에서 탈출한 농민들의 도전이 가져온 과도기적 현상
이다. 일부가 도심 생활에 적응하지 못해 도시 빈민으로 전락했
지만 훨씬 많은 농민들은 이전의 절대 빈곤에서 벗어났다. 전체
적으로는 고향을 등지는 슬픈 이주라기보다 사실상 노예와 같은
절망적 상황을 떨쳐내고 노동자라는 새 삶에 도전하는 희망찬 이
주라는 평가가 많다. 미국행도 마찬가지로 질곡을 떨쳐내고 새
삶을 찾아 떠나는 도전의 과정으로 이해해야 한다.

보도: 경제활동인구의 절반이 사실상 실업이거나 반실업 상태로 고통
받고, NAFTA 출범 이후 실업이 더 악화되었다.

사실: 멕시코 실업률은 1995년 7.5%에서 KBS가 취재했던 2006년 말
3.6%로 크게 낮아졌다. 이 실업률은 당시 OECD 34개 회원국 평
균 6.2%보다 크게 낮은 수준이다. 아이슬란드(2.9%) 노르웨이 한
국(이상 3.5%)에 이어 4번째로 낮았다.

보도: FTA 이후 외국 제품이 밀려와 내수에 기반을 둔 중소기업이 무더
기 파산했다. 제조업 일자리의 70% 이상을 맡았던 중소기업의 위
축은 대량 실직으로 이어졌다.

사실: 멕시코 중소기업은 여전히 400만 개에 달하며 활발한 활동으로 경
제의 기반을 이루고 있다. OECD의 2007년 '멕시코의 중소기업'이
라는 제목의 보고서를 보면 고용의 72%, GDP의 52%를 중소기업
(직원 250명 이하 제조업, 소매업과 서비스업은 100명 이하)이 담당한

다. 특히 직원 10명 이하의 미니 기업들이 고용의 38%를 책임진다. 대기업은 기업 수에서 0.2%에 불과하며 고용 분담율은 28%다.

보도: 마낄라도라가 침체되고 미국 공장들이 철수하면서 2001~2003년 성장률이 0.64%에 그쳤다.

사실: NAFTA의 경제적 성과가 보잘것없다는 뜻이겠지만 사실과 다르다. 우선 수출이 급증했다. 1993~2002년 전 세계 수출 증가율은 75%였지만 멕시코는 300%였다. 1986~93년 연 310억 달러이던 수출이 1996~2000년엔 연 1,253억 달러로 4배 불어났다. 특히 대미 무역은 NAFTA 체결 전인 1993년 20억 달러 적자에서 1995년 흑자 전환한 뒤, 2005년엔 650억 달러의 대규모 흑자를 냈다. 언급된 2001~2003년의 부진은 9·11 테러로 인한 미국 경기 침체 탓이며, 2004년엔 4.2% 성장률로 복귀했다. 고공비행하던 물가도 3~5%로 안정됐다.

보도: FTA를 추진했던 카를로스 살리나스(Carlos Salinas)는 공공연한 조롱을 받은 신세로 전락했다. 퇴임 후 여러 실정과 추문이 겹치면서 미국으로 사실상 망명을 떠났다.

사실: 정치인에 대한 평가는 복합적일 수밖에 없다. 살리나스는 경제적인 측면에서 기여한 것을 인정받는 편이다. 1980년대 멕시코의 하이퍼인플레이션과 외채 위기를 잡고 경제를 성장 궤도에 다시 진입시켰다. 멕시코는 1980년대에 암흑기를 보냈다. 매디슨에 따

르면 살리나스 집권 직전인 1982~87년 6년간 성장률은 연평균 -0.1%다. 살리나스가 시장 개혁정책을 시작한 1988년부터 살아 나 1993년까지 재임 6년간 연 3.4%씩 수직 성장했다. 그는 1990년 미국의 부시 대통령에게 NAFTA를 제안했고 협정을 체결해 멕시 코 경제개혁의 계기를 마련했다. 살리나스의 망명은 NAFTA 협 정이 아닌 부정부패 때문이었다. 집권 당시 공공기관 민영화를 통해 축재하고, 마약 사업자로부터 거액을 받았다는 의심도 많았 다. 또 집권 마지막 해에 동생 라울 살리나스(Raul Salinas)가 차기 대통령 후보였던 루이스 도날도 콜로시오(Luis Donaldo Colosio) 암살 혐의로 체포되는 과정에서 자의반 타의반으로 망명했다. FTA를 체결한 각료 15명이 처형됐다는 설이 돌지만 이도 사실무 근이다. 당시 외무부 장관으로 주역을 맡았던 구리아는 현재 OECD 총재로 활약하고 있다.

보도: 2003년 11월 결국 더 이상의 FTA는 하지 않겠다며 추가 FTA 포 기를 선언했다.

사실: FTA의 허상과 폐해를 뒤늦게 깨닫고 추가 FTA '포기'를 선언한 것처럼 보도됐지만 당시 경제부 장관이 했던 발표는 추가 협상 '중 단'이었다. 재계 지도자들이 FTA를 맺고 있는 나라들로의 수출 활 성화가 더 중요하다며 2~3년간 체결을 중단해줄 것을 요청한 데 따른 조치였다. 포기 선언과는 뉘앙스가 다르다. 실제 멕시코는 2004년 7월 우루과이, 2005년 4월 일본과 각각 FTA를 발효시켰

다. 상황에 따라 FTA에 소극적으로 임할 때도 있었지만 2006년에는 한국을 포함해 페루, EU와의 3개 협정을 적극 진행했다. 이 중 페루와의 협정은 2011년 4월에 완료, 2012년 1월부터 발효됐다. 중남미 최대 경제 대국인 브라질과도 2009년 FTA 협정 체결이 거론된 뒤 부진했던 협상을 2012년 2월부터 격월로 하고 있다.

FTA 체결국의 경제 지표 개선 뚜렷

FTA 체결국 대부분에서 교역이 증가하는 것이 뚜렷하게 목격된다. 미국과 FTA를 맺은 나라들의 수출을 보자. 대한무역진흥공사 조사에 따르면 미국과 FTA를 체결 중인 오스트레일리아, 캐나다, 멕시코 등 17개국은 협정 발효 직후부터 수출 증가율이 2배 가까이 치솟았다. 협정 발효 직전 3년간 협정 발효국에 대한 수출 증가율은 연 9.8%였지만, 발효 후부터 2010년까지 증가율은 연 18.4%에 달한 것이다. 수입 증가율은 14.3%에서 15.4%로 높아졌다. 미국으로부터 FDI도 크게 증가했다. 오스트레일리아의 경우 미국과의 FTA가 발효된 이후 2005~2010년 6년간 미국으로부터의 연평균 FDI 규모가 협정 발효 전인 2004년의 1.8배로 집계됐다.

전 세계에서 가장 많은 FTA를 체결한 칠레의 경제성장은 FTA의 장점을 잘 보여준다. 칠레는 1997년 캐나다와의 협정 발효를 시작으로 미국, 중국, 일본, 한국 등 전 세계 GDP의 90%를 차지하는 56개국과 FTA를 맺는 등 대외 개방과 수출 주도 정책을 펴고 있다. 칠레의 경제 성과는 과연 어떨까?

한국과 거리가 멀고 광공업이 주력 산업인 칠레는 잘 알려지지 않았지만 남미에서 가장 잘사는 나라다. 매디슨 데이터에 따르면 FTA 발효 전 1996년 9,505달러(1990년 달러 기준)던 1인당 GDP는 2008년 1만 3,185달러로 높아졌다. 12년 동안 실질소득은 39% 늘어났다. 남미에서 가장 빠른 증가율이고 소득 수준도 제일 높다. 1996년 1,396억 달러이던 경제 규모는 2008년 2,169억 달러로 55% 커졌다. 1990~2008년까지 평균 성장률이 연 5.3%로 압도적이다. 세계경제의 우등생인 한국이 같은 기간 연 5.2% 성장했음을 감안하면 눈부신 성과다. 글로벌 금융위기가 몰아친 2011년에도 칠레는 6.2%로 중남미 최고의 GDP 성장률을 기록했다. 무디스는 2011년 칠레의 신용 등급을 A1에서 A3로 상향 조정했다.

우리나라 사례에서도 교역 증대 효과가 확연하다. 한국은 2004년 한-칠레 FTA를 필두로 8개 협정을 체결했는데 모든 FTA에서 교역과 무역수지 개선 효과가 나타나고 있다. 협정 대상국은 싱가포르, 아세안(ASEN), 유럽자유무역연합(EFTA), EU, 인도, 페루, 미국이다. 2005년 23억 달러였던 대 싱가포르 무역 흑자는 2006년 협정 FTA 체결 후 급증해 2010년 79억 달러에 달했다. 2007년 발효된 한-아세안 FTA도 교역을 급증시켰다. 2006년과 2010년을 비교해보면 석유 수출이 2.7배, 철강과 선박 수출은 각각 2.2배 늘었다. 2010년 발효된 인도와의 포괄적경제동반자협정(CEPA)으로 그해 교역량이 41% 늘었고, 무역 흑자는 2009년 39억 달러에서 2010년 58억 달러로 49% 증가했다.

2011년 7월부터 발효된 한-EU FTA의 효과도 만만치 않다. 유럽 재정 위기로 유럽 수출이 전반적으로 줄었지만 FTA 혜택을 받은 품목들은 승승장구했다. 발효일인 2011년 7월부터 2012년 8월까지 FTA 수혜 품목의 수출이 자동차(19.5%), 자동차 부품(10.8%), 석유 제품(28.4%) 등 평균 14.2%나 늘어났다. 반면 FTA 이전부터 무관세였던 품목은 선박(-42.1%) 무선통신 기기(-37.1%) 반도체(-42.6%) 등으로 수출이 급감하며 재정 위기 여파를 고스란히 받았다.

2012년 3월 15일 발효된 한미 FTA 결과도 마찬가지다. 시행 후 6개월 동안 자동차 부품(17%), 고무 제품(16%), 섬유·화학 기계(23%)의 수출이 급증했다. FTA 혜택 품목은 수출이 평균 13.9% 늘어 무혜택 품목이 1.5% 감소한 것과 대비를 이뤘다. 미국인들의 한국 시장 투자도 급증했다. 2012년 8월 말까지 미국으로부터 FDI는 15억 4,400만 달러로 전년 동기보다 72.8%나 늘었다.

특히 한국이 FTA를 맺은 칠레 시장에서 약진하는 반면 비협정국인 멕시코에서는 고전 중인 데서 FTA 효과는 더욱 뚜렷해진다. 한국은 2004년 처음으로 칠레와 FTA를 맺었고 이후 7년 동안 칠레에서의 한국 품목 점유율이 2배 이상 급증했다. 2003년 3.0%이던 점유율은 2010년 6.4%에 달했다. FTA 발효 후 7년간 양국 교역은 2003년 16억 달러에서 2010년 72억 달러로 연 24%씩 늘었다. 평균 6.0%이던 한국 상품에 대한 관세가 협정 발효 후 0.5%로 급락한 덕분이다. 무관세 품목도 협정 전 35개에서 발효 후 6,000개 이상으로 급증했다. 무관세 품목 비중은 75.9%에 달한다.

우리의 주력 품목인 석유류, 승용차, 철강, 휴대전화의 수출이 크게 늘었다. 자동차는 수출이 급증해 일본을 제치고 2007년부터 4년 연속 시장 점유율 1위를 기록했다. 철강은 2003년 11%에서 2010년 24%로, 석유류는 15%서 27%로 점유율을 확대했다. 칠레에서 한국 기업의 철강과 석유류는 시장 점유율 2위를 기록했다. 휴대전화 점유율도 1%에서 4%로 늘었다.

반면 칠레 측의 시장 보호 조치로 개방 품목에서 제외된 세탁기와 냉장고는 점유율이 줄었다. 세탁기는 8%에서 6%로, 냉장고는 48%에서 21%로 급감했다. 이는 우리가 사과, 배, 고추, 마늘 등 일부 농산물을 개방하지 않은 데 상응해 칠레가 개방을 유보한 품목이다.

칠레에서의 약진과 달리 FTA가 체결되지 않은 멕시코에서는 고전이 뚜렷하다. 멕시코 시장에서 한국 상품 점유율은 2006년 4% 수준에서 정체 상태다. 일본 자동차 점유율은 32%에 달하지만 한국 자동차는 4%에 불과하다. 자동차 관세가 무려 30% 부과되기 때문이다. 멕시코는 1994년 미국, 2000년 EU, 2004년 일본과 FTA를 체결했고 그 결과는 자동차 시장 점유율에 반영되었다. 멕시코 자동차 시장의 점유율은 미국 40%, 일본 32%, EU 20%로 나란히 1~3위다.

FTA의 경제 효과가 뚜렷이 확인되는 데도 잘못 이해되고 있는 부분은 정보 왜곡이 그만큼 심각하다는 반증이다. 〈KBS 스페셜〉을 만든 PD는 한 인터뷰에서 'FTA가 어떻게 민중의 생활을 파탄 내는지 보여주려는 사명감을 갖고 제작했다'고 말했다. 기획 단계에서부터 일방적 시각에 경도됐음을 실토한 셈이다. 당시 멕시코 현지 취재 때

정태인 원장(새로운사회를여는연구원)이 동행한 데서도 편향적 의도를 읽을 수 있다. 참여정부 때 비서관을 지낸 정 원장은 'FTA가 IMF 같은 위기를 10개는 가지고올 것'이라고 주장하는 골수 반대파다. 그의 동행은 프로그램 제목 'FTA로 인한 멕시코 경제의 명과 암'이 아닌 '암을 집중 조명'하러 간 것이라고 짐작하기에 부족함이 없다.

FTA, 부자에게 약이지만 서민에겐 독약이다?

FTA를 반대하는 주요 논리 중 하나는 1% 부자만을 위한다는 것이다. '1%에 속하지 않는다면 한미 FTA는 재앙입니다'라는 식의 구호도 쉽게 발견할 수 있었다. 혹시 경제가 좀 좋아지더라도 이는 대기업의 수혜일 뿐이며 중소기업과 서민은 벼랑 끝으로 내몰리고 양극화가 극심해질 것이란 주장이다. 한 종교계의 지도자조차 "FTA를 맺은 나라가 외형상 규모는 커졌을지 몰라도 극소수 대기업과 자본가들만 엄청난 부를 축적하고 중산층이 몰락해 빈곤층으로 떨어졌다"며 FTA가 교리에 맞지 않는다는 반대 입장을 밝혔다.

이 같은 주장들은 사실관계를 잘못 파악하거나 외면한 것이다. FTA는 양극화 해소에도 긍정적인 영향을 준 것으로 나타나고 있다. 사실 FTA와 양극화의 문제를 엄격히 검증하는 것은 쉽지 않다. 다양한 변수의 영향으로 나타나는 한 나라의 경제성장에서 FTA의 효과를 파악하기가 어렵기 때문이다. 하지만 멕시코 사례를 분석해보면 FTA가 양극화 해소에 기여하는 점을 발견할 수 있다. 멕시코는 미국과의

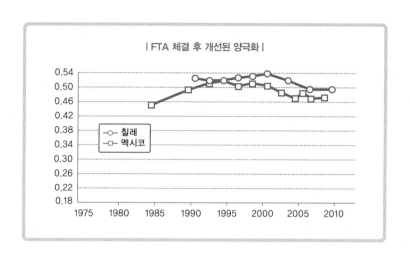

| FTA 체결 후 개선된 양극화 |

교역이 전체 교역의 3분의 2에 달할 만큼 밀접한 관계이기 때문에 FTA 효과가 극적으로 드러나는 구조를 가지고 있다.

멕시코는 양극화 문제에 대해서는 세계 최악의 국가다. 다른 남미 국가들처럼 전통적으로 빈부격차가 커 OECD에서 칠레와 함께 꼴찌를 다툰다. 하지만 아래 그림에서 보는 것처럼 NAFTA 체결 후 지니계수가 크게 호전된 모습이다. 1984년 0.45이던 지니계수는 빠른 속도로 악화돼 NAFTA 발효 시점인 1994년 0.52로 최고를 기록했다. 하지만 급등하던 빈부격차는 NAFTA 발효를 기점으로 하락 반전해 2004년 0.47까지 개선됐다.

한 나라의 빈부격차가 이처럼 단기간에 급격히 개선되기는 쉽지 않다. 시기적으로도 NAFTA 발효와 겹쳐 FTA 효과가 반영된 것임을 시사한다. 절대 빈곤에 시달리는 저소득층도 크게 줄었다. 최저생활비를 벌지 못하는 멕시코의 빈곤층은 FTA 체결 전 1992년 53%로 국민의 절반을 웃돌았다. 하지만 2006년에는 43%로 10%포인트 낮아졌다.

FTA가 빈부격차를 해소하는 데 도움이 된다는 점을 보여주는 또 하나의 사례는 칠레다. FTA를 통한 교역이 전체의 71%에 달해 칠레의 경제 성과는 FTA와 밀접히 관련될 수밖에 없다. 칠레 역시 FTA 협정 발효가 본격화된 이후 양극화가 적잖이 개선됐다. 첫 FTA를 맺기 직전인 1996년 0.53이던 지니계수는 2009년 0.50으로 낮아졌다. 특히 다수의 FTA를 체결해 효과가 본격화된 2000년 이후 양극화의 개선 속도가 빨라졌다. 멕시코가 FTA 체결 직후 보인 모습과 유사한 패턴이다.

FTA를 체결한 국가들과의 무역 비중이 60%에 달하는 페루에서도 양극화가 완화되는 경향이 뚜렷하다. 페루는 칠레와 함께 미국, EU, 중국, 일본 등 주요 국가가 전부 FTA를 맺고 있는 전 세계 2개국 중 하나일 만큼 FTA 의존도가 높다. 지난 2002년 0.55에 달하던 페루의 지니계수는 2009년 0.48로 급락했다. 전적으로 FTA 효과로 볼 수는 없다 하더라도 FTA가 서민의 삶을 파탄 낸다는 주장은 설득력이 없음을 보여준다.

중소기업이 어려워진다는 말도 근거가 부족하다. 거대한 시장의 문턱이 낮아지는 만큼 중소기업도 해외시장 개척의 기회가 커진다. 다만 협정 활용 능력이나 전체적인 제품 경쟁력이 부족해 수혜를 덜 볼 수는 있을 것이다. 그렇다고 FTA가 중소기업을 어렵게 한다는 말은 비논리적이다. FTA 덕분에 해외시장 개척에 성공한 중소기업 스토리는 신문만 들춰봐도 무수히 발견할 수 있다.

세계는 FTA 통한 경제 영토 확장 전쟁 중

FTA는 특정 국가 간에 배타적인 무역 특혜를 부여하는 협정이다. 가장 느슨한 형태의 경제 통합 형태이며 지역무역협정(RTA)이 대종을 이룬다. 세계 각국은 FTA에 필사적이다. 글로벌 차원의 무역 질서를 논의해온 세계무역기구(WTO)의 도하개발아젠다(DDA)가 제대로 진행되지 못하자 대안으로 양국 간 쌍무적인 협정인 FTA에 주력하고 있는 것이다. 이에 따라 전 세계에서 발효 중인 RTA는 300건이 넘는다. 1994년까지 91건에 불과했지만 WTO 체제가 출범한 1995년부터 급증했다. 현재 전 세계 교역량의 50% 이상이 협정을 통한 교역으로 추정될 정도다.

개별 국가 간 협정 외에 지역 블록화가 두드러진 게 요즘 특징이다. 한국이 EU, 미국과 잇따라 FTA를 체결하자 위기의식을 느낀 일본은 환태평양경제동반자협정(Trans-Pacific-Partnership, TPP) 논의를 본격화했다. TPP는 아시아 태평양 지역의 경제 통합을 목적으로 뉴질랜드, 싱가포르, 칠레, 브루나이 4개국이 2006년에 발효시킨 다자간 협정이다. 관세를 90% 철폐하고 2015년까지 모든 무역 장벽을 폐지하는 것을 목표로 하는 등 개방 수준도 매우 높다. 2008년 미국이 참여한 뒤로 오스트레일리아, 페루, 베트남, 말레이시아 등도 협상을 시작했다.

멕시코, 과테말라, 니카라과, 온두라스, 코스타리카, 엘살바도르, 중미 6개국의 단일 FTA 출범도 눈앞에 다가와 있다. 1994~2001년 개별적으로 맺은 FTA를 역내 단일 FTA로 전환하는 작업이다. 쟁점 사항에 대한 논의가 마무리돼 의회 비준을 앞두고 있다.

2011년에는 남아공 케이프타운에서 이집트 카이로에 이르는 아프리카 26개국도 FTA를 체결했다. 남아프리카개발공동체(SADC), 동남아프리카공동시장(COMESA), 동아프리카공동체(EAC) 소속국들이 경제 블록을 형성한 것이다. 이들의 인구는 총 5억 3,300만 명으로 전체 아프리카의 57%, GDP는 8,330억 달러로 58%를 차지한다.

20여 년 전 해체된 구소련도 자유무역을 위해 다시 뭉치고 있다. 독립국가연합(CIS) 8개국은 EU에 맞설 유라시아 공동체 구상의 일환으로 2011년 10월 자유무역지대(FTZ)를 체결했다. 2012년부터 발효된 이 협정은 무관세로 교역이 이뤄지는 경제 공동체다. 구소련이 붕괴되고 3년 뒤 1994년부터 시작된 논의가 무려 17년 만에 결실을 맺은 것이다.

회원국 간 경제통화정책을 더 긴밀히 조율하고 완전한 경제 동맹을 형성하는 초국가 조직체를 지향하고 있어 '경제판 구소련'의 부활로 여겨진다. 러시아, 아르메니아, 몰도바, 우크라이나, 카자흐스탄, 키르기스스탄, 타지키스탄, 벨라루스 8개국이 참여 중이며 아제르바이잔, 우즈베티스탄, 투르크메니스탄, 아제르바이잔 등의 합류가 점쳐지고 있다. 러시아 푸틴 총리와 우크라이나가 주도하고 있으며 달러화에 대한 의존을 줄이고 루블화 중심의 무역 체제를 확산시키려는 의도가 담긴 것으로 분석된다.

FTA 망국론, KTX 무용론의 데자뷰

자유무역이 경제에 성장을, 국민에 후생을 가져다준다는 점은 오래 전부터 광범위하게 지지받고 있는 이론이다. 1930~40년대에 오늘날 스웨덴 복지국가의 도입 틀을 설계한 것으로 유명한 에른스트 비그 포르스(Ernst Wigforss) 재무부 장관이 자유무역의 강력한 지지자였다 는 점에서도 잘 드러난다. 그가 속했던 스웨덴 사회민주당은 자유무 역을 해야 노동자들이 저렴하게 농산물 같은 생활용품을 저렴하게 구입할 수 있다고 판단하여 보호무역주의자들과 팽팽히 맞섰다. 반 면 보수당에서는 오히려 국내 기업을 보호한다는 명분으로 보호무역 을 강력히 주장했다.

자유무역에 대한 전문가들의 생각은 지금도 변함없다. 학자들은 대부분 FTA를 찬성한다. 2011년 11월 FTA 국회 통과를 앞둔 긴박한 상황에서 수도권 대학의 경제학 교수 50명에게 긴급히 설문조사를 한 결과 82%인 41명이 비준안을 즉시 처리하는 데 찬성한 것만 봐도 그렇다. 60%인 30명은 투자자국가소송제도(ISD)에 대한 야당의 반대 가 심할 경우 '국익이 걸린 만큼 단독으로 처리해야 한다'고 답했다. 미국에서도 2011년 8월 비슷한 설문조사가 있었다. 미국 실물경제협 의회(NABE)가 소속 경제학자 250명에서 한국, 콜롬비아, 파나마와의 FTA 비준 여부를 물어본 결과 82%가 원칙적으로 서둘러 처리해야 한다는 입장을 밝혔다. 최고 전문가라 할 수 있는 경제학자들의 이 같은 압도적인 지지는 FTA가 양국 경제에 도움을 준다는 공감대가 크다는 것을 보여준다.

FTA 당사국의 윈윈 관계를 경제학에서는 비교우위론으로 설명한다. 스미스는 경쟁력 있는 분야에 각국이 특화한 뒤 교역에 나서면 두 나라 모두가 이익을 얻는다는 점을 간단한 수학으로 입증했다. 국제무역은 제로섬 게임이 아니라 당사자 모두에게 이익을 주는 포지티브섬 게임이라는 학설로 '절대우위론'으로 불린다. 이 이론은 중등교육 수준에서도 일부 소개되기 때문에 많은 사람들이 알고 있다.

이 절대우위론을 발전시킨 것이 데이비드 리카도(David Ricardo)라는 학자의 비교우위론이다. 그는 모든 분야에서 열위인 후진국도 교역으로 이득을 볼 수 있다는 점을 입증했다. 비교우위론은 개념적인 접근이 필요해 살짝 복잡해 보이지만 계산은 단순하다. 중국과 인도 두 나라에서 모두 가방과 신발을 생산 중이고, 가방 하나와 신발 한 켤레를 생산하는 데 투입되는 노동력(비용)이 아래와 같다고 가정해 보자.

국가	가방	신발
인도	4명	2명
중국	5명	5명

인도는 가방과 신발 1단위를 생산하는 데 필요한 노동력이 중국보다 적다. 즉 인도가 두 상품 모두에서 절대 우위를 갖는다. 이런 경우에도 인도는 신발에 주력하고 가방 생산은 중국으로 넘기는 게 두 나라 모두에 이익이라는 게 비교우위론의 결론이다. 인도가 두 상품 모

두에서 절대 우위에 있지만 신발과 비교할 때 가방 생산은 비교 열위이기 때문이다. 반대로 중국은 둘 다 절대 열위지만 가방에는 비교 우위를 갖는다. 인도는 가방 하나를 생산하려면 신발 두 켤레를 포기해야 하고 중국은 한 켤레만 포기하면 되기 때문이다.

따라서 인도는 비교 열위인 가방 생산을 중국에 넘기고 신발에만 집중하면 총 3켤레의 신발을 생산할 수 있다. 중국은 가방에 집중해 2개를 만들 수 있다. 국제 분업 결과 두 나라가 두 제품을 각각 만들 때보다 신발 한 켤레가 인도에서 더 생산된 것을 알 수 있다. 따라서 인도가 신발 1.5켤레를 중국에 수출하는 대신 가방 하나를 수입하면 모두 이익을 얻게 된다. 두 나라는 국제 분업을 하기 전보다 각각 신발 0.5켤레씩을 더 소비할 수 있는 것이다.

전문가들이 FTA를 절대적으로 지지하는 것이나 각국이 수출을 늘리려고 기를 쓰는 것도 이 비교우위론에 입각한 교역의 장점을 인식하기 때문이다. 교역이 양국에 이익을 준다면 세계 최대 소비시장인 미국과 교역을 확대하는 한미 FTA를 거부할 이유는 없다. 지금까지도 미국으로 수출을 해왔는데 만에 하나라도 잘못될 수 있는 불확실성이 있다는 한미 FTA를 군이 할 필요가 있느냐는 소극적인 반대의 목소리도 있다. 이도 잘못된 생각이다. 2004년 KTX 개통으로 지금은 2시간 남짓이면 서울과 부산을 주파한다. 5시간 걸리던 먼 길이 훨씬 가까워졌다. 아침에 출발해 오후에 귀경이 가능해져 문화, 보건, 환경 등 사회 전반에도 큰 변화가 뒤따랐다. 지금은 누구나 서울로 장거리 왕래할 때면 고속철을 우선 떠올릴 만큼 상식이 됐지만 사업 시작 당시는 반대가 거셌다. 고속철도보다 더 빠른 교통수단인 비행기가 있을뿐더러 단축하는 시간도 2시간여에 불과한데 수십조 원을 쏟아부어야 하느냐는 것이다. 수출이 얼마나 늘어난다고 혹시라도 모를 불확실성을 감수할 필요가 있느냐는 FTA 반대 논리와 유사하다.

고속이라 대형 사고가 불가피하다며 KTX를 반대하는 목소리도 높았다. ISD에 따른 제소 가능성 때문에 협정해서는 안 된다는 FTA 반대론과 통한다. 하지만 사고가 날까 봐 고속철을 도입하지 말자는 주장은 본말이 전도된 것이다. 위험 요인은 선진 시스템과 기술로 사전 차단해야 하는 것처럼 제소 가능성이 있는 후진적 제도가 있다면 미리 정비하는 게 올바른 접근이다. 시민들은 대형 사고의 위험이 더 높은 점을 인식하면서도 기본적으로 첨단 제어 기술을 신뢰하고 고속철을 탄다. 마찬가지로 ISD 때문에 소송권이 보장되기 때문에 부당한 취급을 당하지 않을 것이란 생각이 대규모 투자를 가능하게 하는 장점이 분명하다. 국제 관행과 표준에 부합하는 형태로 양국이 합의한 제도를 극단적으로 비난할 필요는 없다.

FTA 하면 미래 산업 포기해야 한다는 오해

전문가 중에서도 간혹 FTA에 반대하는 사람들도 있다. 그 반대 논리의 핵심 중 하나는 '미래산업포기론'이다. FTA를 반대하는 교수가 미래산업포기론에 대해 쓴 신문 칼럼의 내용을 보자.

"정부와 보수 언론이 갈망하는 FTA는 비교우위론에 근거하고 있다. 그런데 이 이론에 근거하면 한미 FTA를 체결해야 우리 경제가 지속성장할 수 있다는 주장은 논리적인 자가당착에 빠진다. 이 이론은 교역 당사국이 비교 열위에 있는 산업을 포기하고 비교 우위 산업에 특화하면 생산량이 많아지고, 교역을 통해 더 잘살 수 있다고 설명한다. 우리의 경우 비교 열위에 있는 농업을 포기하기만 하면 더 잘살 수 있다는 것이다.

통상경제학자들이 비교우위론으로 설명하는 것은 바로 여기까지다. 그들은 포기하는 산업이 어떤 산업이고, 특화하는 산업이 어떤 산업인지 관심이 없다. 비교우위론에 의할 경우 포기해야 하는 산업은 농업만이 아니다. 정보통신, 제약, 의료, 정밀 기기, 정밀 화학, 항공우주, 금융, 소프트웨어 등 미래 산업이라고 부르는 거의 모든 산업, 앞으로 우리의 새로운 성장 동력이 돼야 할 거의 대부분의 차세대 산업은 포기해야 한다. 비교 열위에 있기 때문이다. 정부가 한미 FTA를 체결하더라도 차세대 산업을 포기하지 않아도 된다고 주장한다면 한미 FTA의 근거인 비교우위론을 부정하는 자가당착이다."

이처럼 비교우위론을 들어 FTA를 반대한 것은 이론에 대한 오해에서 비롯된다. 비교우위론은 한 국가에 2개의 산업이 있는 비현실적인 상황을 전제한 뒤 경쟁력 있는 분야에 특화해 수출하고, 경쟁력이 떨어지는 제품은 수입하는 자유무역을 택할 때의 이익을 이론적으로 분석한 것이다. 또 두 산업 간 자원 이동이 자유롭고 효율적인 수출과 수입 시장이 충분히 확보돼 있다고 가정한다. 경제학의 분석은 항상 가정과 전제를 앞세운다. 상당수의 미래 전망이 빗나가는 것도 이 때문이다. 비교우위론의 전제도 비현실적이기 때문에 이 이론으로 현실을 설명하려는 시도는 한계를 가질 수밖에 없다. 비교우위론은 한 산업에 집중한 생산량을 늘리고 생산하지 않은 제품은 교역으로 확보하는 방식이 양국에 이익을 준다는 자유무역 원리를 보여주는 것에 불과하다.

글쓴이는 절대 우위와 비교 우위라는 기본 개념에서부터 헷갈리고 있다. 비교우위론의 주장은 한국이 미국보다 절대 열위에 있는 정보 통신, 제약, 의료, 정밀 기기, 정밀 화학, 항공우주, 금융, 소프트웨어 산업을 포기하지 않아도 된다는 것이다. 다른 산업과의 기회비용을 감안한 경쟁력에서 앞선다면, 즉 비교 열위에 있지 않는 산업이라면 특화된 장점을 얻을 수 있기 때문이다.

나아가 비교 열위에 있는 산업의 미래가 봉쇄된다는 주장도 무리하게 이론을 적용하고 일반화한 분석이다. 비교 열위의 산업을 비교 우위의 산업으로 전환하면 분명 교역의 이익을 얻을 수 있겠지만 그렇게 하지 않고 계속 영위해도 추가 손실이 없는 만큼 미래 산업을 포기해야하는 건 아니다. 현재 비교 열위에 있는 기업이나 경영자가 굳이 비교 우위의 덕을 보기 위해 자신의 업을 바꾸지 않을 것이기 때문이다.

예컨대 한미 FTA의 대표적 피해 업종으로 간주되는 소프트웨어 산업 중 컴퓨터 바이러스 백신업종을 생각해보자. 안랩(구 안철수연구소)은 국내시장을 50%가량 점유한 선두 업체다. 하지만 FTA 발효로 한국이 LCD 산업에 비교 우위가 생겼다고 해서 안랩이 텔레비전 부품업체로 전업하는 일은 없을 것이다. 지금 영위 중인 사업 환경이 크게 달라지지 않기 때문에 굳이 이동할 필요가 없는 것이다. 비교우위론은 이론적으로 볼 때 가용 자원을 LCD TV로 전부 이동시키고 나머지는 수입하는 게 국가 전체의 효용을 극대화하는 길이라 점을 시사하는 그 이상도 이하도 아니다. 이 이론이 현실화되기 위해선 LCD로 자원 이동이 자유롭고, 대량생산된 LCD를 수출할 수 있는 시장이 있어야 하며, 무엇보다 기업가들이 눈앞의 생산성을 좇아 획일적으로 사고해야 한다. 이는 실현 불가능한 전제다. 비교 열위에 있다 해도 안랩은 그대로 안랩의 길을 갈 뿐이다.

그렇다면 FTA는 안랩에 어떤 영향을 미칠까? 국내 점유율을 잠식당할 가능성은 높아질 것이다. 미국산 바이러스 백신의 가격 경쟁력이 인하된 관세만큼 강화됐기 때문이다. 안랩은 국내 점유율을 조금씩 잃으며 도태되는 것일까? 그렇지 않다. 미국 시장의 벽이 낮아진 이점이 국내 경쟁력이 하락되는 것보다 결코 작다고 볼 수 없기 때문이다. 낮아진 관세를 활용해 한국보다 수십 배 큰 미국 시장을 뚫는다면 결정적인 도약의 발판을 마련할 수도 있다. 실제로 안랩은 10여 년의 해외 시장 개척 노력 끝에 2012년에 미국 시장에 첫발을 내딛는 데 성공했다. FTA로 높아진 가격 경쟁력이 가세한다면 해외에서 더 큰 성과를 거두고 거대한 미국 시장을 발판으로 세계적인 보안 회사로 성장하는 기회를 얻을 수 있다.

안랩의 입장은 미국보다 경쟁력이 떨어진다고 일컬어지는(비교 열위에 있는) 모든 산업에 적용될 수 있다. 항공산업도 마찬가지다. 한국이 미국보다 뒤처졌다고 포기할 이유는 없다. 비교우위론에 입각해 한국의 항공우주산업은 자동차 업종으로 전환하는 것이 국민경제의 후생을 높이는 방법이지만 상식적으로 그런 선택은 일어나지 않을 것이다. 당장은 경쟁력이 떨어지지만 기술력을 쌓으면 자동차산업 못지않은 대박을 낼 수 있기 때문에 업종을 바꿀 필요가 없다. 그렇다고 미국 기업에 치여 고사되는 것도 아니다. 오히려 관세장벽이 낮아진 점을 활용해 항공우주산업의 본산지인 미국 시장을 뚫는 계기를 마련할 수도 있다. 실제로 국내 한 회사의 고등훈련기 T-50은 미 공군 초음속고등훈련기 획득 사업에 뛰어들었다. 영국, 이탈리아, 중국 등 경쟁사보다 성능이 우수하지만 가격에서 불리한 것이 가장 큰 약점으로 지목되고 있는 상황이다. FTA로 가격 경쟁력이 1% 향상되면 수출 가능성이 1% 높아진다. 항공우주산업도 도태되기보다 새로운 지평을 열 수 있다는 얘기다. 한미 FTA로 미래 산업을 포기해야 한다는 주장은 오해다.

선진 시스템과 경쟁해야 일류 도약 기회 열려

경쟁력을 갖춘 소프트웨어, 항공우주산업과 달리 국내 기업들이 아예 진입하지 못했거나 현재 수준이 매우 낮은 산업 역시 포기해야 할 이유는 없다. 시장 개방을 선진 시스템과 기술을 배우는 계기로 활용하면 오히려 기회로 만들 수 있다. 이마트, 롯데마트 등 국내 소매시장을 장악한 할인점들은 개방을 기회로 삼은 좋은 사례다. IMF 등의 권유로 유통시장이 대폭 개방됐을 때 국내 소매업체들이 살아남을 수 있다고 본 사람은 거의 없었다. 할인점을 해본 경험이 전혀 없는 상태에서 월마트, 까르푸(Carrefour) 등 쟁쟁한 경쟁자들을 상대할 수 있다고 생각하기 힘들었다. 하지만 결과는 불과 10년도 안 돼 한국 기업들의 깜짝 놀랄 만한 뒤집기 한판승으로 끝났다. 글로벌 유통체인들은 국내에서 운영하던 매장을 국내 기업에 헐값에 넘기고 굴욕적으로 철수했다. 개방을 계기로 국내사들이 할인점 사업에 과감히 도전해 선진기술을 습득하고, 한국 주부들의 입맛과 눈높이에 맞는 마케팅으로 정면 승부한 결과다. 한국 할인점들은 다국적기업과의 승부에서 얻은 자신감을 바탕으로 중국을 비롯한 동남아 시장에서 2라운드를 치르고 있다.

할인점 사례는 개방을 두려워하지 않고 적극적으로 대응할 때 도약의 기회가 온다는 점을 입증했다. 이런 관점은 대표적 FTA 피해 업종인 농업에도 적용할 수 있다. 미국의 싸고 질 좋은 농산물이 수입되면 일정한 피해가 불가피할 것이다. 하지만 긍정적으로 생각해볼 여지도 있다. 세계 최대 소비시장인 미국을 공략할 기회가 생겼기 때문이다. 실제로 스페인인을 비롯해 미국인들의 한국 농산품에 대한 선호는 만만찮다. 배, 사과, 포도, 수박, 참외 등 제철과일과 무, 상추 등 채소류만 봐도 미국 농산물보다 맛이 월등하기 때문이다.

사실 한국 농업은 진작부터 해외 진출은 서두르고 있는 상황이다. 농수산 식품 수출은 20008년부터 급증세다. 2003년 30억 달러였던 수출액이 2010년 58억 8,000만 달러로 2배로 불었다. 증가세는 최근에 더 두드러진다. 2007년까지 37억 6,000만 달러로 큰 변동이 없었지만 이후 급증세다. 2008~2010년 최근 3년은 연평균 20% 안팎의 높은 증가율을 기록했다. 이런 상황에서 한미 FTA는 새로운 기회다.

특히 막걸리의 성공 스토리는 눈여겨볼 만하다. 2004년 칠레와 처음으로 FTA를 체결할 당시 칠레의 와인이 유입되면 막걸리는 더 빨리 사양길을 걸을 수밖에 없을 것이란 우려가 지배적이었다. 세계적으로도 경쟁력을 인정받는 칠레 와인에 밀려 그렇잖아도 쇠락의 길을 걷고 있던 막걸리의 입지가 결정적으로 위축될 것이란 판단이었다. 하지만 결과는 전혀 달랐다. 힘든 상황을 타개하기 위해 해외 시장 공략에 집중한 덕분에 한-칠레 FTA 전후 수출이 급증했다. 막걸리 수출은 2003년 122만 달러에서 2008년 442만 달러로 3.6배 늘어나 연 29%의 고성장을 기록했다. 2003년 수출국은 4곳에 불과했지만 2008년엔 18개국으로 늘었다. 또 원료를 백미로 바꿔 품질을 높이자 국내에서도 인기가 높아져 애주가들의 사랑을 받는 술로 거듭났다.

제약업에서도 복제약 생산이 어려워졌다고 불평하기보다 불법을 바로잡고 새출발의 기회로 삼는다면 장기적으로 득이 될 것이다. 지적재산권도 마찬가지다. 보호조치 때문에 일상적인 인터넷 활동마저 지장을 받을 것이란 억지 주장보다 콘텐츠와 소프트웨어산업이 성장할 수 있는 시스템을 구축할 수 있는 계기로 삼아야 한다. 한국은 세계 네 번째 특허 대국이고 '한류'로 대표되는 콘텐츠 강국이다.

FTA 이해는 상품과 서비스 개방의 차이에서부터

FTA에 대한 오해는 대부분 사실관계를 왜곡한 데서 비롯됐다. 왜곡된 내용을 확산시키는 데 결정적 영향을 미친 것은 민주노동당이 만든 〈12개 독소 조항 해설〉이라는 파일이다. 이 파일에서 대부분의 내용은 법조문을 잘못 해석하거나 과장한 것이다. 복잡한 내용을 무리하게 단순화한 뒤 피해 가능성을 부풀려서 자극적으로 만든 탓에 파장이 커지자 외교통상부는 공식적으로 이에 대한 반박 자료를 발표했다.

하지만 선정적으로 만들어 쇼킹하게 받아들여지는 잘못된 해석이 인터넷을 강타해 많은 사람들의 뇌리에 각인된 반면, 외교부의 반박 내용은 너무 전문적이고 분량이 많아 제대로 전달되지 못했다. 선입견 없이 두 주장을 비교해보면 민노당 측의 주장에 근거가 부족하다는 것을 알아차릴 수 있다.

외교통상부의 반박 설명을 이해하기 위해서는 한미 FTA의 전반적인 특징과 구조를 이해해야 한다. FTA는 국가 간 무역에서 상품에 부과하는 관세를 폐지하는데 협정 범위가 상품뿐만 아니라 서비스까지 확대되고 있다.

상품 개방은 이해하기 쉽다. 눈에 보이는 물품이기 때문에 통관 시 붙이는 세금(관세)을 낮추는 방식으로 개방한다. 하지만 서비스(용역)는 개념이 선뜻 떠오르지 않는 게 사실이다. 금융 회사의 해외 영업, 인터넷을 통한 해외 경영 컨설팅, 해외에서의 법률 자문 등을 생각하면 된다. 서비스에는 관세를 부과할 수 없기 때문에 '규제 완화'라는 방식으로 개방하게 된다. 서비스 시장을 개방한다는 의미는 6개의 의무를 서로 지키는 것을 말한다. 6대 의무를 간단히 정리하면 다음과 같다.

1. 내국민 대우: 협약국 서비스업자를 자국 서비스업자보다 불리하지 않게 대우하는 것
2. 최혜국 대우: 협약국 서비스업자를 제3국 서비스업자보다 불리하지 않게 대우하는 것
3. 시장 접근 제한 조치 금지: 협약국 서비스업자의 수나 사업 범위 등의 양적 제한, 법적 형태(법인, 자연인 등)를 제한하는 규제 도입 금지
4. 현지 주재 의무 금지: 서비스 공급의 조건으로 국내에 사무실이나 거주지를 갖추도록 요구하는 행위 금지
5. 이행 요건 금지: 협약국 서비스업자가 국내 진출 시 특정 요건(국내 상품 및 서비스 구매 등)을 이행토록 요구하는 행위 금지
6. 고위 경영진 및 이사회에 대한 국적 제한 등의 금지: 고위 경영진 내 특정 국적자 비중 요구 등 금지

독소 조항에 대한 주장의 최대 오류는 서비스와 상품에 다르게 적용되는 FTA 조항들을 일괄 적용되는 것으로 잘못 판단한 것이다. 상품 무역은 관세 인하 방식이기 때문에 역진 방지나 네거티브 리스트 조항 등이 적용되지 않는다는 점 등을 오해한 것이다. 다른 주장들도 발생 가능성이 극히 낮은 극단적인 상황을 가정해 위험을 침소봉대

한 사례가 대부분이다. 왜곡 내용과 이에 대한 외교부의 설명을 비교해보면 금방 알 수 있다.

'한미 FTA 12개 독소 조항' 괴담과 진실

1. **주장** 래칫(rachet, 자유화수준 후퇴 방지) 조항 때문에 국내 산업의 피해가 속출한다. 한 번 개방된 수준은 어떤 경우도 되돌릴 수 없게 하는 독소 조항으로 선진국 및 산업 국가 간 FTA에서는 찾아볼 수 없다. 즉 쌀 개방으로 쌀농사가 전폐되고 식량이 무기화되는 상황이 와도 예전 수준으로 환원되지 않고, 광우병 쇠고기 수입으로 인간 광우병이 창궐해도 수입을 중단하지 못한다. 전기, 가스, 수도 등이 민영화된 후 독점으로 가격이 폭등해도 예전 수준으로 환원시키지 못한다.

   진실 서비스와 상품 무역을 혼동해 적용 대상을 잘못 이해한 사례다. 래칫 조항은 투자와 서비스에만 적용된다. 상품, 지재권, 검역 등에는 아예 적용되지 않는다. 따라서 상품 무역 대상인 쌀은 래칫 조항이 적용되지 않는다. 더구나 쌀은 시장 개방 대상에 아예 포함되지 않은 품목이다. 광우병 쇠고기에 대한 수입 중단도 래칫 조항에 적용되지 않는 검역 사항이기 때문에 한미 FTA와 무관하다. 전기, 가스, 수도 등 공공서비스 역시 한미 FTA에서 개방하지 않은 분야(미래 유보)로 래칫 조항의 적용 대상이 될수 없다. 참고로 래칫 조항은 한미 FTA 이전에 체결한 한일투자

협정, 한-칠레 FTA, 한-싱가포르 FTA에도 이미 채택됐다. 래칫 조항은 해외 자본이나 서비스 산업 유치에 도움 되는 측면이 있다. 해외 자본 입장에서는 래칫 조항을 통해 규제를 예측할 수 있기 때문이다.

2. **주장** 네거티브 방식의 서비스 시장 개방에 따라 미국의 도박 산업, 성인 산업, 다단계 판매업 등을 무조건 받아들여야 한다. 네거티브는 개방하지 않을 분야만을 적시하는 방식이기 때문이다.

　　진실 서비스 무역의 자유화 방식은 포지티브(positive)와 네거티브(negative) 방식이 있다. 전자는 개방하는 분야를 일일이 열거해두는 방식이다. 후자는 비개방 분야를 열거해두고 나머지는 전부 개방 대상으로 간주한다. 6대 의무를 지키지 않아도 되는 비개방 분야를 적시한다는 의미다. 한미 FTA에서 우리가 네거티브로 적시한 분야는 총 91개(현재 유보 47개, 미래 유보 44개) 서비스 업종이다. 반면 미국이 개방하지 않겠다고 정한 분야는 18개(현재 유보 12개, 미래 유보 6개)에 불과하다. 한미 간 서비스업 경쟁력 차이를 반영한 조치다.

우려가 제기되는 도박업 등이나 공중도덕을 해치는 서비스는 원천적으로 차단되도록 여러 안전장치를 만들었다. 공중도덕 및 공공질서 등을 위해 필요한 조치를 취할 수 있다고 명시했다. 특히 도박에 대해서는 별도의 조항을 둬 개방 대상이 아니며 어떤 규제도 취할 수 있는 권리가 있다는 점을 명문화시켰다.

3. **주장** 미래 최혜국 대우에 따라 우리 뜻과 무관하게 강제로 추가 개방할 가능성이 높다. 향후 다른 나라와의 FTA에서 미국보다 더 많은 개방을 약속할 경우 자동으로 미국에도 소급 적용된다. 예컨대 일본과 FTA 체결 시 우리가 강점이 있는 옥수수나 보리를 상호 개방할 경우 한미 FTA에는 없지만 미국에도 옥수수나 보리를 개방해야 한다.

진실 미래 최혜국 대우는 더 높은 수준의 대외 시장 개방을 할 경우 기존 협정국에도 동일한 개방을 하겠다고 약속해준 조항이다. 이는 미국에만 특별히 최혜국 대우를 준 것이 아니다. 무역 자유화를 통해 상호 이익을 얻기 위해 FTA를 포함한 모든 무역 협정의 서비스 부문에 기본적으로 도입되는 조항이다. 미국도 다른 국가와의 FTA에서 우리보다 더 자유화된 내용에 합의하면 우리에게 적용해야 하는 상호 의무이다. 특히 최혜국 대우는 투자와 서비스 부문에 한정되는 의무다. 따라서 옥수수, 보리 등의 상품 분야는 대상이 아니다.

또 최혜국 대우의 대상인 서비스 분야에서 다른 나라와 더 높은 수준으로 개방했더라도 이미 한미 FTA에 유보 조항을 둬 적용을 배제했기 때문에 미국에 더 높은 개방 수준을 제공해줄 필요가 없다.

4. **주장** ISD 제도로 주권국의 사법권을 상실하게 되는 가장 나쁜 조항이다. 한국에 투자한 미국 기업이 국내에서 재판받을 필요 없고, 미국계 다국적기업이 이윤 확보를 방해하는 한국의 법과 제도

를 국제기구에 제소할 수 있다.

즉 미국 의료보험 회사가 국가의료보험제 때문에 한국에서 영업을 할 수 없다며 국제기구에 제소하면 한국 정부가 이길 가능성이 없다. 미국 기업이 한국에서 영업하다가 소방안전법의 규제를 받아 제소하는 경우도 마찬가지다. 시장뿐 아니라 국가가 막대한 배상금을 물게 될 수도 있고, 이것은 예측이 아니라 실제 상황이 될 것이다. 한국보다 힘센 미국의 투기 자본이나 초국적 기업이 승리할 것이기 때문이다. 따라서 오스트리아 등 미국과 FTA를 추진하거나 맺은 국가들은 대부분은 이 독소 조항을 채택하지 않았다. 우리나라도 유럽과의 FTA 협상에서는 이 조항을 논의조차 하지 않았다.

진실 피해 가능성을 침소봉대하고 현실을 도외시한 판단이다. 분쟁 시 중립적인 국제 중재 절차를 이용하는 제도인 ISD 조항이 도입된 배경을 우선 이해해야 한다. 기업 입장에서는 해외투자 시 불안한 부분 중 하나가 투자국 정부에 의해 '수용'되거나 불합리한 규제로 손해를 입는 경우다. 투자 대상국의 정치 불안 등으로 자본을 몰수당할 수도 있다. 북한군 총격으로 금강산 관광이 중단됐지만 북한이 아무 보상도 없이 현대아산 소유의 금강산 관광 시설을 일방적으로 몰수한 것과 같은 상황이다. 투자 대상국의 국내법에 따른 투자 보장은 믿음직스럽지 못하기 때문에 FTA에서는 양자 간 투자 협정(Bilateral Investment Treaty, BIT)을 체결하며 이 협정에는 일반적으로 ISD 절차가 포함된다.

ISD는 한미 FTA에만 있는 것이 아니며 투자 협정 체결 때 일반화된 제도다. 조약 당사국이 분쟁 당사자일 경우 사건의 공정한 해결을 위해 제3자의 판정을 통해 중립적이고 합리적 해결을 도모하자는 취지다. 전 세계 2,500여 개에 달하는 BIT에 대부분 포함돼 있다. 우리가 체결한 8개 FTA와 85개 투자 보장 협정에도 거의 포함돼 있다. 85개 투자 보장 협정 중 ISD 조항이 없는 협정은 5개(독일, 프랑스, 방글라데시, 파키스탄, 미국)에 불과하다.

이를 주권(사법권) 침해라고 주장하는 것은 잘못된 판단이다. 우리 헌법 제60조 1항은 국제조약을 체결할 때 필요에 따라 자발적으로 주권 제약적 내용을 포함할 수 있으며, 이런 경우 국회의 동의를 거치도록 정하고 있다. 미국도 같은 규정을 적용받는다.

ISD는 상대적으로 국력이 약한 나라를 위한 보호 장치라는 성격을 갖는다. 지난 40년간 한국의 해외투자액(2,080억 달러)이 외국의 우리나라 투자(1,604억 달러)보다 많은 상황에서 ISD는 우리 자본을 보호하기 위한 조치다. 2006년부터 한국의 대미 투자액은 미국의 대한 투자액보다 많아졌고, 최근 2008~2010년 3년간 투자액은 미국의 3배에 달한다. 앞으로 중국 등 여타 신흥 개도국과의 FTA 체결 시에도 반드시 들어가야 할 조항이다.

우리나라는 WTO 회원국이 되면서 WTO 협정에 따라 무역 분쟁 시 유사한 방식으로 해결하고 있다. 지난 15년간 한국 법정이 아닌 WTO 패널을 통해 해결해왔다. 결과는 양호한 편(24건 중 12건 승소, 4건 패소, 8건은 협의 중 해결)이다. 철강 세이프가드, 반도체 반덤핑 등 미국과의 분쟁에서도 여러 차례 승소했다.

독소 조항에서 예로 든 사례들은 전부 가능성이 없는 케이스다. 미국 민간 의료보험 회사가 한국의 국가 의료보험을 제소하는 것은 가능성이 없다. 한미 FTA 협상 대상에 국민건강보험 제외를 명문화했기 때문이다. 건강보험 관련 조치는 FTA와 관계없이 지금처럼 정부가 자율적으로 운용할 수 있다.

국제 법정이 미국 또는 투기 자본, 초국적 자본에 유리하다는 주장도 사실이 아니다. NAFTA 발효 후 미국 기업은 캐나다와 멕시코 정부에게 각각 27건, 18건을 ISD를 통해 제소했다(그중 캐나다 12건, 멕시코 10건이 최종 결론이 났다). 미국 기업은 캐나다 정부로부터 12건 중 2건 승소(나머지 10건 중 3건 합의, 4건 패소, 3건 제소 철회), 멕시코 정부로부터 10건 중 5건 승소(나머지 5건 패소)하는 데 그쳤다. 미국, 캐나다, 멕시코 정부 간 분쟁도 11건 중 3건의 판결이 나왔는데, 3건 모두 미국이 패소했다.

흥미로운 사실은 일부 미국 정치인이 ISD에 대해 같은 논리로 한미 FTA를 반대하고 있다는 점이다. 미국 공화당 대선 후보로 나섰던 폴 의원과 같은 당 월터 존스(Walter Jones) 의원은 2010년 12월 '한미 FTA를 통해 한국 투자자들이 미국 법원을 우회해 국제 재판소에 소를 제기해 우리 세금을 뺏을 수도 있다'는 내용의 문건을 동료 의원들에게 회람시키며 한미 FTA 반대를 촉구했다.

또 일각에서 미국법에 따라 재판한다고 주장하고 있는데 전혀 사실이 아니다. '한미 FTA 협정과 적용 가능한 국제법 규칙'에 따라 판정토록 협정에 명시돼 있다. 중재 재판부는 투자 유치국과 투자자가 한 명씩 임명하고 양측 합의로 뽑힌 1인, 이렇게 총 3인으로 구성된다.

오스트리아 등 미국과 FTA를 추진하거나 맺은 국가들 대부분은 이 독소 조항을 채택하지 않았다는 주장은 기본적인 사실관계가 엉터리다. 미국과 오스트리아는 FTA를 체결조차 하지 않았다. 현재 미국은 오스트레일리아, 바레인, 캐나다, 칠레, 싱가포르, 이스라엘, 코스타리카, 도미니카공화국, 엘살바도르, 과테말라, 온두라스, 요르단, 멕시코, 모로코, 니카라과, 오만, 페루 17개국과 FTA를 발효 중이며, 대부분 ISD 조항을 두고 있다.

EU와의 FTA 협상에서 ISD 도입을 논의하지 않은 것은 외국인 직접투자 분야는 'EU 집행위'이 아닌 회원국들의 권한이기 때문이다. EU 27개국 중 22개국과 우리가 체결한 BIT의 대부분은 ISD 조항을 포함하고 있다.

5. **주장** '간접 수용' 조항에 따라 거액 손실 보상 위험을 떠안게 됐다. 한국에 진출한 미국 기업 및 미국인들에게 국내법보다 FTA 조항이 우위의 법으로 적용돼 불법을 규제할 수 없다. 규제를 시도하면 영업 활동 방해로 한국 정부가 제소될 수 있다. 직접적인 손해는 아니지만 우리 정책이나 규정으로 간접 피해를 입었을 때도 보상해줘야 한다. 예컨대 땅이 좁고 인구가 많은 한국은 토지 공개념 등 사유를 제한하는 공동체적 법제를 갖고 있지만 미국은 정반대다. 따라서 간접 수용 조항에 따라 우리의 모든 공동체적

법체제가 완전히 사라지게 된다.

또 한미 FTA가 한국 정부의 모든 정책과 규정의 상위법인 양 해석돼 대한민국의 주권이 유명무실해질 위험이 있다. 실제로 미국 폐기물 처리업체 메탈클래드(Metalclad)가 멕시코에서 공해 물질을 잘못 처리한 것을 국내법에 따라 규제했다가 제소당해 멕시코 정부가 거액의 배상금을 물었다.

진실 한미 FTA 조항이 한국 법보다 우위가 된다는 주장은 사실이 아니다. 한미 FTA 규정은 국내 법률과 동등한 위치를 갖는다. 헌법 제6조 1항은 '조약과 국제 법규는 국내법과 같은 효력을 지닌다'라고 규정하고 있기 때문이다.

직접 수용은 재산 몰수에 가까우며 정부가 민간의 재산권을 박탈하는 걸 말한다. 반면 간접 수용은 직접 수용처럼 재산권 박탈은 아니지만 정부 조치로 인해 더 이상 영업 활동을 할 수 없게 돼 사실상 재산권이 박탈되는 경우를 뜻한다. 따라서 단순히 간접적인 피해를 입었다고 해서 보상받는 것은 아니다.

한미 FTA는 "공중 보건, 안전, 환경 및 부동산 가격 안정화와 같은 정당한 공공복지를 위한 조치는 원칙적으로 간접 수용이 되지 않는다"고 명시하고 있다. 따라서 미국 기업이 불법 행위를 저질러도 FTA 조항에 의해 규제할 수 없다는 주장은 전혀 사실과 다르다. 정부 정책이 극히 불균형적인 상황을 제외하고는 공중 보건, 안전, 환경, 부동산 가격 안정화와 같은 공공복지 목적의 규제는 간접 수용 대상이 아니다. '용도 제한이나 지구 지정' 등도 정당한 복지 목적을 위한 규제 정책이기 때문에 간접 수용으로 간주될 가능성은 없다.

메탈클래드는 자주 거론되는 분쟁 사례 중 하나다. 하지만 이는 멕시코 정부가 쓰레기 매립장을 인수하려는 메탈클래드에게 인가를 보장해 공사가 단행된 뒤, 군이 허가를 거부해 사업을 못하게 된 케이스다. 메탈클래드의 매립장 투자 가치가 전면 박탈됐기 때문에 중재 재판부에서 간접 수용으로 판정된 유일한 사례다. 이처럼 정당한 허가 발급이 거부돼 투자 가치가 영구히 박탈된 경우가 아니라면 간접 수용에 해당되지 않는다.

6. **주장** '비위반 제소' 조항으로 일상적인 우리 정부의 정책도 천문학적 배상금을 물어줄 수 있다. 우리 정부의 세금, 보조금, 불공정 거래 시정 조치 등이 FTA 협정을 위반하지 않았더라도 기업이 그 정책 때문에 '기대하는 이익'을 얻지 못했다고 주장하며 정부를 국제 민간 기구에 제소할 수 있다. 기업이 자신들의 경영 실수로 기대 이익을 못 얻었을 경우라도 한국 정부를 상대로 소송을 제기해 천문학적 보상금을 받아낼 수 있다.

진실 비위반 제소의 적용 주체를 완전히 잘못 이해한 것이다. 비위반 제소는 어떤 조치가 FTA 협정에 위배되지는 않지만 그로 인해 타방 당사국이 협정의 체결로 기대할 수 있었던 혜택이 무효화되거나 침해됐을 경우 '국가 대 국가' 분쟁 해결 절차에 회부할 수 있는 조항이다. 기업이나 자본은 제소할 자격이 없다. 한미 FTA에서 비위반 제소가 가능한 분야는 상품 농업, 섬유, 원산지, 서비스, 정부 조달 등이다. 이는 서로 상대국의 기대 이익을 침해할 수 있기 때문에 구제 수단을 강구할 길을 열어두자는 취지다. 한국은 이미 체결한 칠레, 싱가포르 등과의 FTA에도 이 조항을 넣었다. 참고로 1995년 WTO 체제 출범 후 비위반 제소는 3건에 불과하다. 미국이 2건, 캐나다가 1건을 제소했는데 모두 제소국이 패했다. 상대국의 조치로 협정상 혜택이 무효화되거나 침해된 것이 입증돼야 하는데 이런 제소국의 입증 책임은 매우 엄격하다.

7. **주장** 한국 정부가 정책이나 규정 도입 시 그것이 필요 불가결하고 당위성이 있음을 과학적으로 입증해야 하는 책임을 진다. 광우병 발생으로 미국 쇠고기 수입을 규제하려면 한국 정부가 직접 광우병을 입증해야 한다.

    진실 사실과 전혀 다르다. 정책이나 규정을 문제 삼는 쪽이 상대국 정부의 협정 위반을 입증해야 한다. 이는 FTA를 포함한 통상법의 일반 원칙이다. 아울러 쇠고기는 한미 간 별도로 합의된 쇠고기 수입 위생 조건과 관련된 문제이며, FTA와는 별개의 사안이다.

8. **주장** '서비스 비설립권' 때문에 미국 기업을 처벌하지 못한다. 비설립권은 상대국에 사업장을 설립하지 않고도 영업을 할 수 있게 하는 조항이다. 한국은 국내에 설립되지 않은 회사를 국내법으로 처벌할 수 있는 법률이 없기 때문에 이들 기업에 세금을 부과

하지 못하고 불법이 있어도 처벌할 수 없다.

진실 사실관계를 잘못 파악했다. 서비스 교역의 형태는 국경 간 공급, 해외 소비, 상업적 주재, 자연인의 이동, 4가지다. 4가지 형태는 FTA뿐만 아니라 WTO의 서비스 교역에 관한 일반 협정(GATS)에서도 인정하고 있다. 다만 한미 FTA는 국경 간 공급 형태를 통한 서비스 교역을 무조건적으로 허용하지는 않는다. 즉 국내 법령, 경제적 영향 등을 종합적으로 판단해 분야별로 규제할 수 있다. 특히 건설 서비스, 도로 여객 운송 서비스, 법률·회계·세무 서비스, 건축·엔지니어링 서비스, 수의 서비스 등은 국내 사무소 설치가 의무화돼 국내법에 따라 규제된다. 마찬가지로 한국의 서비스 산업도 국경 간 공급으로 미국에 진출할 수 있지만 미국의 규제를 받는다.

9. **주장** 공기업 민영화 입찰에 미국계 기업과 자본이 참여할 수 있어 공기업을 싹쓸이해갈 것이다. 알짜 공기업이 미국 투기 자본의 사냥감으로 전락하는 것이다. 예컨대 의료보험공단, 한국전력공사, 석유공사, 농수산물유통공사, LH공사, 수자원공사, 도로공사, KBS, 기업은행, 도시가스, 수도공사, 우체국, 주택공사, 지하철공사, 철도공사, 국민연금, 공무원연금 등이 미국 거대 자본에 넘어갈 가능성 농후하다. 따라서 수도료, 전기료, 지하철요금, 가스요금, 의료보험료 등이 대폭 인상돼 서민 경제가 파탄날 것이다. 미국 자본은 이윤만 뽑고 재투자하지 않기 때문에 기간 산업

이 황폐해질 수밖에 없다.

진실 사실과 전혀 다르다. 공기업 민영화 관련 조치는 한미 FTA 개방에 포함되지 않았다. 민영화 관련 조치는 개방을 하지 않는 '미래 유보'에 포함돼 있어 정부가 광범위한 권한을 행사할 수 있다. 또 국민건강보험과 같은 사회보장제도는 협정 적용 대상에서 제외됐다. 가스, 전력, 상수도 등도 정부가 포괄적인 권한을 행사하도록 규정해뒀다.

10. **주장** 정부가 지적재산권을 단속하지 못한다. 한국인, 한국 정부, 한국 기업에 대한 지적재산권 단속 권한을 미국 기업이 직접 갖게 되어 복제약 생산이 불가능해지며 약값은 천정부지로 오르게 된다.

진실 협정문 어디에도 지적재산권 단속 권한을 미국계 기업이 갖게 된다는 조항이 없다. 지적재산권 집행 권한은 '당사국'으로 명시돼 있다. 한국인, 한국 정부, 한국 기업에 대한 지적재산권 단속 권한은 당연히 한국 정부에 있고, 미국인, 미국 정부, 미국 기업에 대한 지적재산권 단속 권한은 미국 정부에 있다.

한미 FTA로 복제약 생산이 불가능해지지도 않는다. 지금도 특허권 만료 전에 복제약을 시판하면 특허권 침해로 처벌받는다. 복제약 시판 허가와 특허 연계 의무가 도입돼 특허 침해 소지가 있는 복제약 생산이 일부 지연될 가능성이 있지만, 특허 만료된 복제약 생산이 불가능해지지는 않는다. 허가 특허 연계 의무 도입은 오히려 장기적으로 신약 연구 개발 동기를 유발할 것으로 기대된다.

또 추가 협상으로 이 의무의 시행을 발효 후 3년 동안 유예했기 때문에 제약업계의 경쟁력을 강화할 수 있는 시간도 확보했다. 또 한미 FTA로 약값이 상승될 가능성은 높지 않다. 약값은 건강보험심사평가원의 약물 경제성 평가와 국민건강보험공단의 가격 협상에 의해 결정되기 때문이다. 2005년 1월 미-오스트레일리아 FTA 발효 후 오스트레일리아 약값의 변화는 거의 없었다.

11. **주장** 금융자본시장 완전 개방으로 투기 자본의 놀이터로 전락할 것이다. 외국 투기 자본이 국내 은행 주식 100%를 소유할 수 있고, 제재 없이 은행업을 할 수 있다. 이럴 경우 중소기업에 대한 대출 감소로 중소기업이 줄도산하고, 이자율 제한 폐지로 사채 문제가 심각해질 것이다.

진실 사실 무근이며 엄청난 침소봉대다. 한미 FTA에서 금융 및 자본시장의 개방은 여러 가지 유보 사항을 명시하고 있다. 우선 외국 투기 자본이 제재 없이 은행업을 할 수 있다거나 주식 100%를 소유할 수 있다는 주장은 사실이 아니다. 국내 은행 주식 10% 이상 보유는 '국제적으로 승인된 금융 기관'으로 한정된다. 또 그 승인 여부를 우리 정부가 판단하도록 규정하고 있다.

또 한미 FTA 협정은 은행 및 상호저축은행 등이 중소기업 대출을 요구받는다고 명시하고 있다. 산업은행, 기업은행 등 공적 역할을 수행하는 국책 금융 회사들에 부여하는 지급보증, 손실 보전 등의 혜택도 유지할 수 있도록 규정하고 있다. 아울러 외국 대부업자도 국내 대부업자와 동일하게 국내법에 따른 이자율 제한 대상에 포함됐다. 따라서 국내 영업 시 한국의 대부업 회사와 동일한 이자 상한 규정을 적용받는다. 여신 전문 금융업 등은 외국 금융 회사의 지점이 수행할 수 없도록 명시했다.

금융시장을 보호하기 위한 장치도 마련돼 있다. 우선 중대하고 급격한 변동이나 정책 수행에 심각한 지장을 초래할 때는 외국환 거래 정지 등의 조치(단기 세이프가드)를 취할 수 있는 별도 조항이 마련됐다. 아직 국내에 도입되지 않은 파생 상품 등의 신금융 서비스는 국내에 진출한 미국 금융 회사의 현지 법인만 공급할 수 있고, 한국 법률이 허용하는 범위 내에서만 가능하며, 금융 당국이 상품별로 심사해 판매를 허가한다는 등 엄격한 조건을 정하고 있다. 또 소비자 보호, 금융 회사 건전성, 금융 시스템 안전성 확보를 위한 조치는 협정 예외로 둬 언제든지 금융 당국이 조치할 수 있다.

12. **주장** 앞의 11가지 독소 조항은 어떤 상황에서도 재협상을 할 수 없다.

진실 재협상이 불가하다는 규정은 협정문 어디에도 없다. 오히려 개정을 명시한 규정이 있을 뿐이다. "양 당사국은 협정의 개정을 서면으로 합의할 수 있다. 개정안은 양국이 법적 요건 및 절차를 완료했음을 증명하는 서면 통보를 교환한 후 합의하는 날에 발효한다"고 규정돼 있다.

ISD 관련 10가지 해외 분쟁 사례의 실상

정부의 반박을 보면 독소 조항류의 주장이 왜곡과 오해임이 금방 드러난다. 하지만 이 같은 합리적인 해명이 나온 이후에도 잘못된 정보를 확산시킨 당사자들은 온갖 사례를 들어가며 반대를 그치지 않고 있다. 대부분 ISD 제소 사례로 위기의식을 부추기는 내용들이다. 이 사례들도 배경이나 경과를 따져보면 과장과 기우가 태반이다.

구체적으로 사례를 살펴보기 전에 우선 ISD가 초강대국 미국의 영향력 아래 들어가 있어 원천적으로 믿을 수 없다는 우려에 대해 판단해보자. ISD의 주요 중재가 미국의 입김이 센 IBRD 산하의 국제투자분쟁해결센터(ICSID)에서 이뤄지기 때문에 공정한 중재를 기대할 수 없다는 주장이다. ICSID의 중재 재판부 구성은 분쟁 당사자가 한 명씩, 양측 합의로 나머지 1명을 지명하고 합의가 안 되면 사무총장에게 임명권을 주는데 이 과정에서 미국이 개입할 소지가 있다는 우려다.

하지만 이는 현실과 다른 무리한 주장이라는 게 정부는 물론 대다수 학계의 의견이다. ICSID 중재인 명부에 올라 있는 신희택 서울대 법대 교수는 당사국이 중재인을 기피, 제척할 수 있고 중재 심리와 판정이 공개되기 때문에 법관의 양심을 어겨 특정 국가의 편을 들어준다는 주장은 맞지 않다고 말한다. 실제로 NAFTA에 제기된 13건의 ISD 사례 중 중재인이 임명된 4건에서 미국이 2건 승소, 2건 패소했다는 점도 공정성 시비가 타당하지 않음을 보여준다.

법원 판결과 헌법재판소의 결정이 ISD 대상에 포함되기 때문에 사법 주권이 침해되고 사법 체제가 흔들릴 수 있다는 주장도 오해다. 국가 협정인 만큼 행정부뿐만 아니라 사법부, 입법부도 FTA 협정을 준수하고 판결도 ISD 제소 대상이 되지만, 중재 판정은 금전적 손해 배상에 국한될 뿐이다. 중재 판정이 정부 조치와 국내법을 무력화시킨다는 주장은 잘못된 것이다.

이제 ISD 분쟁에 대해 반대파들이 제시하는 10가지 피해 사례와 이에 대한 외교부의 해명을 살펴보면 시시비비를 가릴 수 있다. 피해를 잘못 인용한 경우가 많고, 정부가 패소한 사례들의 경우 불합리하고 차별적인 조치가 원인이다. 굳이 ISD가 아니더라도 어떤 형태로든 소송을 당해 피해를 물어줘야 하는 사안들이다.

투자자 패소

1. UPS 사건

| 주장 | 소포우편배달 회사인 미국 UPS가 캐나다 우편공사의 소포 독점 서비스가 법적 위임이 없다는 이유로 캐나다를 제소했다. 캐나다가 패소할 경우, 보조금 지급을 할 수 없어 산간벽지에 우편 서비스를 공급하지 못하게 된다.

| 해명 | 캐나다 우정공사가 자회사인 택배 회사를 과도하게 지원하고 있다며 UPS가 ISD에 중재를 요청한 사건이다. 2007년 6월 UPS 패소로 마무리됐다.

2. 로웬 사건

| 주장 | 미시시피 주 법원이 캐나다 장례업체인 로웬에 대해 공정 거래법 위반 등으로 5억 달러의 손해배상과 징벌적 배상을 판결하자 이 판결이 수용에 해당된다며 제소했다.

| 해명 | 미시시피 주 법원에서 패소한 로웬이 ISD 중재를 요청했지 만 중재 판정부는 로웬의 청구를 기각해 사건이 종료됐다.

제소 철회

3. 트라멜크로 사건

| 주장 | 캐나다 우정공사가 발주하려는 우편 시설 관리 계약 입찰 을 준비 중이던 트라멜크로는 우정공사가 기존 업체의 계 약을 연장하고 입찰 계획을 취소한 것을 NAFTA 협정 위 반으로 제소했다.

| 해명 | 캐나다 우정공사의 우편 시설 관리 계약 입찰 공표를 보고 트라멜크로는 입찰을 준비했다. 하지만 캐나다 우정공사 가 비밀리에 기존 업체와 계약을 연장해 트라멜크로를 우 롱한 사건이다. 나중에 트라멜크로는 제소를 철회해 사건 이 마무리됐다.

양자 합의

4. 벡텔 대 볼리비아

| 주장 | 볼리비아가 미국 벡텔에 수도 사업을 매각한 후 물값이

4배로 치솟아 주민들이 봉기했다. 결국 수도 사업권이 취소되고 ISD 제소로 합의를 봤다.

|해명| 볼리비아 정부의 부당하고 불합리한 수도 정책이 주민 분노를 유발한 사례다. 볼리비아 정부가 수도법을 제정해 수자원의 사적 이용을 막고, 수도 사업에 보조금을 중단해 물값이 상승한 것이다. 미-볼리비아의 FTA 협정이 체결돼 있지 않아 언급 자체가 부적절한 사례다.

절차 종료

5. 센추리온 대 캐나다

|주장| 미국의 영리 병원 센추리온이 한국의 의료보험과 내용이 비슷한 캐나다의 무상의료 제도인 연방보건법을 제소했다.

|해명| 공적건강보험이 아닌 외과 수술 시설에 대한 보건 의료 서비스와 관련된 분쟁이다. 캐나다는 한국과 달리 보건 의료 서비스를 NAFTA 협정 시 개방 대상에서 제외(유보)하지 않았다. 하지만 센추리온이 공탁금을 예치하지 않아 제소 절차가 종료됐다. 논란이 불필요한 케이스다.

투자자 승소

6. 메탈클래드 사건

|주장| 미국 회사 메탈클래드가 멕시코 연방정부에서 폐기물 처리 시설 허가를 받아 투자했지만 지방정부가 식수 오염 문제가

있다며 허가 구역을 생태 구역으로 지정하고 사업 허가를 발급하지 않자 ISD에 제소해 1,700만 달러를 배상받았다.

| 해명 | 연방정부와 주정부의 허가를 받은 메탈클래드가 폐기물 처리장 건설에 착수하고, 상당한 투자를 한 상태에서 관할권이 없는 시정부가 건축 중단을 명령하고 사업 허가를 거부해 정당한 투자가 무력화됐다. ISD가 아니라도 배상이 당연한 사례다.

7. 에틸 사건

| 주장 | 캐나다 정부가 인체 유해성 논란이 있는 가솔린 첨가제 MMT의 수입을 금지하자 미국 회사 에틸이 확실한 증거도 없이 규제한다면 제소해 1,300만 달러를 받아냈다.

| 해명 | 당시 캐나다 정부는 가솔린 첨가제 MMT에 대한 수입과 주 사이의 거래를 금지하면서도 캐나다 내 MMT 생산과 유통은 계속 허용했다. 환경보호를 빌미로 자국내 MMT 생산업체를 우대한 잘못된 조치였다. 캐나다는 에틸과 합의해 사건을 종료했다.

8. 카길 사건

| 주장 | 국가의 조세정책이 무력화된 사례다. 멕시코 정부가 고과당 옥수수시럽 등 설탕 이외의 감미료에 20%의 소비세를 부과하자 멕시코 내 고과당 옥수수시럽 공급사인 카길이

제소해 7,730만 달러를 받아냈다.

|해명| 조세정책과 무관한 사례다. 1998년부터 시작된 미국과 멕시코 정부 간 무역 분쟁의 일환으로 멕시코 정부가 보복 조치를 내린 것이다. 멕시코 정부는 위법임을 알면서도 미국계 기업인 카길에 차별적인 과세를 했다.

재판 진행 중

9. 렌코 대 페루

|주장| 납중독을 일으킨 미국 다국적기업 렌코가 페루 정부를 상대로 1조원 소송을 제기했다.

|해명| 중재 판정이 진행 중이다. 페루 정부는 납 생산업체 도런페루(렌코가 최대 주주)의 활동에 따른 제3자 소송에서 무엇이든 책임지기로 약속했다. 하지만 이 약속이 지켜지지 않아 소송이 제기됐다.

10. 과테말라 철도 사업

|주장| 과테말라의 철도 운영 사업권을 딴 미국 회사(RDC)의 자회사(FVG)가 철로 위 불법 거주자를 쫓아내지 않는다고 제소했다.

|해명| 중재 판정이 진행 중이다. 투자자가 철도 운영 사업을 하는데 철로 장비와 시설을 이용하지 못하게 해 큰 손실이 발생한 사례다. 불합리한 차별 조치가 제소된 셈이다.

유성과 지구의 충돌 위험에 대처하는 자세

FTA에 관한 비판은 대부분 사실관계를 왜곡하거나 적합하지 않은 사례로 피해를 과장한 것들이다. 정상적인 정책 수행에서는 실현 가능성이 거의 없는 위험과 특수한 사례를 일반화시켜 잘못 해석한 경우도 많다.

특히 국민들이 민감해하는 의료 분야에서 부풀리기가 심각하다. 병원 민영화, 건강보험료와 의료비 상승, 의약품 시판 허가·특허 연계 제도 도입에 따른 약값 상승 등이 반대파들의 단골 메뉴다. 한미 FTA 반대 집회에 참가한 시민들의 발언을 전한 신문기사에 잘 나타난다. "30대 주부는 발언대에 올라 'FTA로 의료 민영화가 되면 아파도 병원에 못가고 아기 예방접종조차 할 수 없는 지경에 이를지도 모릅니다.' 인천에서 왔다는 여고생도 '의료민영화가 되어 맹장 수술을 받으면 900만원이라는데 그 돈 없으면 죽어야 하느냐'며 목청을 높였다. 이들은 모두 SNS 등을 통해 정보를 접하고 집회에 자발적으로 참석했다고 했다."

저소득층은 의료 서비스를 제대로 받기 힘들게 되고 결국 국내 의료 시스템이 무너진다는 이 같은 주장은 근거 박약이다. 국민건강보험 제도는 한미 FTA 협정 대상에서 제외됐기 때문이다. 영리 법원은 경제자유구역과 제주도로 한정돼 있고, 의료법과 약사법 등 국내법을 어기면 허가 취소나 폐쇄 등의 조치가 가능해 의료보험 체계가 무너질 가능성은 없다고 보는 게 상식적이다. 하지만 반대파들은 명백한 사실은 가볍게 무시하고 현실화될 가능성이 거의 없는 미세한 가능성과 가능성을 연결해 거대한 피해 구조를 만들어내고 있다. 전형적인 침소봉대다. 태양계를 스쳐가는 유성이 지구와 충돌할 가능성이 10,000분의 1 있으니 지구에 도달하기 전에 격추해야 한다는 주장과 별반 다를 바 없다. 또 컴퓨터가 2000년을 인식하지 못해 전산 오류로 대혼란이 발생할 것이라던 Y2K 신드롬도 연상된다.

한미 FTA 조항은 국제적으로 용인되는 것들로 지금까지 많은 나라들 간의 운용에서 합리성이 검증된 형태로 체결됐다. 그런데도 적지 않은 사람들이 FTA에 대해 필요 이상으로 흥분하고 극렬하게 반대하고 있다. 왜곡하고 과장하는 세력이 있기 때문일 것이다. 문제는 이들의 주장을 지식인들조차 제대로 검증하지 못하고 휩쓸린다는 점이다. 한미 FTA가 주권 침해의 소지가 있다며 재협상이 필요하다고 주장한 한 판사가 좋은 사례다. 그는 한미 FTA는 여러 가지 점에서 문제가 있는 불평등 조약일 가능성이 있고, 특히 사법부의 재판 관할권을 빼앗는 점에서 사법 주권을 침해하는 조약이라며 반대운동을 벌였다.

그 판사를 행동으로까지 몰고 간 판단의 근거는 앞에서 예로 든 '12가지 독소 조항'의 잘못된 주장들이다. 그는 협정이 1,500페이지에 달하다 보니 직접 읽는 것을 포기하고 대신 150분 분량의 '을사조약이 쪽팔려서'라는 인터넷 방송을 보고 심증을 굳혔다고 밝히고 있다. 당시 민노당의 이정희 의원, 민주당의 정동영, 천정배, 이종걸 의원, 이해영 한신대 교수, 한홍구 성공회대 교수가 나온 인터넷 방송

토론이다. 판사는 토론 참여자들의 면면을 볼 때 지극히 일방적인 토론이라는 점을 인정하면서도, 이정희 대표와 이해영 교수는 FTA 전문가로서 신뢰할 수 있었다고 평가했다. 그는 방송의 기획 의도가 빤한 데다 민노당의 주장은 조심해서 들어야 한다는 점을 알기 때문에 주장은 배제하고 사실만 확인하려고 노력했다고 한다. 하지만 토론자들의 정치적 성향을 고려하더라도, 한미 FTA가 여러 독소 조항을 품고 있고 사법 주권을 명백히 침해하는 불평등 조약이라는 점에 동의하게 됐다고 적었다.

이후 좀 더 공부한 뒤 그가 지적한 내용은 민노당이 제기한 12개 독소 조항과 별반 차이가 없다. 하나 새로운 지적이 추가 됐는데, 한국에서는 FTA 협약이 국내법과 동등한 지위를 갖지만 미국은 이행 법률 형태로 만들어져 주정부법보다 하위법이라 불평등하다는 주장이다. 이 역시 미국의 입법체계와 실효성을 이해하지 못해 생긴 오해다. 미국은 입법 편의를 위해 국제통상계의 헌법이라 할 수 있는 WTO까지 이행 법률 형태로 제정했다. 하지만 대법원 판례에 따라 한미 FTA처럼 의회 감독 아래 체결하고 비준된 협정은 연방법과 동등하고 주 정부법에 우선한다.

그는 "도대체 어떻게 이렇게 줄 것은 다 내어주고 받을 것은 하나도 못 받은, 도저히 이해하기 어려운 협정이 맺어지게 되었을까"라는 심각한 문제 제기로 글을 마무리 지었다. 대한민국 판사가 대한민국 최고 관료 집단, 최대 정치 집단, 2대에 걸친 최고 통치자의 자질과 정체성을 근본적으로 의심하게 된 것이다. 참과 거짓을 판별하는 전문가인 판사조차 진위 판단에 혼선을 빚은 것은 그만큼 왜곡과 과장이 대담하게 전개되고 있다는 방증이다. 합리주의로 무장해야 할 판사가 FTA 주역들을 나라 팔아먹은 매국노라 칭하는 극단주의자들과 생각을 공유하게 된 것은 기형적인 상황이다.

한미 FTA에 대한 또 하나의 주요한 비판은 철 지나고 바닥이 드러난 미국식을 이식한다는 공격이다. 협정 하나로 미국 제도가 도입된다는 주장 역시 근거가 부족하다. 세계 최대 시장과의 교역 확대를 위해 국제적으로 통용되는 법칙을 선별적으로 도입하는 것에 불과하다. 미국 상품이나 서비스 중 합리적이고 선진적인 것은 적극 도입하는 반면 좋지 않은 시스템은 차단하는 보호 장치를 마련하고 있다.

사법과 행정 주권의 포기라는 말도 오해다. 글로벌 지역 경제권 구축 과정에서 헌법의 위임에 따라 일부 주권 사항에도 상호 합의한 것일 뿐이다. 모든 국제 협정에서는 항상 있는 일이다. 유로존이 당면한 위기를 해결하고 경제 통합의 효율성을 높이기 위해 독일과 프랑스 주도로 주권국의 핵심인 재정정책권까지 유럽중앙은행(ECB)의 통제를 받는 높은 수준의 재정 협약을 결의했다. 상호 양보를 통해 더 큰 공동의 이익을 얻을 수 있다고 판단한 것이다. 낮은 수준의 경제 통합인 FTA를 하면서 합리적 분쟁 조정 절차에 합의한 걸 주권 포기로 공격하는 것은 지나친 반응이다.

사실관계를 무시한 괴담 수준의 논리가 죽지 않고 악을 쓰는 것을 보면 어느 시인의 말이 떠오른다. "거짓을 퍼뜨리는 자가 살아 있는 한 거짓은 결코 죽지 않는다." 그 시인은 '진실을 퍼뜨리는 사람이 살아있는 한 진실도 절대 죽지 않는다' 는 말도 덧붙였다. 편견 없이 사실을 기준으로 판단한다면 FTA에 관한 진실과 거짓은 쉽게 가려낼 수 있다.

FTA 반대 논리 중 거의 유일하게 공감할 수 있는 내용은 FTA가 불공정 무역이라는 것이다. 한국이 세계 최대 시장인 미국 시장에서 특혜를 받는 것이 제3국의 진출 기회를 박탈하는 불평등 게임이라는 인류애적 주장이다. 공정 무역이 나름의 의미가 있는 것처럼 일정 부분 타당한 얘기다. 한국 때문에 세계 최빈국 짐바브웨 국민들이 미국 시장에 진출할 기회를 상실해 더 고통받게 될 가능성이 있다. FTA를 하지 않고 전 세계가 동일한 조건으로 경쟁하는 것이 페어플레이다. 그런 생각에서 DDA 등 WTO 차원에서 오랫동안 논의가 진행 중이다. 하지만 합의를 맺지 못해 그 대안으로 FTA의 쌍무 협정이 활발해졌다. 다른 나라들이 쌍무 협상으로 이미 불공정 경쟁 구조를 구축하고 있다면 한국도 따라갈 수밖에 없다. 고립된 섬과 같은 주체 경제가 목표가 아니라면 힘이 지배하는 냉정한 국제 시장의 논리를 따를 수밖에 없다. 미국과 FTA를 맺지 않은 중국이나 일본과 정정당당하게 승부하기 위해 FTA를 유보해야 한다는 주장은 아무래도 한가하다.

한미 FTA가 매도되는 진짜 이유

FTA는 세계경제를 움직이는 주요한 질서중 하나다. 각국의 FTA를 향한 움직임을 보면 알 수 있다. 일본은 EU 미국과 잇따라 FTA를 체결한 한국에 선수를 뺏겼다는 위기감에 만회를 서두르고 있다. TPP를 메이지 유신에 이은 '제2의 개국'으로 부를 만큼 FTA에 매진하고 있다. 일본 여론도 찬성이 압도적이다. 한국과의 경제협력협정 협상을 재개하자고 제안했다.

중국 역시 지난 2001년 WTO 가입 이후 FTA 체결에 적극적이다. 중국은 아세안과의 협정을 비롯해 총 10개의 FTA를 체결했다. 협상 중인 곳도 오스트레일리아, 아이슬란드, 노르웨이, 스위스, 걸프협력회의(GCC), 남아프리카관세동맹(SACU) 등으로 많다. 또 한국, 인도, 몽골과의 FTA도 적극 준비하고 있다.

한국은 8개의 FTA를 체결했다. 그중 유독 한미 FTA만 극단적인 반대에 부딪치고 있다. 이 대목에서 한미 FTA가 공격받는 진짜 이유가 짐작된다. 바로 상대가 미국이기 때문이다. 더 정확히는 미 제국주의이기 때문이다. 미국은 제국주의 국가로 전 세계의 민중을 착취하는 자본주의적 질서의 중심에 있고, FTA는 제국의 세계 지배 전략의 일환이라는 생각이 좌파들의 총력 투쟁을 부르고 있다는 생각이다. 이들은 신자유주의라는 이름 아래 자본주의가 지난 30년간 열성적으로 추진하고 있는 지리적 재편의 수단이 FTA라고 진단한다. 미국의 주도와 강요로 체결된 FTA로 전 세계의 신자유주의적 구도가 강화되고 있으며, 체결 상대국의 노동자들은 더 열악한 삶으로 내몰리고 있다고 주장한다.

좌파들은 FTA를 제국주의와 거대 자본이 기획한 정교한 수순이며 국경을 넘나드는 착취 제제의 완성으로 이해한다. 이 같은 생각은 사실 FTA뿐만 아니라 자본주의적 질서 전반에 대한 시각이기도 하다. 2차 세계대전 이후 국제 질서를 규율하던 '관세 및 무역에 관한 일반 협정(GATT)' 체제 하에서 이윤율 저하로 위기를 맞게 된 자본이 이를 타개하고 제국주의 시장 확대를 지속하기 위해 1995년 WTO 체제를 출범시키고, FTA를 활용해 신자유주의적 구조 조정을 단행 중이라는 일련의 판단이다.

선동과 사실에 대한 왜곡이 판치는 이유도 바로 반드시 이겨야 하는 자본주의 및 미 제국주의와의 투쟁이라는 시대착오적 대결 의식 때문이다. 사실 미국은 FTA를 긍정적으로 평가하긴 하지만 주도하는 입장은 아니다. 미국이 발효 중인 FTA는 한미 FTA를 포함해 12개, 대상 국가는 18개국에 그친다. 미국이 맺은 대표적 FTA이자 이후 FTA 체결이 봇물을 이룬 계기로 작용한 NAFTA도 멕시코의 요청으로 이뤄졌다. 한미 FTA 협상 역시 가장 반미적이라던 노무현 정부가 의지를 가지고 추진했던 일이다. 그런 점에서 미국이나 선진국이 FTA를 통해 자신들의 이익을 강요하고 개도국을 굴복시켜 나간다는 주장은 근거가 없다.

좌파적 시각의 FTA 반대 움직임은 다른 나라에서도 쉽게 발견된다. 반자본주의적 전통이 강한 멕시코에서는 NAFTA, 남미 FTA 등은 전부 미 제국주의 정책의 일환이라는 말을 쉽게 들을 수 있다. 2006년 대선 당시, 집권하면 NAFTA 재협상을 하겠다고 공언했던 로페즈 오브라도르(Andres Manuel Lopez Obrador) 멕시코 민주혁명당 후보는 '나는 현대 21세기 좌파'라고 자처했던 인물이다. 캐나다의 좌파 정치학자이자 사회운동가인 데이비드 맥낼리(David McNally) 교수는 'NAFTA 체결 후 15년 만에 멕시코 인구의 80%가 빈곤 상태에 빠졌다'고 주장한다. 앞서 살펴본 것처럼 이는 명백히 사실이 아니다. 멕시코의 빈부격차는 개선됐으며 농민 등 저소득층은 구조적인 빈곤으로부터 벗어나는 계기를 맞았다.

결국 FTA를 둘러싼 논쟁을 이해하고 갈등을 해결하기 위해선 다시 한 번 마르크스주의와 조우하고 경쟁하지 않을 수 없다. FTA가 선진국의 은밀한 세계 지배 전략이라는 좌파들의 해석이 나온 배경과 그 주장의 타당성을 추적해보자.

7장

마르크스 콤플렉스와의 결별

🔧

구소련 붕괴 20년 만에 되살아난 마르크스

아큐파이 운동이 발발하기 2년여 전인 2009년 4월, 한 여론조사 결과에 미국이 떠들썩해졌다. '자본주의와 사회주의 중 어느 것이 더 좋은 체제라고 생각하십니까'라는 질문에 자본주의를 선택한 사람이 52%로 절반을 겨우 넘겼기 때문이다. 나머지 중 20%는 사회주의를 더 좋은 체제로 지목했고 27%는 잘 모르겠다고 답했다. 30대 이하에서는 37%가 자본주의를, 33%가 사회주의를 선택해 거의 차이가 없었다. 여기서 사회주의를 선택한 33%와 모르겠다고 답한 30%를 합치면 63%라는 압도적 다수가 자본주의를 신뢰하지 못하고 있음을 알 수 있다.

말 많은 미국답게 이 결과를 놓고 논쟁이 활발했다. 리먼브러더스 파산에 따른 금융위기 확산의 여파라던가, 마르크스주의가 아니라 어떤 형태의 혼합경제를 사회주의로 상정하고 응답했을 것이라는 의견이 우세했다. 사회주의권 패망 이후 20년을 독주해온 자본주의에 경고음이 울렸다는 공감도 많았다. 특히 젊은이들이 직장을 잡지 못하고 루저로 전락하는 건강하지 못한 미국의 사회상을 반영한 것이라는 반성이 잇따랐다.

논쟁은 그렇게 마무리됐지만 2011년 9월 17일 일단의 젊은이들이 뉴욕 주코티 공원에 모여 1%의 상징인 월 가를 점령하자는 운동을 시작했다. 아큐파이 운동에서 마르크스의 그림자를 찾는 것은 어렵지 않은 일이다. 시위대에서 '마르크스가 옳았다'는 목소리를 내는 사람들이 적지 않았다. '99%여 뭉치자'는 주장 역시 저 유명한 《공산당선언》의 '만국의 프롤레타리아여 단결하라'던 마지막 구절과 심리적으로 닿아 있다. 시위대들이 저항의 대상으로 지목한 1%는 자본주의를 대신한 대리인의 이름일 뿐이다.

미국의 유명 사회주의 평론지인 〈먼슬리리뷰〉는 굳게 쥔 노동자의 팔뚝과 주먹 모양을 아큐파이의 상징 이미지로 2011년 11월호부터 표지에 고정 배치하는 파격적인 편집을 선보였다. '세계 3대 좌파 저널' 중 하나로 꼽히는 이 잡지는 '하버드 대학의 마르크스주의자' 폴 스위지(Paul Sweezy) 교수에 의해 1949년에 창간되어 미국 사회주의 운동에 불을 지폈다. 잡지 편집인 존 벨라미 포스트(John Bellamy Foster)는 아큐파이 운동의 역사성과 중요성을 평가하는 글도 실었다. 아큐파이 운동에 대한 마르크스주의자들의 강력한 지지와 높은 기대감을 엿보기에 충분하다.

아큐파이 운동은 개도국뿐만 아니라 유럽의 선진국으로 빠르게 확산됐다. 베를린 장벽 붕괴와 함께 사회주의가 백기를 든 지 정확히 20년 만에 마르크스가 다시 전 세계 민중의 피를 데우고 있는 것이다. 자본주의가 고도화되고 세계화되면서 나타나는 새로운 문제와 모순들이 죽은 마르크스를 관 속에서 불러낸 형국이다. 자본주의를 이끄는 미국과 유럽이 동시에 미증유의 경제 위기를 맞고 있는 점이 결정적 계기가 됐을 것이다.

우리나라의 상황도 비슷하다. 한때 젊은이들을 사로잡았지만 1990년대로 접어들면서 퇴조했던 마르크스적 대안에 관한 열정이 되살아나고 있다. 당시 광화문의 시위대에서뿐만 아니라 사회주의자임을 거침없이 밝히는 젊은이들을 일상에서도 목격하는 당황스러운 상황을 맞고 있다. 다양해지고 자유로워진 우리나라의 발전상이 반영된 것이겠지만 마르크스에의 탐닉은 소모적이고 파괴적임을 역사가 증명하고 있다. 사회주의적 지향은 시장경제에 대한 오도된 인식과 유토피아에 대한 비이성적 공상에 기반을 둔 것일 뿐이다. 해법이 아닌 줄 알면서도 설익은 정의감과 남달라야 한다는 강박증에 떠밀려 압도적인 이름과 손쉽게 타협하고 마는 '마르크스 콤플렉스'와 결별해야 한다. 복잡하고 경쟁적인 현실을 회피하고 쿨해 보이는 혁명가 이미지에 편승하는 나태함을 벗어나는 것이 진정한 진보주의자가 되는 첫걸음이다.

자본을 보는 마르크스의 시선, 애매하거나 난해하거나

"통 모르겠습니다." 최고의 경제학자로 거론되는 케인스가 《자본론》을 읽고 밝힌 소감이다. 마르크스가 죽은 해인 1883년에 태어난 케인스에게 극작가 조지 버나드 쇼(George Bernard Shaw)는 마르크스를 일독할 것을 권유했다. 의회 제도를 통한 사회주의 건설을 추구하는 페이비언주의자(Fabianist)였던 쇼가 1930년대 대공황 시대에 케인스에게 마르크스적 해법을 고민해볼 것을 제시했던 것이다. 하지만 케인스는 《자본론》의 주장에 전혀 공감할 수 없다는 답을 돌려줬다.

하버드대 토드 부크홀츠(Todd G. Buchholz) 교수가 쓴 《죽은 경제학자의 살아 있는 아이디어》라는 책에 소개된 케인스의 답변은 이렇다. "《자본론》에 대한 제 견해는 《코란》에 대한 제 견해와 같습니다. 《자본론》이 역사적 중요성을 지닌 책이라는 것은 인정합니다. 영감의 보고요, 만세반석으로 우러러 보는 수많은 이들 중에는 바보가 아닌 사람도 있을 수 있다는 사실 역시 시인합니다. 하지만 직접 읽어보니 이 따위 책이 어떻게 그토록 큰 반향을 불러일으킬 수 있는지 아연해집니다. 지루하고 시대착오적이며 논쟁을 위한 논쟁으로 가득 찬 책이기 때문입니다. 그러나 먼저 말했듯이 저는 《코란》에 대해서도 동일한 견해를 갖고 있습니다. 이러한 책들이 어떻게 불같은 기세로 세계의 절반을 잠식할 수 있었을까요. 통 모를 일입니다. 제 이해에 무슨 착오가 있었음이 분명합니다. 선생님께서는 《자본론》과 《코란》 둘 다 믿으십니까. 아니면 《자본론》만 수용하십니까. 한 가지 분명하게 말할 수 있는 것은 《자본론》의 사회학적 가치가 어떻든 간에 경제학적 가치는 제로라는 사실입니다."

그래도 쇼가 한 번 더 읽어볼 것을 권유하자 케인스는 "선생님께서도 한 번 더 읽겠다고 약속해주시겠습니까"라고 말한 뒤 또 읽었지만 역시 실패했다. 다시 읽은 후 케인스는 "저는 차라리 프리드리히 엥겔스(Friedrich Engels)를 선호합니다. 두 사람이 독특한 논리 전개 방식과 천박한 문체를 하나 개발해냈다는 사실은 알겠습니다. 둘 다 그들의 후학들에 의해 충실하게 답습되었지요. 그러나 그들이 경제학 수수께끼에 대한 실마리를 제공했느냐고 물으신다면 제 대답은 종전과 같습니다. 통 모르겠습니다."

케인스가 살던 19세기 후반부터 20세기 전반까지는 마르크스주의의 위세가 절정이었던 시기다. 작가, 철학자 등 당대 모든 지식인들은 마르크스적 해석과 해법에 영향받았다. 철학자 버트란트 러셀(Bertrand Russell)이 '내가 아는 인물 중 가장 날카롭고 투명한 지성을 가졌다'고 평가한 케인스는 자신의 이론이 평등한 사회 건설을 위한 철학임을 밝히고 부의 불평등 해소에 천착할 만큼 진보적 성향의 인물이었다. 상속세 강화와 저소득층 소비세 감면을 통해 소비 성향을 높여 자본주의를 발전시킬 수 있다는 이론도 전개했다. 그의 개혁적 사상은 당시 영국 보수주의자들로부터 볼셰비즘(Bolshevism)이라는 평가를 받기도 했고, 공산주의자라는 오해도 샀다. 그런 케인스도 《자본론》의 논리 전개를 이해하기 힘들다며 고개를 저은 것이다.

케인스가 이해하지 못했다고 말한 것처럼 마르크스의 이론 전개는 모호하고 애매한 부분이 많다. 마르크스는 사람에 따라 다르게 읽힌다. 생전에 그 스스로 '나는 소위 회자되는 마르크스주의자가 아니다'라고 말할 정도였다. 자신의 생각이 확대 해석되고 왜곡되고 있다는 우려 때문이었다. 한국 마르크스 이론의 대부인 김수행 전 서울대 교수는 마르크스 이론은 추상성이 매우 높다고 말한다. 노동가치설만 해도 '상품의 가치는 그 상품을 만드는 노동량과 같다'고 아주 단순히 정의돼 있다는 설명이다. 각자 나름의 해석과 판단을 덧붙이다 보니 논란도 그만큼 커질 수밖에 없다.

《자본론》도 다른 경제학과 마찬가지로 많은 전제를 두고 있는데, 그 가정의 충족 여부부터 불분명한 게 사실이다. 복잡한 경제 현실을 합리적으로 설명해내는 데 실패한 이유일 것이다. 노동가치설, 이윤율 저하의 경향 등과 함께 마르크스 이론의 핵심인 임금철칙설은 현실과 맞지 않는 가정을 바탕으로 하고 있다. 마르크스는 노동자가 최저 생활 수준의 임금밖에 받을 수 없다는 '임금철칙'을 받아들였다. 자본가는 노동 절약적인 기계를 도입하는 방법으로 임금 상승에 대처한다. 새 기계를 도입하면 생겨나는 실업자인 '산업 예비군'이 있는 한 노동자들은 임금 인상을 요구하기 힘들다. 고용주는 산업 예비군 가운데 적당한 일꾼을 언제든지 찾을 수 있기 때문이다.

일견 타당해 보이는 이 논리는 노동조합을 비롯한 수많은 법적 보호 장치가 있는 현실과 부합하지 않는다. 법이 아니더라도 최저 임금만을 고집하는 고용주는 성숙하고 발전된 시민사회의 견제를 감당하기 힘들 것이다. 임금철칙설은 19세기에는 혹시 맞았을지 모르지만

21세기에는 어울리지 않는다. 부를 축적한 거대한 중산층의 형성에 있어서도 이론의 허점이 드러난다. 마르크스는 생산 단계에서 자본가와 노동자만 존재하는 단순 사회를 상정했지만 실제로는 지주, 농민, 소상인, 외국자본 등 다양한 주체가 있다. 케인스가 경제학적 가치를 제로라고 말한 이유도 같은 맥락일 것이다.

마르크스는 자본주의의 근본적인 문제점을 생산수단의 사적 소유에서 찾는다. 생산력 증대에 따른 이윤이 노동자에게 돌아오지 않고 생산수단을 소유한 자본가에게 귀속된다고 해석한다. 이 같은 구조가 자본가의 오판을 불러 생산이 시장 수요와 어긋나게 되면 주기적인 공황으로 이어진다고 봤다. 이 모순은 생산의 무정부성에 의한 것이므로 정부가 생산수단을 소유하고 계획적 생산에 나서면 문제를 해결할 수 있다는 게 그의 판단이다. 국유화된 생산수단을 이용한 정부의 계획에 따라 노동자는 능력만큼 일하고, 일한 만큼 소득을 얻을 수 있다는 주장이다. 마르크스가 제시한 자본주의의 공황론은 타당한 측면이 있다. 하지만 이 약점에 대해 주류 경제학은 대응책을 찾고 있는 상황이다. 마르크스가 해법으로 제시한 계획경제는 70여 년에 걸친 사회주의 실험에서 비효율성을 스스로 드러내고 말았다.

김수행 교수는 2007년 서울대 교수직에서 정년 퇴임하면서 마르크스의 자본주의 비판의 핵심을 다음과 같이 표현했다. "자본가는 드라큘라와 같이 임금노동자의 노동(피)을 착취하면 할수록 그 만큼 더 돈을 벌게 된다. 이윤 추구가 목적인 이상 노동 강도 강화, 근무시간 연장, 임금 저하 같은 방법으로 이윤을 내는 것이 자본주의의 기본이다. 그 원칙은 지금도 전혀 변하지 않았다. 그래서 노동자와 자본가는 갈등과 투쟁을 피할 수 없다는 게 자본주의 논쟁의 핵심이다."

주지하는 것처럼 사회주의 실험이 실패로 끝냈고, 무너질 것이라던 자본주의는 진화를 거듭하며 장점을 입증했다. 그런데도 김 교수는 150년 전 열악한 초기 자본주의에 대한 마르크스의 결론을 변함없는 과학으로 자신하고 있다. 신자유주의 이론을 설계한 '경제적 자유주의의 가장 위대한 대변자' 하이에크는 일생을 마르크스와 고독하게 투쟁한 데다, 시대의 라이벌 케인스의 명성에 가리는 불운을 겪었다. 하지만 하이에크의 말대로 붕괴된 것은 자본주의가 아니라 사회주의였고, 시장 위에 군림하던 케인스 신화도 무너졌다. 미국과 영국, 두 종주국은 그의 이론을 정책으로 채택해 아직도 자본주의 실험을 전개 중이다. 하이에크는 막판 한판승으로 학문과 인생에서 최종 승리자가 됐다. 한국에서도 백발 노교수의 학문적 신념과 성취가 그에게 최종 승리를 안겨줄 수 있을지 궁금해진다.

현실을 설명하지 못하는 노동가치설·사적유물론

'상품의 가치는 그 상품을 만드는 노동량과 같다'고 정의한 노동가치설이 마르크스 이론의 핵심이다. 마르크스 이전에 이미 스미스는 '세상의 가치는 근본적으로 금이나 은이 아닌 노동에 의해 결정된다'며 상품이 가치를 지니려면 반드시 노동의 산물이어야 한다'고 주장했다. 또 '상품의 교환가치는 그것을 생산하는 데 투입된 노동량에 의해 규정된다'며 노동가치설의 단초를 제공했다. 하지만 이는 자본가나 지주가 없는 미개한 사회에서만 타당하다는 이유로 스미스는 후일 노동가치설을 포기했다. 기계, 설비 같은 생산 조건이 달라지면 같은 양의 노동에 의해서도 생산물의 양이 달라지기 때문이다.

스미스가 폐기한 이 노동가치설은 리카도를 거쳐 마르크스에 계승되면서 자본가계급을 타도하고 자본주의 체제를 전복시키려는 혁명운동의 이데올로기적 기반이 되었다. 노동가치설에 대한 비판적 설명은 많다. 2시간 정도면 배달해주는 퀵 서비스의 가격이 1~2일 걸리는 택배보다 더 비싸다는 점만 봐도 그렇다. 도널드 트럼프(Donald Trump)라는 미국의 부동산 부자가 자신의 이름값이 70억 달러에 달한다고 스스로 분석해 화제를 모은 것처럼, 노동가치설로 브랜드 가치의 존재를 설명하기 어렵다. 과학기술이 고도로 발달된 사회와도 맞지 않는다. 기술이 전체 가치 창출의 90% 정도를 차지하고 인간, 자본, 자원이 중시되는 상황에서 노동만이 가치를 창출한다고 말하기는 힘들다. 한 나라의 경제성장에 투입된 노동과 자본 외에 기술, 문화, 제도 등의 요인이 기여하는 비중이 절반을 넘는다는 게 요즘 경제학자들의 실증 분석 결과다.

노동가치설이 잘못된 전제이면 자본가가 노동자들이 생산한 잉여가치를 착취하고 있다는 《자본론》의 대명제는 성립하지 않는다. '이윤율의 경향적 저하'라는 자본주의 위기론 또는 붕괴론의 핵심 논리도 깨질 수밖에 없다. 이윤율은 투자 자본에 대한 이윤의 비율을 말한다. 마르크스는 생산성 증가를 위해 생산, 설비 등 불변자본을 증가시키면 유일한 잉여가치 산출의 원천인 노동량의 투입이 감소해 결국 이윤율을 저하시킨다고 분석했다. 이윤율 저하의 법칙은 자본주의적 생산에 내재돼 있는 모순이기 때문에 자본주의는 필연적으로 붕괴할 것이란 논리를 전개했다. 또 마르크스의 노동가치설을 인정해주더라도 자본 절약적 기술의 발달, 불변자본 요소의 저렴화, 자본 회전율 상승 등으로 자본주의는 이미 이윤율 저하 경향을 저지하거나 극복했다는 분석도 제기된다.

노동가치설에 대한 학문적인 반박 논리도 많다. 대표적인 이론은 마르크스보다 50여 년을 앞서 살았던 장 바티스트 세이(Jean Baptiste Say)라는 프랑스 경제학자가 정립한 효용론이다. 세이는 스미스의 사상을 계승했지만 노동가치설은 부정했다. 상품의 교환가치는 생산에 투하된 노동량이 아니라 상품의 효용이 결정한다고 분석했다. 가치의 본질은 효용이며, 생산은 물질이 아닌 효용의 창조라고 본 것이다. 실제로 시장에서도 효용이 인정되면 노동이 거의 투입되지 않은 재화도 교환된다. 유전, 광천, 수력, 토지 등이 노동 투하와 무관하게 가치를 가지는 이유다.

세이는 상품의 효용을 창조하는 힘은 노동력뿐 아니라 자연력인 토지와 자본에도 존재한다고 분석했다. 유명한 '생산의 3요소설'이다. 따라서 토지, 자본, 노동의 구분은 무의미하며, 이 셋이 협력해 '생산적 봉사'를 제공한 대가로 주어지는 보수가 지대, 이윤, 임금이다. 자본가는 자본에 대한 이윤과 경영 노동에 대한 임금을 합친 것을 보수로 받는다.

세이는 모든 노동은 서비스, 즉 사용가치를 만들어내기 때문에 생산적이며, 상품을 생산하는 노동뿐만 아니라 기업가의 활동도 생산적이라고 진단했다. 따라서 자본주의 사회의 계급투쟁은 오해의 결과이거나 지나친 탐욕의 소산이라고 강조했다. 토지, 자본, 노동 보유자들이 서로 협력해 효용을 생산하고 사전에 합의한 대로 지대, 이윤, 임금을 받는 과정을 착취, 기만, 억압이라는 말로 얽어매는 것은 불합리하다고 주장했다. 이자는 자본의 서비스에 대한 보수이고, 지대도 농업 기업가의 임금일 뿐이라는 설명이다.

효용론은 자본주의적 시스템의 기본 원리를 발견했다는 높은 평가를 받는다. 카를 멩거(Carl Menger) 등 오스트리아학파에 의해 한계효용론으로 발전돼 근대 경제학이 꽃피우게 되는 토대를 제공했다. 한계효용론은 하이에크와 루트비히 폰 미제스(Ludwig E. von Mises) 등에 영향을 미쳐 사회주의 계획경제에 대비되는 자유시장경제이론의 정립에 크게 공헌했다. 한계효용 개념은 일반균형이론, 후생경제학 등의 기초가 됐고, 미분과 적분 등 수학적인 방식으로 효용의 크기를 계산해내면서 오늘날 주류의 자리를 차지한 계량경제학의 길을 여는 데도 기여했다.

마르크스 이론의 다른 한 축인 사적유물론도 역사를 과도하게 단순화했다는 비판을 받는다. 인간 사회의 발전에 관한 마르크스의 학설인 사적유물론은 역사에 변증법적 유물론을 적용한 역사관으로 유물사관이라고도 한다. 사회가 발전할수록 내부에서 모순이 싹트지만 그것을 해결하면서 새로운 사회로 발전해간다는 이론이다. 소유관계를 매개로 한 계급투쟁으로 인류 역사를 파악한 것이다. 사적유물론은 생산의 주체인 노동자의 창조적 정신이 역사 발전의 관건이며, 이를 가로막는 낡은 사회제도와 국가 형태는 붕괴될 수밖에 없다고 분석한다.

하지만 사적유물론 역시 역사의 전개 과정에 대한 자의적 해석이 과도하다는 지적을 받는다. 마르크스와 엥겔스는 원시공산사회, 고대노예제, 중세봉건사회, 자본주의를 거쳐 공산주의(사회주의)로 간다는 '역사 발전 5단계' 이론을 주장했다. 하지만 역사 발전이 변증법적 전개 과정이라고 주장하여 공산주의가 도래하면 역사 진행이 멈춘다는 것은 비논리적이라는 지적에 대한 설명이 궁하다. 인간의 고난이 끝나고 나면 천국이 온다는 《성경》의 논리와 유사한 셈이다. 자본주의 붕괴라는 이론 전개에 초점을 맞추다 보니 역사 발전 과정을 단선적으로 이해하는 오류를 범하고 말았다.

자본주의는 부도덕한 질서인가

마르크스가 《자본론》을 집필하던 19세기 중반의 유럽 산업사회는 혼란스러웠다. 농노제도와 신분제도에 기반을 둔 지배계급이 봉건 왕조에서 부여받은 특권과 식민지에서 약탈을 통해 재산을 모아 최초의 자본가계급을 형성했다. 마르크스는 초기 자본주의의 부당한 재산 축적과 이로 인한 계급분화를 받아들일 수 없었을 것이다. 그가 "자본은 머리에서 발끝까지 모든 땀구멍에서 피와 오물을 흘리면서 태어났다"고 주장한 이유다.

마르크스는 자본주의가 부도덕한 질서라고 단정했다. 자본주의 사회를 역사 발전 과정에서 나타난 일시적이고 불합리한 상태로 진단한 것이다. 그는 이 부도덕한 질서를 지탱하는 힘을 국가로 보았다. 소수의 자본가가 국가라는 제도화된 폭력을 통해 다수의 노동자를 지배한다고 봤다. 제도화된 폭력이란 경찰, 군대 등을 말한다. 마르크스는 국가를 '부르주아지(자본가계급)의 일상사를 처리하는 위원회'로 판단했다. 빈곤에 지친 노동자들의 몸부림이 좌절되는 당시 상황과 자신이 받은 정치적 박해 등이 이 같은 생각의 배경이 됐을 것으로 짐작할 수 있다.

마르크스의 사고는 그가 생존한 19세기적 상황에서는 어느 정도의 타당성을 얻을 수 있을 것이다. 하지만 민주주의가 정착돼 교육받은 이성적 국민들이 자유의사로 대표를 선출하는 21세기의 국가를 2세기 전처럼 프롤레타리아를 억압하는 기제로 볼 수 있을까. 미국의 오바마, 영국의 데이비드 캐머런(David Cameron), 독일의 앙겔라 메르켈(Angela Merkel) 등의 지도자를 자본의 이익에 복무하는 도구에 불과하다고 보는 것은 억지스럽다. 만약 일정한 사안에서 자본의 편을 든다면 그건 특정한 조건과 시기에서 그 방식이 공동체를 위해 유익하다는 고민과 공감대에 기초한 판단일 것이다. 설사 특정 부분에서 자본과의 타협이 있다고 해서 그 정부나 국가를 자본에 종속된 것으로 보는 시각은 지나친 순결주의다.

국민의 대표인 의회나 사법부 등의 상부 구조가 자본가들의 입김에 좌우된다고 본 마르크스의 견해 역시 과도하다. 일부 타락한 멤버가 있을 수 있겠지만 그렇다고 전체를 부정한다면 인류가 투쟁으로 일궈온 민주주의와 문명, 지성을 부정하는 것에 다름 아니다. 프롤레타리아 계급만 선이라는 발상도 독선이자 위선이다. 반면 마르크스와 비슷한 시기를 살았던 신고전학파 경제학자들은 스미스의 견해를 이어받아 자본주의를 인간 본성이 부합하는 자연스럽고 지속 가능한 질서로 판단했다. 마르크스가 단죄한 자본주의적 질서에 대해 '모든 사람이 자신이 생산한 만큼 분배받는 정당한 질서'라며 인정하고 옹호했다. 이들은 계급투쟁의 시각으로 경제 현상과 역사를 분석한 마르크스와 달리 계급의 존재 자체를 부정했다.

마르크스를 사랑하되 마르크스주의와 결별해야

노벨 문학상을 수상했던 극작가 쇼의 사회주의에 대한 애정을 앞서 잠깐 언급했지만 19세기와 20세기의 수많은 지성들은 마르크스의 영향을 받았다. 독일 문학을 세계적 수준으로 높였다는 평가와 함께 독일 교양시민문화의 적자로 불린 토마스 만(Thomas Mann)도 그중 한 사람이다. 그는 정치적 인본주의가 오직 사회주의라는 제도를 통해 실현될 수 있다고 말했다. 물론 사회주의자로 전향하면서 사회주의는 프롤레타리아 계급독재가 아닌 민주주의로서의 정체성을 지녀야 한다는 단서를 달았지만, 사회주의적 이상에 경도된 점은 분명했다. 그만큼 마르크스는 그 시절 지식인들을 매료시켰다. 마르크스가

19세기 자본주의 사회의 부패와 모순을 해석하고 대안을 제시하고자 노력했기 때문이다.

하지만 마르크스의 이론은 독단적이고 보편적이지 못하다는 점이 역사 속에서 입증됐다. 마르크스의 시각은 가치가 있지만 마르크스적 접근만이 옳다는 흑백논리는 벗어나야 한다. 마르크스주의는 역사와 현실을 설명하는 여러 틀 중의 하나로서 의미가 있지만, 그것을 절대 진리라고 고집한다면 도그마가 된다. 많은 학자들은 마르크스주의의 경제학적 가치는 대부분 상실됐지만 사회학적 가치는 여전하다고 진단한다. 그것이 더 나은 세상에 대한 인간의 꿈을 얘기하고 있기 때문이다. 그래서 결별의 대상은 마르크스라기보다 마르크스주의이다.

마르크스는 자본주의가 오늘날의 성취를 가능하게 한 인물이라는 역설적 평가도 받는다. 자본주의에 대한 마르크스의 진단과 대안은 상당 부분 틀린 것으로 드러났지만, 그의 분석과 인식은 자본주의의 타락을 막고 전진을 이끄는 견인차가 됐다. 《자본론》의 가치를 인정하지 않았던 케인스마저도 마르크스가 경제를 과학적으로 이해하는 데 도움을 주지는 못하지만 자본주의의 분발을 촉구하는 역할을 한다고 진단했다. 케인스는 자본주의가 일종의 신앙과도 같은 공산주의를 궁극적으로 이기려면 경제적 효율만으로는 불충분하며, 여러 방면에서 더 능률적이어야 한다고 강조했다. 그의 일반론이 단순한 경제학 이론이라기보다 도덕과 철학으로서의 면모를 갖춘 것도 동시대를 풍미한 마르크스주의의 문제의식에 대해 실천적 경제학자였던 케인스가 내놓은 대답이라는 측면을 갖고 있다. 저이자율정책을 통해 혁명 없이도 금리 생활자의 과도한 이자소득을 제거할 수 있다는 과격한 주장을 전개한 것도 같은 배경일 것이다.

조순 전 총리는 1990년대 사회주의의 잇따른 몰락을 보고 "사회주의는 자본주의를 대체하거나 자본주의에 패배하는 것이 아니라 자본주의의 방부제 역할을 한다. 그 방부제는 자본주의의 진화를 돕는 역할을 톡톡히 하고 있다"고 평가했다. 마르크스는 틀렸지만 새로운 시대를 열기 위한 출발점을 제공했다는 것만으로도 의미가 있다. 혁명을 선동하는 그의 계급론적 관점도 자본주의에 남아 있는 계급적 속성을 제거해나가는 좋은 자극제가 됐다. 그의 모국 독일을 비롯해 유럽과 선진국에서 꽃피우고 있는 복지국가는 그가 꿈꾸던 사회주의의 시장경제 버전이라 할 수 있다.

하지만 자본주의를 개선하기보다 마르크스가 옳다며 혁명이 필요하다는 주장이 여전하다. 이들은 이윤율의 경향적 저하 현상이 뚜렷이 목격되고 있다는 실증 분석을 제시하며 마르크스에 대한 신념을 굽히지 않고 있다. 사실 이 같은 분석은 분석 시기와 데이터를 적절히 선별하면 얼마든지 만들어낼 수 있다. 비교 시점을 외환위기 당시 극심한 침체기로 잡으면 한국 경제가 폭풍 성장했다는 엉뚱한 결론을 이끌어낼 수 있는 것과 같은 이치다. 따라서 마르크스를 검증하기 위해선 학문적인 분석도 좋지만 빗나간 자본주의 붕괴론에 대해 지난 한 세기 동안 그들이 제시해온 변명의 궁색함을 살펴보는 작업이 의미 있을 것이다. 마르크스주의자들은 그들의 예상과 반대로 자본주의가 붕괴되지 않고 진화할 때마다 수정 논리를 만들어 해명하는 방식으로 대처해왔다. 그 주장을 추적하고 결과를 평가하면 마르크스주의의 과학성을 검증해볼 수 있을 것이다. 제국주의론, 국가독점 자본주의, 신식민지주의, 종속이론 등으로 변신을 거듭해온 마르크스주의가 주장한 자본주의 붕괴론이 어떻게 빗나갔는지 살펴보자.

제국주의론, 자본주의 미붕괴에 대한 첫 변명

《자본론》은 총 3권으로 출판됐다. 1권은 마르크스가 1867년에 썼고, 2·3권은 그의 사후 엥겔스가 유고를 모아 1885년과 1894년에 출간했다. 마르크스가 사망한 지 30여 년 만에 러시아에서 첫 공산혁명이 나타났고 동구와 아시아에도 많은 사회주의 정권이 들어섰다.

마르크스의 활동 시기인 19세기 초에는 산업자본주의의 발전이 곧 정지될 것이란 생각이 광범위하게 퍼져 있었다. 고전학파 경제학의 완성자로 불리는 존 스튜어트 밀(John Stuart Mill) 같은 당대의 지성조차 자본주의는 결국 성장이 없는 정체 상태를 초래할 것이라고 진단할 정도였다. 이 같은 분위기는 마르크스와 엥겔스가 10년 주기로 발생하는 불경기가 자본주의를 패망시킬 것이라는 공황이론을 전개하는 자양분이 됐다.

하지만 예상과 반대로 20세기 초반에 들어서자 자본주의는 문제점들을 개선하며 더욱 번영했다. 제국주의론은 자본주의가 패망의 길로 갈 것이라던 자신들의 예상이 빗나간 데 대해 마르크스주의자들이 제시한 첫 번째 이론 수정이라는 지위를 갖는다. 자본주의의 고유한 특징인 팽창정책의 결과가 제국주의이며, 이를 통한 이윤 창출이 자본주의의 붕괴를 막고 있다는 주장이다.

전통적 제국주의는 근대 산업국가가 식민지나 종속 지역을 직간접으로 지배하거나 선진국의 통치자가 자신의 영향력 아래 다른 나라를 두는 것을 의미했다. 당시 과잉생산의 문제를 안고 있던 유럽 열강의 대자본은 국내 투자처를 찾지 못하고 더 높은 이윤을 좇아 아시아, 아프리카, 남미 전 지역에 촉수를 뻗쳤고, 18세기 말에 이미 전 세계를 분할 점령했다. 슘페터가 '사회주의의 감옥(또는 낙원)에서 질식하기(또는 행복을 누리기) 전에 제국주의 전쟁의 공포(또는 영광) 때문에 죽게 될 것'이라고 표현할 정도로 당시는 팽창의 시기였다.

블라디미르 레닌(Vladimir Lenin)은 제국주의를 자본주의 내의 갈등이 심화되는 과정으로 진단했다. 그는 이윤율 저하의 경향에 직면한 자본주의 국가들이 식민지 건설을 통해 팽창을 이어간다며 마르크스의 이론을 손질했다. 레닌의 제국주의론은 루돌프 힐퍼딩(Rudolf Hilferding)에게서 큰 영향을 받았다. 힐퍼딩은 제국주의가 자유무역을 넘어선 발전 단계이며 자본주의의 필연적 과정으로 인식했다. 엥겔스 등 정통 마르크스주의자들이 제국주의를 자본주의의 주변적이고 부차적인 현상에 불과하다고 본 견해를 뒤집은 것이다. 로자 룩셈부르크(Rosa Luxemburg)도 제국주의를 통해 자본주의가 생존을 연장한다는 이론을 전개했다. 그녀는 자본주의의 '필연적 붕괴'라는 마르크스의 예언이 왜 실현되지 않는가라는 의문에 대한 해답을 마르크스의 자본재생산이론 수정에서 찾았다. 자본주의가 폐쇄 체제 내에서 자본 축적 과정을 통해 발전한다고 본 마르크스와 달리 자본주의가 발전하려면 저개발된 처녀지가 지속적으로 요구된다며 당시 정통 마르크스주의로부터 이단으로 취급받은 이론을 제시했다. 처녀지가 고갈된 후에야 자본주의가 자기 파괴적 메커니즘으로 돌입해 최후의 한계에 도달한다는 분석이다.

레닌은 힐퍼딩과 룩셈부르크의 생각을 발전시켜 〈제국주의, 자본주의 최후의 단계〉라는 팸플릿을 1916년 발표한다. 제국주의를 '과도기에 처한 사멸해가는 자본주의'로 정의했다. 그는 제국주의가 경쟁을 심화시켜 이윤율을 더 빨리 하락시키고 결국 전쟁으로 자멸하게 될 것이라고 강조했다. 1914년 터진 1차 세계대전을 이 같은 제국주의적 전쟁으로 파악했다. 소수의 부국과 종속된 다수의 빈국으로 나뉜 진영의 분쟁이 점차 첨예화된다고 본 것이다. 레닌의 이 같은 분석이 나오고서야 마르크스주의는 자본주의가 그때까지 망하지 않은 이유에 대해 해명할 수 있었고, 이 글은 성전의 자리에 올랐다.

아이러니한 것은 사회주의 진영의 자신감을 되살려준 이 제국주의 이론을 최초로 전개한 사람은 자유무역 신봉자인 영국의 존 아킨슨 홉슨(John Atkinson Hobson)이라는 학자였다는 점이다. 그는 당시 대영제국의 해외 진출에 대해 자본가들이 이윤 확보를 위해 여론을 조작하고 정치권을 동원해 대중의 호전성을 자극한 결과라고 해석한 《제국주의》라는 책을 1902년에 출판했다. 홉슨의 분석은 마르크스를 19세기 말 이후의 변화된 세계에 적용할 수 있게 해준 덕분에 마르크스주의자들로부터 뜨겁게 환영받았다.

하지만 정작 홉슨 자신은 제국주의를 극복하는 길은 자본주의 철폐가 아니라 자본가계급이 독주하는 나쁜 정치 구조를 개선하는 것이라고 진단했다. 국가가 모든 계급의 이익을 위해 민주적 통제를 강화하면 자본주의를 발전시킬 수 있다고 본 것이다. 그는 자본주의의 산업 발전이 새롭고 인간적인 세계질서를 가능하게 할 것이라고 생각했다. 자본주의가 약탈적 측면을 제거함으로써 지속적으로 유지될 수 있다고 판단한 것이다. 특히 상류층이 부를 독점한 탓에 빈곤에 허덕이는 대중의 구매력을 높이면 자본주의를 근본적으로 바꿀 수 있다고 믿었다. 과소수요 개념은 나중에 케인스에 의해 재발견돼 1930년대 대공황을 극복하기 위한 유효수효 창출정책으로 이어졌다.

마르크스 진영이 홉슨의 제국주의론을 입맛에 맞게 변형시켜 이론의 실패를 보완하자 많은 자유주의 학자들의 반박이 뒤따랐다. 제국주의는 시대착오적인 지배 형태와 사회구조의 결과로 나타난 특수한 산물일 뿐이며, 자본주의는 제국주의를 필요로 하지 않는다는 것이 이들 주장의 핵심이다. 특히 케인스와 함께 20세기의 대표적 경제학자로 꼽히는 슘페터의 이론 전개는 큰 지지를 받았다.

슘페터는 제국주의를 자본주의 최후의 단계가 아니라 자본주의가 최후 승리를 거둘 때까지 전환기적 현상으로 분석했다. 자본주의가 제국주의로 이전하는 게 아니라 '제국주의적 자본주의'를 '자유주의적 자본주의'와 경쟁 관계로 인식했다. 민주주의가 발달하면 제국주의적 자본주의는 수명을 다하게 될 것이란 진단이다. 그는 제국주의를 자본주의 최후의 단계로 보는 생각은 잘못됐다고 강조했다. 카르텔, 보호주의, 독점자본주의 등도 자본주의 고유의 단점이 아니며 정치적 요인으로 발생한다고 지적했다. 또 제국주의를 가리켜 '국가가 무제한의 무력 팽창을 하는 무목적적인 성향'으로 정의했다. 구체적인 경제적 이익을 좇거나 경향성을 가진 결과로 등장한 게 아니라 전제적인 지배자의 심리적 태도의 산물일 뿐이라는 설명이다. 제국주의는 자본주의 발전의 과정이 아니라 오히려 미개발된 자본주의 국가에 남아 있는 봉건적 사회구조와 의식의 결과라는 게 슘페터의 분석이다.

'현대의 대표적인 정치철학자'로 인정받는 한나 아렌트(Hannah Arendt)와 같은 수많은 자유주의 학자들도 자본주의는 제국주의적 배출구를 필요로 하지 않으며 민주주의가 제국주의적 행태를 소멸시킬 것으로 봤다. 케인스 역시 홉슨의 주장을 계승해 민주주의 국가는 제국주의를 배제하는 길로 경제를 이끌 수 있다고 진단했다.

후진국 혁명 고취 수단으로의 변질

레닌이 자본주의 최후 단계라고 쓴 제국주의는 스탈린과 마오쩌둥[毛澤東]에 의해 사회주의의 혁명 수단으로 활용된다. 레닌은 자본주의가 점점 소수의 부국과 종속된 다수의 빈국으로 분할되고 진영 내의 분쟁이 첨예화될 수밖에 없다고 분석했다. 이는 식민지 국민들의 민족주의를 사회주의혁명을 달성하는 무기로 간주했다는 측면에서 중요성이 있다. 부르주아 이데올로기로 치부, 무의미하다던 민족주의가 레닌에게서 자본주의와의 전투를 위한 든든한 원군으로 인식된 것이다.

이 생각은 이오시프 스탈린(Iosif V. Stalin)에 의해 더 발전돼 제국주의론은 더 이상 부차적인 이슈가 아니라 자본주의 논쟁의 중심부로 진입하게 된다. 스탈린 이전까지는 자본주의 중심부인 선진 산업국가 내부의 모순을 입증하는 것이 마르크스주의자들 논쟁의 중심이었다. 하지만 스탈린은 제국주의론을 발전시켜 주변부 식민 국가들을 고무시키고 혁명을 조직해 제국주의를 멸망시키는 방향으로 이론의 핵심을 전환시켰다.

스탈린은 세계는 소수의 착취 문명국 진영과 다수의 식민지 종속 진영으로 나뉘어졌다고 선언했다. 선진국 노동계급운동과 식민지 민족해방운동은 공동의 적 제국주의에 대해 공동전선을 취할 것을 요구받고 있다는 주장이었다.

스탈린은 식민지 종속국가들이 벌이는 투쟁과 민족해방운동이 세계 자본주의의 위기를 유발할 것으로 기대했다. 이 같은 해석은 1920년대 자본주의가 그들의 예상과 달리 안정적인 발전을 거듭하고 있는 것에 대한 정치적인 전환점 모색의 일환이기도 했다. 제국주의의 식민지적 기반이 점차 상실되고 있어 자본주의는 지속될 수 없다는 주장으로 내부를 다독이면서 식민지 국가들과의 연대를 통해 혁명 열기를 연장하는 돌파구를 찾아낸 것이다. 구소련 공산당이 파시스트와 나치즘에 대해 오판한 것도 경직된 제국주의 이론의 영향이 컸다.

제국주의적 자본주의의 최후 단계인 파시즘에 이어 곧 프롤레타리아의 승리가 올 것이라고 봤다.

중국 공산당 지도자 마오쩌둥은 마르크스레닌주의를 중국 현실에 맞게 발전시킨 사회주의혁명사상을 전개했다. 마오쩌둥주의는 이론적으로는 별다른 평가를 받지 못하지만 실천적으로는 큰 영향력을 발휘했다.

마오쩌둥주의는 마르크스레닌주의의 공식을 기본적으로 받아들인다. 하지만 전시공산주의로 탄생한 탓에 본질적으로 군사적인 특징을 지닌다. 혁명 수단으로 전쟁을 강조하는 점이 가장 뚜렷한 특징이다. 정통 마르크스주의에서는 전쟁을 예외적인 상황이나 혁명적 격변의 부산물로 생각하지만, 마오쩌둥주의자들은 노동계급을 해방시키는 수단으로서 전쟁을 정상적인 것으로 간주한다. 일본 제국주의와 투쟁하던 1935년 마오쩌둥은 '민중이 압제자에 항거해 일어난 세계의 모든 전쟁은 정의이며, 정의로운 전쟁은 서로 지원해야 한다'고 선언했다. 제국주의자들에 대한 대대적인 전쟁을 통해서만 공산주의가 승리할 수 있고, 이 과정에서 제3세계 국가들이 지도적인 역할을 해야 한다는 것이다. 제3세계 국가에 미치는 서구의 영향력은 제국주의이며 민중 폭력혁명만이 제국주의 지배를 타도할 수 있다고 주장했다. 제국주의적 지배를 저개발 국가의 지배계급과 해외 자본이 대중을 착취할 목적으로 공모하는 기제로 본 것이다. 마오쩌둥주의에서 제국주의이론은 자본주의를 과학적으로 설명해내는 역할을 확대해 정치적 행동 강령으로 탈바꿈했다.

제국 시대의 종말과 혼란에 빠진 마르크스주의

자본주의의 발전 과정을 제국주의로 설명한 이론은 한때 큰 호응을 받았다. 특히 1930년을 전후해 대공황이 시작되자 마르크스주의자들은 드디어 자본주의 붕괴가 시작됐다며 마르크스주의의 과학성을 확신하기도 했다. 예브게니 바르가(Evgenii Varga)라는 마르크스주의 학자는 대공황을 예견해 일약 유명해지기도 했다. 당시 자본주의는 공황에서 탈출하는 것이 불가능해 보였다.

하지만 확신은 곧 혼란으로 빠져들고 말았다. 자본주의가 케인스주의적 해법을 바탕으로 대공황을 극복하고, 2차 세계대전을 계기로 식민지 국가들이 일제히 독립하여 제국주의 시대가 갑작스레 막을 내렸기 때문이다. 스페인과 포르투갈이 해외 영토를 포기함으로써 제국주의가 마무리됐지만 그 최후는 자신들이 상정한 모습과 전혀 달랐다. 제국주의로 자본주의 내부의 모순이 증폭되고 노동자들의 불만이 극에 달하면서 정치적 격변이 일어난다는 마르크스적 해석은 실현되지 않았다. 식민 통치의 붕괴가 자본주의에 치명타를 가할 것이라던 스탈린주의적 해석도 빗나갔다. 제국주의가 실질적으로 사라졌지만 예언과 정반대로 자본주의는 건재하게 살아남고 오히려 새로운 도약을 시작하게 됐다. 제국주의 구조에 의존하지 않고도 자본주의의 내부 모순을 극복할 수 있다던 자유주의자들의 주장이 옳았음이 확인된 것이다.

국가가 강력한 재정정책을 통해 수요를 창출하는 방식으로 대공황을 극복해낸 자본주의는 이후 30여 년 이상 성장 가도를 질주했다. 공황이나 경기 침체가 반복돼 자본주의가 쇠퇴할 것이라던 마르크스주의의 핵심 주장들은 실패했다. 제국주의론은 혹독한 비판에 시달렸고 별다른 해명마저 내놓지 못하는 상황에 빠졌다.

하지만 이처럼 마르크스주의자들이 혼란에 빠져 있던 시기에 오히려 자유 시장 진영의 학자들에 의해 적잖은 대안 이론이 등장했다. '비공식적 통제 하에 교역을 하다 필요할 때는 지배하면서 무역을 한다'는 '비공식적 제국주의이론'이 그중 하나다. 영토적 지배에 의해서만 제국주의를 정의하던 데서 벗어나 비통치적 성격의 제국주의적 요인이 지니는 중요성을 강조한 것이다. 남미는 영국의 대규모 해외 투자 우선 지역으로 1810년 이후 비공식적 제국 활동의 주요 무대가 되고 있다는 점을 예로 들어 설명했다. 이 이론은 그럴 듯한 논리로 많은 지지를 받았지만 곧 비판에 직면했다. 역사적으로 볼 때 자유무역주의자들은 제국주의에 반대했다는 기본적인 사실관계와 맞지 않은 점이 드러났기 때문이다. 당시 해외로 진출한 상인이나 은행가들이 자신들의 이익 보호와 확장을 위해 정치적 수단을 사용해줄 것을 요청했을 때 영국 정부는 그 요구를 들어주는 것을 매우 꺼렸다는 점도 여러 문건에서 뚜렷이 확인됐다.

또 독일 사학자 한스 울리히 벨러(Hans-Ulrich Wehler)는 모든 형태의 팽창에 제국주의라는 용어를 적용해 쓰임새를 크게 확장했다. 예컨대 선진국의 수출촉진정책이 저개발국 시장과 직접 관련되는 경우도 제국주의적 형태로 해석했다. 제국주의를 '서구 산업국가들이 세계의 미개발 지역에 확장시켜온 공식적 비공식적인 통제의 종류'로 광범위하게 정의한 것이다.

국가독점자본주의론으로 변신한 제국주의론

레닌과 스탈린이 전개한 제국주의론은 오류로 판명 났지만 마르크스주의자들은 저개발국과 산업국가들과의 관계를 제국주의라는 용어로 설명하는 것을 포기하지 않았다. 이제 많은 신마르크스주의 학자들은 자본주의의 필연적 붕괴가 일어나지 않을 수 있다는 점을 인정하는 상태에서 제국주의이론을 더 가다듬기 위해 노력했다. 그 결과 제국주의는 자본주의와 동일한 의미로 사용되기 시작했다. 서구 국가에 의한 정치적, 경제적 행위는 모두 제국주의적인 것으로 낙인찍혔다. 미국을 미 제국주의라고 부르는 시각이 이런 맥락에서 비롯된 것이다. 이런 논의들은 이론으로서의 가치는 보잘것없지만 정치적으로는 위력을 발휘했다. 실제로 20세기 후반 제3세계에서 받아들여지면서 아시아, 아프리카의 민족해방운동에 유용한 이념적 기반이 됐다.

제국주의론의 바통을 넘겨받아 자본주의를 공격한 마르크스주의자들의 이론적 대안이 '국가독점자본주의론'이다. 당대 영국과 미국에서 각각 최고의 마르크스주의자로 인정받은 모리스 도브(Maurice H. Dobb)와 스위지, 홀가르텐 등이 국가독점자본주의론을 발전시킨 대표학자들이다. 이들은 엥겔스가 '이상적인 집합적 자본가'로 정의한 국가 개념을 체계적으로 발전시켜 정치적인 관점을 부여했다. 자본주의가 경제 전반에서 국가 개입이 증대되는 질적으로 새로운 단계에 접어들었으며 이를 '국가독점자본주의'로 파악한 것이다. 도브는 '국가의 경제통제 체계와 자본가의 소유권이 공존한다'고 주장했다.

또 군국주의적 정책을 통해 국가를 구매력의 창출자로 전환시켜 비생산적인 군비 지출의 형태로 자본주의적 잉여 생산의 상당 부분을 지속적으로 흡수한다고 분석했다. 이에 따라 전쟁 위험은 크게 증대됐다고 진단했다. 제국주의적 자본수출이 제3세계의 민족적 각성에 따른 저항으로 어려워지자 국가가 경제 통제를 확대하는 방식으로 자본수출 기능을 대신한다는 주장이다. 군산 은행 복합체 성격으로 진화한 독점자본은 더 이상 식민지에 의존할 필요가 없으며, 군비가 식민지 기능을 대체하게 된다는 설명이다. 이 같은 독점자본주의로 이행한 덕분에 자본주의 생산의 이윤율 저하 법칙과 생산 체제의 모순이 첨예화되지는 않는다고 분석한다.

논쟁은 점차 다국적기업의 독점에 대한 논의로 발전했다. 이제 제국주의의 실질적인 대표자는 제국이 아니라 거대 독점자본 자체라는 주장으로 이어진 것이다. 국가독점자본주의론은 우리나라에서도 1980년대에 큰 지지를 받았다. 다국적기업의 횡포가 국경을 넘나들고 있으며 FTA는 거대 자본의 요구가 제도적으로 관철되는 기제라고 보는 좌파들의 시각도 그 연장선상에 있다.

하지만 국가독점자본주의는 음모론적 시각에 기반을 둔 무리한 이론 전개라는 지적을 받는다. 제국주의 연구로 유명한 독일 사학자 볼프강 몸젠(Wolfgang Mommsen)은 "거대한 회사들이 국가를 장악하고 있다는 점을 의심하지 않는 국가독점자본주의론의 설명이 현실에 얼마나 부합하는지를 생각해볼 때 극히 회의적"이라며 고개를 젓는다. 이 이론의 주요 생산자였던 '하버드대의 마르크스주의자' 스위지조차 자신이 폴 바란(Paul Baran) 교수와 함께 1966년에 썼던 노작 《독점자본》이 불완전함을 추후 인정했다. 그는 이 책의 출판 25년 뒤인 1991년 〈먼슬리리뷰〉에 실린 독점자본에 대한 25년 후의 회고'라는 제목의 글에서 자본의 성격과 축적 논리를 파악했을 당시 근거했던 마르크스주의적 방법이 근본적인 결함을 갖고 있는 것 같다고 실토했다. 무엇보다 성공적으로 진화 중인 자본주의의 현실과 반대로 역사 속으로 사라진 사회주의의 뒷모습이 국가독점자본주의론의 이론 전개가 무리수였음을 보여준다.

제국주의이론의 결정판 신식민주의론

거듭된 실패에도 불구하고 신마르크스주의자들은 여전히 마르스크의 이론이 기본적인 정확성을 갖고 있다며 자본주의의 모순점을 파고들었다. 그들은 선진국과 개도국 간 경제적 갈등이 나타나고, 둘 사이의 격차가 좁혀지지 않은 채 더 넓어지고 있는 점을 들어 마르크스가 틀리지 않았다는 증거라고 주장했다. 하지만 자본주의 시장경제의 발전과 함께 점차 나라 간 격차가 줄어들고 있음은 앞서 확인한 대로다. 세계화 진전으로 새로운 경제 질서가 구축되면서 경제적 격차가 크게 줄고 있고, 선진국과 개도국 간 대립보다 공생을 추구하는 분위기도 예전에 비해 훨씬 커졌다. 기본적인 사실관계에서부터 오판에 기초해 이론을 모색하니 무리수가 따를 수밖에 없다.

신마르크스주의자들은 제국주의 결과 저개발이 지속되고 있다고 주장한다. 특히 거대 다국적기업의 이익을 위해 선진국들은 저개발국의 경제적, 금융적 의존을 영구화하려 한다고 설명한다. 직접적인 지배는 사라졌지만 선진국의 필요에 의해 식민지 지배 형태가 끊임없이 재생산된다는 진단이다. 이처럼 저개발이론은 개도국이 선진 산업국가에 의존하는 상태가 지속되는 것은 자본주의 체제에 내재된 모순이라고 분석한다. 제국주의는 거대 독점기업의 전 세계 저개발 지역에 대한 통제 기제라는 주장이다. 제국은 사라졌지만 제3세계는 독점자본주의에 의해 식민지 못지않게 착취당하고 있다는 것이다. 아프리카와 아시아 국가들이 독립한 뒤에도 과거 지배 국가들과 맺고 있는 경제 연계와 원조체제가 새로운 형태의 제국주의적 굴레라는 시각이다.

경제 시스템과 정치적 결정이 다른 나라에 의해 조종되는 상황을 가리켜 범아프리카주의 창시자이자 가나 초대 대통령이었던 콰메 은크루마(Kwame Nkrumah)는 '신식민주의'로 부르고 '제국주의의 마지막 단계'라고 상정했다. 신식민주의는 불균등한 무역 관계, 수혜국에 불리한 조건의 자본수출, 무역 조건의 인위적 조작, 개발원조 등의 방식으로 저개발국 민중을 간접적으로 착취하는 시스템으로 설명했다. 아프리카에서 영국과 미국의 경제활동을 비난하고 아프리카의 단결을 호소하는 데 중점을 둔 이론이다. 은크루마는 백인 자본가의 이익에 따라 행동하는 주변부의 '괴뢰정부'가 중요한 역할을 담당한다고 강조한다. 괴뢰정부의 도움으로 제국주의는 제3국을 통제한다는 주장이다. 그는 신식민주의 때문에 제3세계에서 벌어지는 정권 차원의 부패는 구조적으로 공고해진다며 '제국주의 최악의 형태'라고 분석했다.

우리나라에서는 신식민주의이론의 인기가 높다. 미 제국주의의 경제 원조를 통해 성장했기 때문에 우리나라는 의존적일 수밖에 없으며 미국의 식민지나 다름없다는 좌파 주장의 근거가 되고 있다. 이들은 친미 정부와 친미 지도층을 통해 불균형 무역 관계가 유지되고 미국은 세련된 방식으로 우리나라를 착취하고 있다고 주장한다. 북한이 호전적인 목소리로 읊어대는 미 제국주의와 남조선 괴뢰정부라는 선동 구호도 신식민주의에 기초하고 있다. 1980년대 소위 사회 구성체 논쟁에서 우리나라를 '신식민지 국가독점자본주의'로 볼 것이냐 '식민지 반자본주의'로 볼 것이냐는 논쟁을 달아오르게 만든 이론적 배경이기도 하다.

신식민주의이론은 오늘날 저개발국에 대한 강대국의 불합리한 개입과 같은 국제 질서의 단면을 설명하는 데 일정한 유용성이 있다는 평가를 받는다. 하지만 자본주의를 비판하기 위한 마르크스주의적 시각의 신식민지이론은 현실과 괴리되면서 이제 유럽 좌파들에게조차 외면받고 있다. 오히려 사회주의 국가인 중국이 막대한 외환 보유고를 바탕으로 아프리카 진출을 확대하자 신식민주의라는 국제사회의 비판이 제기되고 있는 현실이다. 지난 세기 마르크스주의의 눈높이로 21세기를 설명하려는 시도는 더 이상 유효하지 않다.

종속이론, 자본주의 비판의 최후 논리

마르크스주의자들은 공식적 제국주의 지배가 종식된 이후에도 제국주의적 지배는 계속되고 있다고 강조한다. 현대적 형태의 제국주의는 긴밀히 조직된 독점기업에 의해 추진되며, 지배 대상의 의존성을 영구화하기 위해 은밀히 작용한다는 주장이다. 라틴아메리카 반제국주의 투쟁의 이념적 지주 역할을 한 마르크스주의 경제학자 바란 교수는 식민 지배가 끝난 후에도 해외 독점자본과 이해를 같이 하는 '매판 정부'가 들어선 탓에 저개발국은 점점 독점자본의 수중으로 빠져들 수밖에 없다고 진단한다. 처음부터 잘못된 사회경제적 구조가 독립 후에도 지속적으로 재생산돼 중심부 독점자본의 이익을 보호하는 방향으로 작동한다는 지적이다. 또 독점자본은 자신의 이익을 극대화하려고 저개발국의 경제 발전을 지연시키고 통제하는 것을 목표로 하기 때문에 개도국은 후진성을 벗어날 수 없다고 주장한다.

제3세계의 발전 자체가 종속을 영구화한다는 결정론적 시각도 등장했다. 중심국이 원료 착취를 위해 거대 독점을 형성해 라틴아메리카의 후진성을 영구화시키고 악화시켰다는 주장이다. 종속이론가 안드레 군더 프랑크(Andre Gunder Frank)는 제국주의를 '미국과 같은 중심부 독점자본의 제3세계 국가에 대한 경제적 침투의 최후 단계'라고 정의하고 저개발의 악순환에서 벗어날 수 있는 유일한 길은 사회주의혁명이라고 강조한다. 이 이론들은 식민지 이전의 상태에 대한 이상화에 기초하고 있어 현실성이 떨어진다는 비판을 받는다. 또 자본주의 전반에 대한 무조건적 비난이라는 단순성을 띠고 있다. 프랑크의 경우 제국주의를 국제자본주의 체제 그 이상도 이하도 아닌 의미로 폭넓게 사용해 정의가 동의 반복에 불과하다. 주변부에서의 자본주의적 경제체제 형성을 '제국주의적'으로 간주하는 극단적인 이론 전개인 셈이다.

종속이론은 저부가가치 산업을 주변부로 몰아넣는다는 국제 분업에 의한 착취론으로도 발전됐다. 중심국은 유망 산업에 집중하고 개도국은 성장 전망이 거의 없는 저기술 분야에 머물고 그 간극이 영구화된다는 생각이다. 이 같은 자본주의 체제 메커니즘의 완성으로 정치적 강제 수단 없이도 다국적기업은 다른 나라의 경제를 통제할 수 있게 됐다고 지적한다. 국제 카르텔을 형성시킨 이러한 형태의 독점 자본주의는 '초제국주의'로 불린다. 이 이론 역시 너무 기계적이고 형식적인 접근이라 현실과 맞지 않고, 이론으로서의 지향점도 분명치 않다는 비판을 받는다. 제국주의 지배의 주체로 국제 분업과 카르텔이라는 익명의 실체를 등장시킴에 따라 해명을 요구할 대상마저 불투명해진 것이다. 제국주의 국가가 경제적 수단을 통해 딴 나라를 지배한다는 논의가 방향을 잃고 마는 문제점도 드러냈다.

중심국의 착취 때문에 주변국은 가난을 벗어나지 못한다는 종속이론가들의 주장은 이제 공감을 잃었다. 남미 사람들은 20세기 중반 잘나갔던 경제가 무너지고 외채 위기로 빚더미에 오르자 한때 종속이론에 큰 지지를 보냈다. '우리가 못살게 된 건 미국 때문'이라는 감정적 주장이 심리적 공황을 파고들었기 때문이다. 하지만 현실과 괴리된 기계적 논리 전개라는 점이 드러나면서 그 주장은 설 자리를 잃었다. 종속이론가들조차 자신의 이론을 극적으로 수정했다. 카르도주는 라틴아메리카의 실패를 종속 구조로 설명하며 선진 자본주의와의 단절만이 해결책이라고 주장하던 종속이론의 대표적 학자였다. 마르크스의 《자본론》을 완벽하게 분석해 명성을 얻었던 그는 군부 정권의 박해를 받고 프랑스로 망명해 있던 1969년 마르크스와 결별했다. 중남미도 자본주의적 발전을 이룰 수 있다는 신념 아래 종속이론에서 전향했다. 그는 1995년 브라질 대통령이 된 뒤 공기업민영화, 무역자유화, 재정긴축 등의 대대적인 신자유주의적 개혁으로 브라질을 경제대국으로 이끌었다.

브라질뿐만 아니라 좌파 이론의 실험장이던 남미는 이제 전 세계 시장경제를 이끌어가는 대륙으로 탈바꿈했다. 미국 등 서구 선진국과 FTA를 가장 많이 맺은 대륙으로 극적인 변신을 한 것이다. 우리나라도 종속이론의 한계를 극명하게 보여준 실증 사례로 거론된다. 1980년대에 해외 종속이론가들이나 국내 좌파들은 우리나라가 남미처럼 경제 발전에 실패할 수밖에 없을 것이라고 주장했다. 종속이론에 따르면 자원도 자본도 없는 우리나라가 미국 등의 중심부에 의존한 전략으로는 결코 선진국이 될 수 없기 때문이다. 하지만 우리나라가 성공적인 공업화를 달성하고 성과를 축적해 중심국으로 진입하자 종속이론은 수명을 다하고 말았다.

현실 사회주의의 초라한 모습

마르크스주의자들은 자본주의가 필패할 것이라는 도그마적 명제 아래 다양한 이론을 동원해 자본주의를 공격해왔다. 현실에서는 자본주의와 사회주의와의 격차가 점점 벌어지고 있었지만 1980년대까지만 해도 이 이론들은 지식인을 사로잡았다. 하나의 주장이 빗나갈 때마다 새 변명거리를 들고 나오는 행태가 반복됐지만 대공황, 스태그플레이션, 오일쇼크, 양극화 등 시장경제에 큰 변동이 잇따른 점이 그 실수에 면죄부를 제공했다. 제국주의론에서 시작해 국가독점자본주의, 신식민지론, 종속이론 등으로 공격 무기가 변한 배경이기도 하다. 처음 등장할 때는 그럴 듯하고 이전 이론의 단점을 완전히 보완한 것처럼 보였지만 결과적으로 어떤 이론으로도 자본주의의 변화를 제대로 설명하지 못했다. 자본주의의 역동성과 진화를 제대로 인식하지 못하고 근본적으로 한쪽에 치우친 편견과 낮은 이해에 바탕을 뒀기 때문이다.

지식인들을 마지막으로 유혹한 것 종속이론이다. 한때 국내에서도 종속이론에 대한 지지가 높았다. 기존 경제학이 설명하지 못하는 문제에 대한 해법을 제시했다는 평가를 받았기 때문이다. 하지만 시대가 지나면서 종속이론은 역사의 뒤안길로 사라졌고 마르크스주의는 더 이상 자본주의를 공격할 무기를 찾아내지 못했다. 페레스트로이카와 글라스노스트를 주창한 고르바초프(Mikhail S. Gorbachyev)에 의해 사회주의 종주국 구소련이 시장을 받아들이고 동구권도 연이어

자본주의로 전환한 것은 치명타가 됐다.

여기에 사회주의적 계획경제를 채택한 나라들의 부진도 승부의 추를 시장으로 기울어지게 한 원인이었다. 북한의 비참한 현실이 가장 좋은 사례다. 1950년대 비슷한 수준에서 출발한 우리나라가 경제 대국으로 부상한 것과 달리 북한은 말 그대로 기아선상에서 허덕이고 있다. 국민들의 수입은 50~60년 동안 변화가 없다. 매디슨 분석에 따르면 북한의 1인당 GDP는 1950년에 845달러, 2008년에는 1,122달러다. 약 60년 동안 겨우 33% 소득이 늘었다는 의미다. 반면 우리나라의 1인당 GDP는 1950년 똑같이 854달러에서 출발했지만 2008년 1만 9,614달러로 2,100% 폭증했다. 북한의 17.5배다. 북한은 박정희 대통령이 경제개발계획에 착수했을 때와 거의 비슷한 1961년 '사회주의 공업화'를 기치로 '1차 7개년 계획'에 돌입했다. 당시 김일성 위원장은 '이 계획이 끝나면 쌀밥에 고깃국, 비단옷에 기와집이 돌아갈 것'이라고 주민들에게 약속했다. 그로부터 강산이 수차례 바뀔 만큼 많은 시간이 흘렀지만 약속은 하나도 실현되지 못했다. 오히려 수백만 명이 굶어죽는 처참한 현실에 놓였다.

북한은 너무 폐쇄적이라 자료가 충분치 않아 정확한 경제 상황 분석이 어렵다. 매디슨의 추정에도 오차가 있을 것이다. 북한의 실상이 궁금하던 차에 북한에서 고위직을 지낸 새터민을 통해 확인해볼 기회를 얻었다. '통계로는 생활수준이 거의 개선되지 않았는데 정말 인가요?'라고 물었더니 '1950년대보다 생활이 더 어려워졌다는 느낌도 든다'는 답을 돌려줬다. 바닥을 기는 경제 지표들이 상당 부분 사실이라는 의미일 것이다. 그는 고위직으로 혜택을 많이 입은 만큼 여전히 사회주의와 북한에 호의적인 시선을 가졌음에도 시장경제의 장점을 높이 평가했다. 귀순 후 미국서 몇 년 체류한 경험을 소개하며 '원하는 물건과 기회를 누구나 가질 수 있는 미국이 바로 사회주의국가라는 생각이 들었다'는 소감도 들려줬다. 북한은 오래전부터 '경제적 예속은 정치적 예속이고, 경제적 식민지는 자원 식민지에서 출발된다'며 목소리를 높여왔다. 자주적이고 주체적인 자신들의 체제에 대한 자부심이 깃든 표현이다. 하지만 오늘날 북한의 중국 경제 의존도는 무려 80~90%다. 정치적 예속도 비할 바 없다.

북한과 함께 남은 사회주의의 대표 국가인 쿠바의 사정도 크게 다르지 않다. 쿠바의 피델 카스트로(Fidel Castro) 전 국가평의회의장은 "쿠바 모델이 다른 나라에 전파할 만한 것이라고 믿느냐"는 미국 기자의 질문에 "쿠바 모델은 더 이상 우리에게조차도 작동되지 않는다"고 답했다. 사회주의 경제 모델의 실패를 자인했다는 해석이 잇따랐다. 카스트로는 추후 '오해가 있었다'며 해명에 나섰지만 발언의 맥락은 크게 다르지 않았다. 엘리트 사회주의자들조차 기대감을 거둬들여야 할 정도로 마르크스의 유효성은 분명한 한계를 드러냈다.

스탈린주의가 패배했을 뿐이라는 변명

사회주의가 깃발을 내린 지 오래지만 스탈린주의가 패배했을 뿐이며 마르크스는 아직 유효하다고 주장하는 사람들도 있다. 스탈린식 전체주의는 사회주의가 아니었다는 주장도 심심치 않다. 프롤레타리아 독재를 진정으로 실현한다면 새 세상을 만들 수 있다고 강변한다. 유토피아적 사회 건설이 공상에 불과하며 새로운 계층을 양산하는 후진적 지배 구조일 뿐이라는 역사적 경험은 애써 무시한다.

사회주의에도 장점은 있을 것이다. 주류 학자들 중에서도 사회주의 최종 승리를 점치는 사람들이 꽤 있을 정도였다. 특히 구소련이 사회주의혁명을 통해 봉건농업국가에서 산업국가로 빠르게 진입한 것에 대한 평가가 상당했다. 1960~70년대까지는 만만찮은 생산력 증가를 이뤄냈다. 자본을 계획적으로 이용하는 사회주의 경제의 기본 법칙으로 생산력 확대와 인민들의 복지 향상을 꾀할 수 있다는 구상이 일정 부분 맞았다. 구소련은 모든 시민에게 교외의 땅을 배분해 '다차'라 불리는 개인 별장도 짓게 했다. 기업이 번 이익의 일부를 기금으로 만들어 교육, 복지 등에 투자해 국민들의 생활도 안정돼 있었다. 학교, 병원, 체육 시설 등이 무료이고, 의식주나 생활비도 매우 저렴했다.

하지만 거기까지였다. 일정한 단계가 되자 생산성 향상이 멈추고 구조적인 정체가 지속됐다. 일선 경제 현장에서부터 미달된 생산 목표를 거짓으로 채우고 그 자리를 다시 거짓으로 때우는 악순환에 빠졌다. 구조적 한계가 드러났지만 어떤 처방도 듣지 않았다. 위정자들은 불가능한 미래의 청사진을 제시하며 상황을 모면하려고만 했다. 그 위선을 목격한 국민들의 인내심이 한계에 달한 순간 갑작스러운 붕괴의 길로 들어서고 말았다.

과정을 돌아보면 조금 다른 형태의 사회주의가 가능했을지도 모른다는 아쉬움이 남는다. 전 세계적 차원에서 실험이 전개됐더라면 어땠을까 하는 궁금증이 남는다. 사회주의 국가들은 처음부터 생산성이 낮았기 때문에 산업 발달을 추동해내기 어려웠다. 서구 자본주의에서 과학기술을 도입해야 했지만 체제 경쟁이 우선이다 보니 쉽지 않았다. 대결 구도가 지속되면서 군사비 지출이 늘어난 점도 큰 부담이 됐다. 가뜩이나 부족한 재정이 바닥나 경제개발을 위한 재원을 마련하기 어려웠다. 국내외에서 부딪치는 이중, 삼중의 어려움을 이겨내기에는 체제의 취약함이 너무 컸던 것이다. 레닌이 선진 자본주의 국가인 독일에서 혁명이 일어나기를 고대한 이유이기도 하다.

구소련에서 사회주의 정착을 우선시한 스탈린의 '일국사회주의' 대신 세계적 차원의 혁명을 추구한 레온 트로츠키(Leon Trotsky)의 '영구혁명론'을 지향했다면 역사가 달라졌을까? 스탈린이 구소련만으로도 사회주의혁명을 달성할 수 있다고 생각한 반면, 트로츠키는 후진국에 불과한 구소련만으로는 노동계급의 독재가 불가능하다고 봤다. 그는 유럽의 혁명을 지원해 전 세계에서 공산주의 정부를 수립해야 한다고 주장했다. 트로츠키의 생각은 당시 권력자 스탈린에 의해 폐기됐지만, 사회주의 몰락의 쇼크로 혼란에 빠진 마르크스주의자들이 피난처로 삼은 이론적 변화의 주요 방향이 되었다. 구소련의 실패는 민주적 계획경제가 불가능하다는 사실을 보여준 게 아니라 사회주의가 국제적 수준에서만 건설될 수 있다는 마르크스의 주장을 입증해준 것이라는 진단이다. 세계 자본주의가 유지되는 한 사회주의혁명에 일시 성공하더라도 결국은 자본주의적 경쟁과 축적 논리를 강요받을 수밖에 없다는 입장이다. 전 세계가 사회주의적 방법론에 동의한다면 제반 문제점들을 해소하고 새로운 사회를 열 수 있다는 근본적인 이론의 지향으로 후퇴해 방어막을 친 것이다.

당시의 사회주의를 부정하는 움직임도 뚜렷하다. 자본주의가 성취한 생산력의 바탕 위에 건설되지 않은 구소련은 사회주의라기보다 자본주의 체제였다는 주장이다. 자본주의의 모순이 악화돼 사회주의로 이행한 게 아니라 볼셰비키혁명(러시아 혁명)으로 소비에트연방이 등장했고, 이는 다른 사회주의 국가에서도 마찬가지여서 진정한 사회주의로 보기 힘들다는 입장이다. 스탈린주의는 처음부터 반혁명이었으며 생산수단을 관료계급이 장악하고 서방과의 경쟁을 위해 노동자를 착취하는 구조를 지닌 국가자본주의에 불과했다는 폄하다. 동유럽도 노동자혁명이 아니라 스탈린의 탱크와 반혁명 세력에 의해 사회주의화되는 본질적 모순을 안고 있었다는 변명이다.

이런 해석들은 생각의 여지를 제공한다. 하지만 전 세계가 사회주의화됐더라도 결과는 성공적이지 못할 것이라는 쪽에 99%의 베팅을 걸고 싶다. 계급적 자각과 혁명성에 충만한 엘리트 집단이 국가의 주요 직위를 장악했음에도 세계 어느 곳에서도 사회주의가 성공할 가능성을 보여주지 못했기 때문이다. 그토록 비난하던 자본가의 입김에서 자유로운 국가를 세웠지만 새로운 지배계급이 훨씬 부패하고 권력화됐다는 점은 부인할 수 없는 사실이다. 마르크스주의의 이론대로 제대로 된 노동자계급의 독재가 실현되더라도 결과는 크게 다르지 않을 것이란 판단이다. 계급적 각성도가 높은 국내 노동조합들의 행보를 봐도 이상적인 노동자계급의 독재가 불가능하리란 확신이 더해진다. 자신들의 이익을 위해 비정규직의 비참함을 외면하는 일은 다반사다. 철밥통을 확보한 일부 노조에서 조합원 자제들을 우선 입사시키는 일자리 대물림까지 요구하는 행태를 보면 기대를 접을 수밖에 없다.

생산성에서 자본주의에 뒤처지는 약점도 분명하다. 노동자의 자발성 감퇴라는 근본적인 취약점을 드러낸 것이다. 또 생산수단과 생산물의 사회화를 통한 계획적 운용이 세계대전 이전처럼 소규모가 아닌 거대하고 복잡한 현대 경제체제에서도 작동할 수 있을지 생각해보면 지극히 회의적이다. 인간 본성이 선하고 지성이 궁극에 닿아 있다는 명제에 동의한다면 모를까 상식적으로는 계획경제의 성공을 담보할 만한 근거가 없다.

마르크스와 엥겔스가 공동 저술한 《독일 이데올로기》는 공산주의 사회의 미래상을 이렇게 묘사한다. "공산주의 사회에서는 누구도 배타적인 활동 영역을 갖지 않으며 사회가 생산 전반을 통제한다. 그래서 누구든 마음 내키는 대로 오늘은 이 일을, 내일은 저 일을 할 수 있다. 아침에 사냥하고 오후에는 낚시를 하고 저녁에는 소를 몰고 저녁 식사를 한 뒤에는 문학비평을 한다. 그러면서도 사냥꾼도 어부도 목동도 비평가도 되지 않을 수 있다."

그들이 목격했던 19세기 중반의 비참한 노동 현실을 위로하는 이 상향을 제시한 것이겠지만 지금의 시각에서 보면 현실과 유리된 공상일 뿐이다. 유토피아적 사회주의는 불가능하다는 게 70여 년 실험의 교훈이기 때문이다. '라인 강의 기적'을 일궈낸 서독 루드비히 에르하르트(Ludwig Erhard) 전 수상은 사회주의 방법론을 주장하는 사람들을 '기적을 믿는 사람들'이라 비판했다. 사회주의의 성공을 확신하거나 기대하는 것은 힘든 현실을 피해 기적을 기다리는 패배자의 심리다. 에르하르트에 이론을 제공한 독일의 질서자유주의 경제철학자 빌헬름 뢰프케(Wilhelm Ropke)는 공산주의는 강압적인 통제로 개성과 자기 이익 추구라는 인간 본성의 핵을 파괴한다고 지적했다. 또 집단적인 국가와 경제, 사회에 매몰시키는 인간 개조를 가능하다고 본 반인본주의적 사고라고 꿰뚫었다. 그들이 내린 결론과 우리 시대에 목격한 역사를 부정할 어떤 합리적인 이유도 발견하기 힘들다.

사회주의라는 유령이 사라지고 있다

마르크스주의의 문제점은 사회주의 종주국 구소련에서조차 1960년대부터 광범위하게 인식되고 있었다. 마르크스레닌주의로는 현실을 이해하고 미래를 처방하기 힘들다며 50년 전부터 치열한 논쟁이 전개돼왔다. 오랜 공감대 덕분에 1980년대 미하일 고르바초프(Mikhail S. Gorbachyev)가 페레스트로이카를 주창하고 새로운 선택을 모색할 수 있었다. 이런 생각의 변화는 명문 모스크바대에서 1990년 무렵 '마르크스스레닌주의과'가 '사회철학과'로 이름을 바꾼 데서 잘 드러 난다. 이미 약점을 많이 노출한 마르크스스레닌주의를 교조적으로 가 르치는 굴레를 벗어나겠다는 의지의 표현이었다. 마르크스주의를 사 회철학이 아닌 기독교 교리처럼 강요해서는 안 된다는 반성이다. 이 결정에는 계획경제의 생산성 저하라는 객관적 조건이 큰 영향을 미 쳤다. 당시 구소련 학자들은 국민들이 소유 개념을 모르다 보니 생활 수준이 낮은데도 빈곤을 깨닫지 못한다고 지적했다. 자연히 빈곤을 극복할 동기가 없어 생산성이 떨어지고 그 결과 경제 부진이 나타났 다고 비판했다.

사회주의에 대한 애정이 남다른 유럽에서도 이제 마르크스를 교조 적으로 이해하는 사람들은 많지 않다. 〈뉴욕타임스〉는 유럽 사회주의 운동의 퇴조를 전하는 파리발 기사를 지난 2009년 크게 다뤘다. '사 회주의라는 유령이 서서히 사라지고 있다(The specter of Socialism is slow collapse)' 의미심장한 제목이었다. 20세기의 역사를 바꾼 《공산 당선언》의 첫 문장 "(공산주의라는) 하나의 유령이 유럽을 떠돌고 있다 (A specter is haunting Europe)"를 인용한 도전적인 글이다. 유럽 재정 위기로 자본주의가 위기에 처했는데도 유럽에서 사회주의는 호재를 살리지 못하고 쇠퇴를 거듭하고 있다는 내용이었다. '이탈리아 좌파 의 희망'인 40대 정치인 엔리코 레타(Enrico Letta)는 "사회주의는 이 미 지나간 세기의 해법이라는 점을 이해해야 한다. 단순한 반대를 넘 어 좀 더 실용적인 중도좌파적 대안을 만들어야 한다"고 한 인터뷰에서 말했다. 물론 그 이후 유럽 경제가 한치 앞을 내다보기 힘들 정도로 장기 위기에 처하면서 일부 국가에서는 좌파들이 약진하는 모습을 보였다. 하지만 이들의 생각 역시 시장의 기능과 효율을 높이는 촉매 역할을 위해 사회적인 해법의 확대를 모색한다는 정도다. 마치 무슨 법전 대하듯 비판을 배제하는 국내 마르크스주의자들의 맹목적이고 위선적인 태도와 구별된다.

마르크스가 풍미했고 진리로까지 회자되던 20세기 초반 사회주의의 오류를 입증해내고 그 몰락을 예견한 사람은 하이에크였다. 그는 자본주의붕괴론이 대세였던 시절 '사회주의는 붕괴할 수밖에 없다'고 주장했고, 전 세계가 케인스의 해법을 구할 때 '정부의 실패'를 부를 뿐이라며 반기를 든 탓에 인생의 대부분을 비주류로 보냈다. 하지만 시류와 타협하지 않으면서 자유로운 시장 시스템에 대한 지지를 포기하지 않고 '작은 정부, 큰 시장'을 주창한 그의 이론은 세계를 움직이는 중심 담론이 됐다. 말년에 그는 TV를 보던 아들이 '베를린 장벽과 사회주의가 무너지고 있다'는 벅찬 소식을 전하자 '거봐, 내가 뭐랬어?'라는 무심한 멘트를 날렸다고 한다. 사회주의를 인간의 불완전한 이성을 과신하고 자유를 억압하는 체제로 파악한 하이에크의 통찰력에 고개가 끄덕여진다. 그가 1985년 〈동아일보〉와의 서독 현지 인터뷰에서 한국 지성들에게 전한 메시지는 음미할 만하다. "사회주의는 노동자들이 만들어낸 운동이 아니라 지식인들이 사고해낸 것입니다. 그런데 이제 지식인들은 사회주의에 실망하고 새로운 것을 찾고 있습니다. 지난 100년간 사회주의를 지배적 위치에 올렸던 것과 같은 역사적 과정이 시장경제이론을 지배적인 위치로 이끌 것입니다." 오류가 드러나 대안이 될 수 없음을 머리에서 인정하면서도 입으로는 여전히 과학이라며 떠받드는 액세서리 마르크스주의와 결별하는 용기가 필요한 시점이다.

지속 가능한 복지국가

8장

복지국가의 미래 좀먹는 '외상 복지'

요즘 우리 사회의 화두는 복지다. 무상급식을 빌미로 서울 시장이 바뀌고 박근혜 정부의 복지담당 장관에 이른바 실세 정치인이 임명된데서 잘 드러난다. 새 정부 초기의 정책 우선순위도 국민연금, 노령연금 등에 맞춰졌다. 정부는 복지 문제를 전담할 태스크포스 팀을 만들고 정치권은 하루가 멀다고 복지 공약을 발표한다. 문제는 창업자와 구직자에 수백만 원씩 돈을 주고, 반값 등록금을 실현하고, 사병월급을 획기적으로 인상하는 등의 선심성 복지가 대부분이라는 점이다. 어떻게 실현하겠다는 재원 조달 방안은 없다. MB정부 시절 박재완 기획재정부 장관은 과도한 복지 공약은 미래 세대에 세금을 전가

하는 조삼모사일 뿐이라며 포퓰리즘적 발상에 직격탄을 날리기도 했다.

복지를 하지 말자는 사람은 아무도 없다. 특히 우리는 선진국에 비해 한참 뒤져 있기 때문에 서둘러 복지 체계를 구축해야 한다. 문제는 어떤 방식을 통해 '좋은 복지'를 할 것인가 하는 방법론이다. 한번 지원하고 마는 소모적인 구호성 복지가 아니라 지속 가능한 복지를 설계해야 한다. 복지가 포퓰리즘으로 흐르면 돈을 펑펑 쓴 뒤 청구서는 후대로 떠넘기는 '외상 복지'가 판치게 된다.

한국 경제의 성취를 한방에 보낼 수 있는 게 복지 이슈다. 분에 넘치는 복지를 즐기다 국가 부도의 위기를 맞은 그리스 등 남유럽의 사례는 타산지석이다. 삶의 질 향상과 지속적인 성장을 동시에 만족시키는 원원 해법을 찾아내야 한다. 복지국가의 길을 먼저 간 나라들의

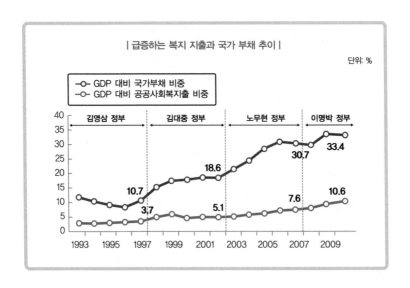

| 급증하는 복지 지출과 국가 부채 추이 |

성공과 실패를 냉정하게 분석하고 현실에 맞는 방안을 설계해야 한다. 당장 먹기 좋다고 복지를 곶감 빼먹듯 하면 남유럽의 시행착오를 반복하고 후폭풍을 맞을 수밖에 없다. 복지는 한 번 시작하면 되돌리기 힘든 '비가역성'이 특징이기 때문이다.

그림에서 보듯 한국의 복지 지출은 빠른 속도로 늘고 있다. 공공사회복지 지출이 2010년에는 GDP의 10.6%에 달해 처음으로 10%를 돌파했다. 증가 속도도 가팔라 3년 동안(2008~2010년) 매년 1%포인트씩 올랐다. 공공사회복지 지출은 보육, 장애인 활동 지원을 위한 보건복지부의 지출과 5대 사회보험 급여(국민연금, 건강보험, 산재보험, 고용보험, 노인장기요양보험), 3대 공적연금(공무원연금, 사학연금, 군인연금) 지출을 포함하는 개념이다.

능력 이상의 복지 지출은 당대에서 쓰고 자녀 세대에 청구되는 외상이나 마찬가지다. 지나치게 빠른 복지 확대에 대한 반대를, 복지를 하지 말자는 것이라거나 복지를 떡고물 주듯 시혜적으로 생각한다고 비판해서는 안 된다. 오히려 무조건 전면 복지를 해야 한다는 주장이 전형적 포퓰리즘이다. 외상이나 빚을 지지 않고 감당할 수 있는 범위 내에서 최대 복지를 누리는 것이 상식적인 답일 것이다.

핵심은 지속 가능한 복지다. 일회적으로 끝나지 않고 영구히 재생산되는 복지 시스템을 설계해야 한다. 복지를 하기 위해 성장보다 분배에 치중해야 한다는 것도 단순 논리다. 분배가 현재의 복지에 방점을 둔 것이라면 성장은 복지의 미래를 위한 투자라는 균형 잡힌 시각이 필요하다.

복지 지출 비중 10년 만에 2배로 가파른 상승

포퓰리즘에 휘둘리면 복지 논쟁은 산으로 갈 수밖에 없다. 복지를 앞세운다고 '친(親)서민'이고, 복지에 신중하게 접근해야 한다고 해서 '반(反)서민'이라는 이분법적 시각에서 벗어나야 한다. 복지 설계는 현실에 대한 정확한 판단에서 출발해야 한다. 이명박 정부가 복지를 등한시한다는 시각이 있지만 사실은 반대다. 앞의 그림에서 보듯 복지 지출은 이명박 정부 들어 크게 늘었다. GDP 대비 공공사회복지 지출 비중은 2010년 10.6%로 10%대에 처음 진입했다. 이명박 정부의 연평균 비중은 9.5%(2008~2010년 평균)다. 김영삼 정부의 연평균 3.5%의 3배에 육박한다. 복지를 앞세웠던 김대중 정부의 5.3%나 노무현 정부의 6.65%와 비교해도 훨씬 높다. 복지 지출의 절대 수준이나 확충 속도에서 가장 두드러진다.

그래도 우리나라의 복지 지출은 OECD 선진국들에 비해 크게 낮다. OECD 기준 GDP 대비 평균 복지 지출 비중은 21.1%(2007년 기준)로 우리의 2배 수준이다. 가장 높은 지출 비중을 보이는 프랑스(28.4%), 스웨덴(27.3%) 오스트리아(26.4%), 벨기에(26.3%) 덴마크(26.1%)는 우리의 3배에 육박한다. 하지만 우리나라는 복지 지출의 증가 속도가 매우 빠르다는 점에서 우려를 낳고 있다. OECD 회원국들의 복지 지출은 2000년대 중반에 고점을 찍고 하향 중이지만 우리는 이제 막 가파르게 치솟는 중이다.

OECD의 경우 2007년 복지 지출 비중이 21.1%로 1995년의

| OECD 공공복지 지출 비중 |

단위: %

구분	2000	2005	2006	2007
프랑스	27.7	29.0	28.6	28.4
스웨덴	28.4	29.1	28.4	27.3
오스트리아	26.7	27.4	27.0	26.4
벨기에	25.4	26.4	26.4	26.3
덴마크	25.7	27.2	26.6	26.1
독일	26.6	27.2	26.1	25.2
이탈리아	23.3	25.0	25.1	24.9
핀란드	24.2	26.0	25.8	24.8
헝가리	20.3	22.6	22.9	22.9
포르투갈	18.9	22.9	22.9	22.5
스페인	20.4	21.4	21.4	21.6
그리스	19.2	21.0	21.3	21.3
노르웨이	21.3	21.7	20.4	20.8
룩셈부르크	19.8	23.0	21.8	20.6
영국	18.6	20.6	20.4	20.5
슬로베니아	22.9	21.9	21.5	20.3
네덜란드	19.8	20.7	20.3	20.1
폴란드	20.5	21.0	20.8	19.8
체코	19.8	19.5	19.1	18.8
일본	16.5	18.6	18.4	18.7
스위스	17.8	20.2	19.2	18.5
뉴질랜드	19.1	18.1	19.0	18.4
캐나다	16.5	17.0	16.9	16.9
아일랜드	13.3	15.8	15.8	16.3
미국	14.5	15.8	16.0	16.2
오스트레일리아	17.3	16.5	16.1	16.0
슬로바키아	17.9	16.3	16.0	15.7
이스라엘	17.1	16.5	15.9	15.5
아이슬란드	15.2	16.3	15.9	14.6
에스토니아	14.1	13.2	12.8	13.0
칠레	13.2	11.2	10.5	10.6
터키	–	9.9	10.0	10.5
한국	4.8	6.4	7.4	7.6
멕시코	5.3	6.9	7.0	7.2

※자료: OECD

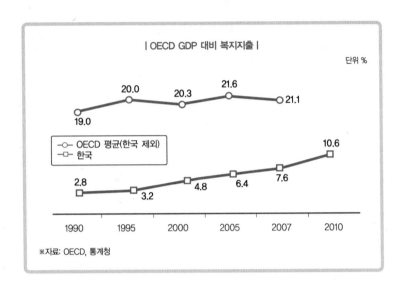

| OECD GDP 대비 복지지출 |

단위 %

21.6
20.0   20.3   21.1
19.0

─○─ OECD 평균(한국 제외)
─□─ 한국

                              10.6
2.8   4.8   6.4   7.6
      3.2

1990   1995   2000   2005   2007   2010

※자료: OECD, 통계청

21.0%에서 거의 변화가 없다. 최근 10여 년 동안 복지 지출 비중이 제자리걸음 한 것이다. 특히 2000년대 중반 이후에는 내림세다. 2005년 21.6%에서 2007년 21%로 0.6%포인트 하락했다.

반면 한국의 GDP 대비 복지 지출 비중이 2000년 4.8%에서 2010년 10.6%로 급격한 상승 커브다. 속도를 감안하면 OECD 국가들을 따라잡는 것도 시간문제다. 가파른 증가세는 고령화에 따른 건강보험, 노인장기요양보험, 국민연금의 지출 증가가 주요 원인으로 꼽힌다.

무상급식, 학부모에 뿌린 120만 원 공짜 쿠폰

복지 제도를 본격 설계해야 하는 시점에서 다행인 것은 국민 부담률(GDP 대비 세금과 사회보장기여금의 비중)이 아직 낮다는 점이다. OECD

가 34개 회원국들의 국민 부담률을 조사한 결과 우리나라는 25.6%(2009년 기준)로 30위다. 회원국들의 평균 부담률 33.9%보다 8%포인트 이상 낮다. 덴마크가 48.2%로 가장 높고, 스웨덴과 이탈리아, 벨기에, 핀란드, 오스트리아, 프랑스, 노르웨이도 40%대다.

이는 국민들이 복지 비용을 더 부담할 수 있는 여력을 갖고 있다는 의미다. 우리보다 부담률이 낮은 나라는 17.5%로 최저인 멕시코를 비롯해 칠레, 미국, 터키에 불과하다. 하지만 부담률에 대해 달리 생각해볼 여지도 있다. 국민 부담률은 낮지만 한국적인 특수성을 감안하면 꼭 그렇지도 않다는 얘기다. 징집된 사병에게 지급하는 월급, 고교 의무교육이 실시되지 않아 학부모가 내는 육성회비 등을 포함하면 국민들의 실제 부담액은 공식 발표보다 1.6배나 많다는 분석이 제기되고 있다.

가파른 복지 지출과 빠른 노령화 속도를 감안할 때 경고 벨이 울렸다고 봐야 한다. 보건사회연구원은 2050년 노인 인구를 지금의 3배 수준인 1,754만 명으로 전망하고, 그해에만 모자라는 복지 재원이 127조원에 달할 것으로 분석했다. 재원이 되는 소득이 복지 지출보다 증가 속도에서 뒤쳐진 것으로 예상되기 때문이다. 부족한 재원은 결국 다른 분야 예산을 줄여서 마련하거나 국채를 발행해 조달해야 한다. 둘 다 감당하기 쉽지 않은 방안이다.

이처럼 재원 부족이 뻔히 보이는 상황에서 확대된 무상급식은 '선심성'에서 비롯되었다. 긴급한 교육 복지 수요가 줄지어 대기 중인 상황에서 무상급식에 세금을 쏟는 것은 서민이 아니라 부자와 중산층의 주머니에 현금을 찔러준 것이나 다름없다. 전면 무상급식에 따른 재원 고갈은 저소득층 교육 격차 해소 등 훨씬 시급하고 중요한 교육 복지의 기회를 뺏어간다. 무상급식 이슈에서 헷갈리지 말아야 할 점은 무상급식을 안 해도 학교급식은 제공된다는 점이다. 유상으로 할 것이냐 무상으로 할 것이냐의 문제일 뿐이다.

무상급식을 비판적으로 접근해보면 '공짜 점심 쿠폰'에 넘어간 것이다. 한 가정에 자녀가 2명이면 급식비가 월 10만 원이고 1년이면 120만 원이 든다는 현실적인 계산에 휘둘린 결과다. 현금이나 마찬가지인 공짜 쿠폰을 마다할 사람은 없다는 이기심을 파고든 정치가들의 전략에 말려든 것이다. 하지만 앞서 지적한 것처럼 이는 120만 원짜리 공짜가 아니라 자녀 세대로 결제를 떠넘긴 120만 원짜리 외상일 뿐이다. 선별적 무상급식은 대상 학생들을 거지 취급하는 것이라거나, 먹는 걸로 사람 치사하게 만들어서야 되겠느냐는 식의 감정적인 반응은 부적절하다. 인격권 보호를 위해 신청자가 노출되지 않는 방법을 얼마든지 찾을 수 있기 때문이다. 예컨대 관할 구청이나 동사무소에서 무상급식 대상자를 선정해 학교에 일괄적으로 통보하고 급식 당사자 몰래 돈을 지원하면 끝나는 일이다.

보편적 복지냐, 선택적 복지냐

복지 정책의 카테고리는 크게 3가지로, 사회보험과 공적 부조, 사회 서비스로 나뉜다. 사회보험은 전 국민 대상의 강제보험이며 사회보장의 핵심이다. 공적 부조는 최소한의 생활과 서비스 보장을 목적으로 생활 능력 상실자들을 지원하는 제도다. 사회 서비스는 무상급식처럼 노인, 부녀자, 아동, 장애자 등을 대상으로 하는 복지 서비스다. 우리나라는 기본적인 보장 성격인 사회보험의 혜택이 부족한 데다 사회 서비스나 공적 부조도 미약해 갈 길이 멀다.

복지를 확충하는 방법론은 크게 두 가지다. 바로 보편적 복지와 선택적 복지다. 선택적 복지는 취약 계층을 선택해 복지 예산을 집중 지원하는 방식으로, 잔여적 복지라고도 불린다. 보편적 복지는 복지 예산의 지원 대상과 범위를 일반적으로 확대해 비차별적으로 지원하는 것이다. 스웨덴과 네덜란드 등 '요람에서 무덤까지' 나라가 책임진다는 북유럽의 복지 모델은 보편적 복지 개념에 기초하고 있다. 차별 없는 복지로 국민들에게 기본적인 생활을 제공한다는 발상이다. 보편적 복지는 인기가 높다. 모든 국민에게 평등한 복지를 보장한다는 구호가 매력적이기 때문이다. 하지만 보편적 복지는 국민이 세금을 더 많이 내고 더 많은 혜택을 받자는 '고부담 고복지'의 개념이다.

반면 우리나라가 채택하고 있는 선택적 복지는 축소 지향적인 느낌을 준다. 혜택을 받는 사람이 제한되고, 수혜 대상자는 빈자로 낙인찍히며, 사회적 루저에 대해 시혜적으로 지원하는 소모적 복지라는 부정적 생각이 들 수도 있다. 하지만 상대적으로 적은 재원으로 지원이 필요한 계층을 집중적으로 도울 수 있다는 장점이 분명하다.

보편적 복지는 조세 저항을 줄이는 방법이기도 하다. 많은 사람에게 공평하게 복지를 확대하기 위해 세금을 걷는다고 하면 저항감을 완화시킬 수 있기 때문이다. 보건, 복지 연구 전문가들 사이에서도 보편적 복지에 대한 선호가 존재한다. 이론적으로 볼 때 복지의 최종 목표를 누구나 필요한 만큼의 복지를 받는 보편적 복지로 설정하는 것이 타당하기 때문이다. 물론 복지가 확장돼야 자신들의 활동 영역이 넓어진다는 현실적인 인식도 작용할 것이다. 국방 전문가들에게 물으면 대부분 국방 투자를 더 강화해야 한다고 답하는 것과 비슷한 이치다.

사실 보편적 복지냐 선별적 복지냐는 공허한 논쟁이다. 목표는 보편적 복지로 설정해야 한다. 하지만 문제는 재원이고 방법론이다. 당장 보편적 복지를 실행할 능력이 없다는 점을 인정해야 한다. 따라서 우선 지원할 순위를 정한 뒤 점차 대상을 확대해나가는 선택적 복지로 시작할 수밖에 없다. 또 경제성장의 지속 여부가 제일 큰 변수가 될 것이다. 경제 여건이 허락하지 않는다면 보편적 복지라는 목표를 달성하지 못할 수도 있다. 반대로 잘 갖춰진 복지가 근로 의욕을 떨어뜨려 성장의 발목을 잡는 상황도 예상할 수 있다. 결국 선별적 복지로 시작해 보편적 복지로 갈 수 있는 데까지 가면 된다. 문제는 어떻게 우선순위를 정하느냐다. 무상급식처럼 당장 보편적 방식의 복지 제도를 도입하는 것은 보편적 복지로 향하는 여정을 미로로 이끌 뿐이다.

국민연금 재원이 2050년 무렵 고갈될 것이 예상되고, 건강보험도 한 해 1조 원대의 적자를 내는 상황에서 출발부터 보편적 복지로 하자는 것은 분에 넘치는 사치다. 어렵게 구축한 보편적 복지의 단초마저 무너뜨리는 자기 파괴이다. 현재의 사회보험 시스템을 안정적으로 설계한 뒤 단계적으로 보편적 복지를 확대해나가는 순리를 따라야 한다. 한국은 이미 보편적 복지와 선별적 복지를 혼합한 길을 걷고 있다. 기본적인 사회보장 성격의 분야에는 보편적 복지가 시행되고 있다. 1977년 조합주의 방식의 의료보험, 1988년 국민연금, 1995년 고용보험 도입 등으로 핵심적인 보편적 복지 체계가 구축됐다.

복지 제도를 추가 확충할 때는 고려해야 할 부분이 많다. 특히 보편적 복지가 일반적으로 복지 지출의 효율성을 저해하는 측면이 있다는 점을 인식해야 한다. 저소득층을 위한 기본적인 복지 체계가 가동되고 있는 만큼 보편적 복지가 확충되면 상대적으로 중산층이 수혜를 받게 된다. 시급한 과제인 저소득층 지원, 노인 빈곤 해소, 근로 연령대 빈곤 해소 등에 투입돼야 할 재원이 줄어들 수밖에 없다. 보편적 교육 복지 차원에서 이슈가 되고 있는 반값 등록금에 대한 데일 조겐슨(Dale Jorgenson) 하버드대 교수의 조언은 신선하다. 그는 〈한국경제신문〉과의 인터뷰에서 반값 등록금에 대해 "복지에 대한 잘못된 생각에서 비롯된 것이다. 대학을 졸업한 사람들은 높은 지위를 갖게 되고 부자가 될 가능성이 크다. 이들을 복지 예산으로 지원하는 것은 맞지 않다. 민간 영역에 맡겨야 한다. 정부가 해야 할 교육 복지는 저소득층에 기본적인 교육을 제공하는 것을 뜻한다"고 조언했다. 물론 국내 대학의 등록금은 너무 높다. 대학과 정부의 등록금 인하 노력이 절실하다. 하지만 세금으로 등록금을 지원해달라는 주장은 연대와 평등이라는 시대정신에 어긋난다.

'복지 천국'서 '복지 환자'로 전락한 유럽

'긴 휴가, 조기 은퇴 후 넉넉한 연금, 높은 실업수당, 잘 갖춰진 의료 보험⋯⋯.'

복지국가가 본격적으로 등장한 것은 2차 세계대전 이후다. 당시 유럽을 휩쓸던 사회주의적 이상향에 대한 자본주의적 접근이었다. 영국 노동당 정부가 1942년 출간한 〈베버리지 보고서〉에 나온 '요람에서 무덤까지'라는 말처럼 국민의 최저 생활을 정부가 책임지는 모델이다. 이는 지난 70년간 주요 선진국들의 공통된 목표였다.

스웨덴으로 대표되는 '유럽식 복지 모델'은 한때 이상향으로 간주됐다. 하지만 20~30년 전부터 이 모델의 한계에 대한 논쟁이 활발해졌다. 복지의 지속 가능성에 대한 회의가 커졌기 때문이다. 과도한 복지가 경제를 부진에 빠뜨려 결국 복지 기반을 잠식하는 악순환에 빠진 것이다. 게다가 그리스에서 촉발된 재정 위기는 유럽이 '복지병'을 앓고 있음을 드러냈다. 국가 중심의 복지 제도 구축이 '절대선'이 아니며, 자칫 국민을 공멸의 길로 내몰 수 있다는 점이 분명해진 것이다. 유럽식 복지 모델은 이제 무조건 배워야 할 대상에서 비판적으로 뜯어고쳐야 할 개혁 대상이 됐다. 〈월스트리트저널〉은 "요람에서 무덤까지로 표방되던 유럽의 사회복지 모델이 조만간 관 속으로 들어갈 처지에 놓였다"고 표현했다.

유럽 재정 위기의 원인으로는 여러 가지가 거론된다. 유로존 체제의 구조적인 결함에 대한 지적에서부터 남유럽 국가의 정치 부패, 방만한 재정 운영이 원인이라는 해석까지 다양하다. 하지만 근본적 원인이 복지병에 있다는 게 공통된 분석이다. 분에 넘치는 복지를 빠른 속도로 확충했던 점이 다른 구조적인 요인들과 맞물린 결과라는 설명이다. 한 번 생긴 복지 수요는 브레이크 없는 자동차처럼 제어되지 않고 질주한다. 복지에 의존해 살아가려는 사람들이 늘어나면서 근로 의욕을 저하시키고 급증하는 세금이 경제 활력을 훼손해 결국 국가 경제와 재정을 파탄으로 이끈다.

유럽이 앓고 있는 복지병의 근원은 2차 세계대전으로 거슬러 올라간다. 전쟁에 대한 반성과 위로에 힘입어 잇따라 등장한 사회당 정부들이 연금과 의료보험 보장률을 높이고 조건도 덜 까다롭게 하면서 '덜 일하고 더 받는' 시스템을 만든 것이다.

결국 과도한 복지로 무임승차자들이 양산돼 부작용이 속출했다. 모든 국민들에게 복지 혜택이 돌아가도록 설계돼 '실업은 괜찮은 직업'이라는 말이 통용될 정도였다. 때마침 나타난 급속한 노령화는 복지병을 더 키웠다. 유럽의 65세 이상 고령 인구 비율은 2050년까지 2배 가까이 늘어날 것이라는 OECD의 분석이다. 1950년에는 노인 1명을 경제활동인구 7명이 부양했지만 2050년에는 1.3명이 부양해야 하는 벅찬 상황이 예상된다. 출산율은 갈수록 떨어지고 노동생산성도 하락하고 있어 엎친 데 덮친 격이다.

이미 수십 년 전부터 복지 모델의 한계를 절감해온 유럽 각국은 재정 위기를 계기로 복지병 치유에 적극적으로 나서고 있다. 재정 위기의 진앙지였던 그리스는 연금 지급 연령을 늦추는 등 '덜 내고 더 받는 복지'를 '낸 만큼 받는 시스템'으로 고치고 있다. 정부는 세입 강화에도 노력 중이다. 부가가치세율을 높이고 사치세와 녹색세금을 도입한 게 대표적이다. 스페인도 연금 인상을 동결하고 공무원 임금을 삭감했다.

복지 개혁은 서유럽도 예외가 아니다. GDP 대비 복지 지출 비중이 OECD 중 가장 높은 프랑스는 과거 프랑수아 미테랑(Francois Mitterrand) 사회당 정부가 연금수령 개시연령을 65세에서 60세로 낮췄던 것을 원상 복귀시키는 연금법 개혁안을 추진 중이다. 독일은 연금 지급 시기를 65세에서 67세로 2년 연장했고, 영국도 재정 감축의 일환으로 공공 부문의 일자리를 30만개나 줄이기로 했다. 복지 축소에 대한 국민들의 저항이 만만치 않음은 당연하다. 복지를 구축한 것 못지않은 험난한 수술 과정이 이들을 기다리고 있다.

유럽 복지 3인방 스토리의 교훈, '시장이 복지다'

복지 선진국이 많은 유럽에서도 스웨덴, 독일, 영국은 독자적인 모델을 실험한 '복지 3인방'이다. 이들은 한때 성장과 복지를 다 잡았다는 평가를 받았다. 하지만 영광은 오래가지 않았다. 예외 없이 복지가 성장의 발목을 잡고 다시 복지 기반마저 허무는 심각한 자기 파괴의 길을 걸었다. 결국 성장을 강화하는 대대적인 시장 친화적 개혁 조치를 통해 다시 복지 모델을 재작동시키는 데 성공했다. 이들 3인방 스토리는 복지가 성장을 견인한다는 주장의 허술함과 성장이 없으면 복지도 견인될 수 없다는 점을 여실히 보여준다.

스웨덴

스웨덴은 유럽을 휩쓴 경기 침체와 재정 적자의 덫에서 벗어나 있다. 2010년 4.6%의 높은 GDP 성장률에 이어 2013년에도 4% 안팎의 안정적 성장이 기대되고 있다. 재정 흑자 덕분에 근로소득 공제 확대, 소득세 면세점 상향, 부가가치세 인하 등 감세 조치도 준비하고 있다. 재정이 부실한 유럽 다른 나라들은 꿈도 꾸기 어려운 일이다.

이 같은 성공에 대해 일각에서는 잘 짜인 복지가 성장을 이끄는 선순환 구조 때문이라고 주장하지만 사실은 그렇지 않다. 오히려 비효율적이고 과도한 복지를 축소하고 시장 친화적 복지 제도로 만든 것이 스웨덴 복지의 비결이다. 자유무역과 시장 규제 완화로 성장을 이끌어내 '고세금과 고복지'를 감당하는 구조다. 사회적 합의를 바탕으로 미래 복지인 성장과 현재 복지인 분배의 조화를 달성하고 있는 것이다.

스웨덴의 복지는 저소득층도 세금을 부담하고 고소득층도 복지 혜택을 받는 형태다. 모두가 일정한 수준의 삶의 질을 누리면서 모두가 복지에 책임을 지는 모델이다. 스웨덴은 1870년대부터 1950년대까지 뚜렷한 자본주의적 발전을 성취했다. 덕분에 19세기까지 유럽의 맨꽁무니에 있었지만 1950년대에는 가장 잘사는 나라가 됐다.

하지만 1946년 집권한 사회민주당이 경제력을 고려하지 않고 과도한 복지 정책을 잇따라 도입하면서 사정이 급변했다. 과도한 세금으로 자본 이탈, 기업가 정신의 퇴조, 유럽 최고 실업률이라는 심각한 부작용에 직면한 것이다. 유명 스포츠 선수나 뮤지션, 이케아(IKEA) 같은 거대 기업들은 세금을 피해 잇따라 해외로 탈출하기도 했다. 성장 정체가 심해지자 사회민주당은 1976년 정권에서 쫓겨났다. 이후에도 10여 년의 혼란기가 뒤따랐고 경제와 복지는 갈수록 힘들어졌다. 한때 '요람에서 무덤까지'라는 이상을 실현한 복지국가로 찬사를 받았지만 '스웨덴 복지 모델의 종언'이라는 말이 회자됐다. '스웨덴의 실험은 실패로 끝났다'는 평가도 나왔다. 1인당 GDP는 1970년 4위, 1990년 9위, 1998년 18위로 추락했다.

스웨덴의 쇠락을 부른 과도한 복지 모델이 본격 도입된 시기는 1950~75년이다. 1950년 9.7%이던 GDP 대비 공공사회복지 지출 비중은 1975년 23.7%로 급증했다. 1977년부터 네덜란드를 제치고 공공사회복지 지출 비중에서 세계 1위에 올랐다. 복지 정책이 대폭 강화되면서 공무원 수가 급증했고 세금도 매년 늘어나 국민 부담률이 1960년 32.1%에서 1975년 50.9%로 높아졌다. 과도한 복지는 경제 부진을 불렀다. 1970~93년 스웨덴의 성장률은 1.5%로 OECD 평균 2.8%에 크게 미치지 못했다. 저성장은 결국 복지도 망가뜨렸고 스웨덴은 나락에 빠졌다. 복지 의존증에 따른 근로 기피로 실업률이 치솟았고 정부 규제와 공공 부문의 비대화로 창업이 거의 없었다. 50대 상장사(2000년 기준) 중 2차 세계대전 이후 설립된 기업은 8곳에 불과하다. 1970년 이후 설립된 기업은 하나도 없다. 발렌베리 가문이 스웨덴 GDP의 30%가량을 차지, 경제를 좌지우지하는 것도 이 때문이다.

정체된 스웨덴에 변화를 부른 건 1991년 세제 개편이다. 잘못을 깨닫고 시장과 복지 제도 전반을 자유주의적 체제로 개편한 것이다. 평균 60%이던 소득세를 30%로 끌어내렸고, 간접세를 늘리고 복지 지출을 축소했다. 이는 상속세와 부유세를 완전히 없애는 2007년 개혁으로 이어졌다. 사회민주당을 대신해 2006년부터 집권한 우파연합의 지속적 소득세 인하와 친(親)기업정책도 경제를 부활시켰다. 이 경제 개혁은 아네르스 보리(Anders Borg)라는 40대 초반의 젊은 재무장관을 스타로 만들었다. 2006년 38세의 나이로 재무장관에 취임한 보리는 '국방을 제외한 모든 분야에서 정부 영향력을 줄인다'를 모토로 개혁을 이끌어 영국 〈파이낸셜타임스〉로부터 "전 유럽이 재정 위기의 혼돈에서 갈피를 못 잡는 가운데 보리만이 제대로 된 방향을 잡고 있다"는 평가를 받았다. 그는 '무임승차하는 복지 모델'이 정립된 1970~80년대를 '잃어버린 20년'으로 비판한다. '일하는 복지'로 바꾸기 위해 연금을 대폭 줄이고 의료보장의 수준도 크게 낮췄다. 연금 제도는 '필요한 만큼 지급'에서 '기여한 만큼 지급'하는 방식으로 전환됐다. 전 국민 대상의 기초 연금을 폐지했다.

경기 부양을 위해 감세정책도 밀어붙였다. 법인세율을 28%에서 26.3%로, 소득세는 30.7%에서 17.1%로 낮췄다. 고용주가 부담하는 사회보장 기여금도 1%포인트 인하했다. 그러자 정체되고 따분했던 스웨덴은 역동적으로 변모했다. 내수가 늘고 수출이 증가했다. 유럽이 재정 위기로 홍역을 치르고 있던 2011년 성장률도 4.0%로 유럽 최고 수준이다. 2010년에는 재정 수지도 균형(GDP 대비 −0.3%)에 도달했고 국가 채무는 49.1%로 하락, 유럽에서 가장 빚이 적은 나라가 됐다.

독일

유럽 재정 위기 와중에 유로존을 지켜낸 최후의 수비수가 독일이다. 위기 여파로 2009년에 마이너스 성장을 했지만 2010년부터 회복세다. 2011년에는 3%의 성장을 달성했다. 실업률은 7.1%로 통일 후 20년 만에 최저였다. 위기에 빠진 유로존의 든든한 대장 역할을 해내고 있는 셈이다.

독일도 1970년대부터 본격화된 과도한 복지의 후유증으로 30여 년의 긴 경제 부진에 시달리다 금세기 들어서야 회복세로 돌아섰다. 독일은 세계대전 패전 후 시장경제와 관대한 사회복지를 접목한 '사회적 시장경제'를 추구했다. 콘라트 아데나워(Konrad Adenauer) 총리와 당시 경제부 장관이던 에르하르트의 친기업적 자유시장경제정책에 힘입어 1950년대에 '라인 강의 기적'을 성취하고, 1960년대에 경제 대국이 됐다.

하지만 1967년 집권한 사민당 정부는 자유시장경제 노선에서 후퇴해 경기 조절, 고용 확대, 물가 안정을 위해 적극 개입하는 방향으로 정책을 선회하고 복지 제도를 대폭 강화했다. 고도성장의 과실에 대한 분배 요구가 높아지자 의료보험, 연금보험 등 사회보장제도를 확대한 것이다. 빌리 브란트(Willy Brandt) 사민당 정부는 1970년대에 복지 예산을 매년 10% 이상 늘렸다. 1970년 28.5%이던 GDP 대비 정부 지출 비중이 불과 5년 뒤 1975년에 50.3%로 급등했다.

복지 지출의 증가가 부담으로 작용하면서 독일은 1970~2005년 36년 동안 선진국 중 가장 낮은 경제성장률을 기록했다. 특히 1990년대 후반부터는 장기 부진에 빠져 1996~2005년 성장률은 EU 회원국 평균보다 매년 1%포인트씩 뒤졌다. 재정 적자와 정부 부채가 확대되고 세금 인상으로 이어져 민간 소비와 투자를 위축시켰다. 분배 욕구에 부응한 과도한 사회복지정책의 추진으로 정부 지출 비중이 GDP 절반가량을 차지하고 있다. 특히 의료보험과 연금 등 사회보장제도를 운영하는 예산의 60% 정도가 지출되고 있다. 과도한 사회보장제도에 따른 기업과 가계의 세금 부담이 증가한 것은 투자와 소비를 위축시키는 요인으로 작용했다.

비효율성이 커지자 1983년에 집권한 헬무트 콜(Helmut Kohl) 기민당 정부는 시장 중시 경제정책으로 전환했다. 경쟁 강화, 재정 적자 삭감, 규제 완화, 통화 안정, 사회보장제도 축소 등을 추진했다. 기업 지원과 제조업 중시 정책으로 3단계 세제 개혁을 단행해 법인세를 인하하고 개인소득세도 낮췄다.

1998년에 집권한 사민당 게르하르트 슈뢰더(Gerhard schroder) 총리도 순차적인 구조 개혁을 단행했다. 핵심은 노동시장 유연화, 복지제도 축소, 세제 개혁이다. 신자유주의적 요소를 도입해 사회적 시장경제체제를 세계화 흐름에 맞게 조정했다. 투자 활성화를 위해 2005년에는 법인세율을 25%에서 19%로 대폭 인하했다. 법인세 인하에 따른 부족한 세수를 메우기 위해 2007년부터 부가가치세를 16%에서 19%로 인상했다.

2005년 11월 출범한 메르켈 총리의 좌우 대연정도 강력한 개혁을 추진 중이다. 고용주가 직원을 정식으로 고용하지 않고 채용할 수 있는 기간을 6개월에서 2년으로 늘리고, 임금 외에 종업원에게 지급하는 연금 보조 등의 비용을 임금의 40% 이하로 줄이는 등 일자리 창출을 최우선 과제로 추진했다. 이 같은 개혁 조치 결과 독일은 2006년 무렵부터 다시 성장세를 회복하기 시작했다. 최대 난제인 실업률도 하락세로 돌아섰다.

영국

'해가 지지 않는' 대영제국을 건설했던 영국은 1976년 IMF 관리 체제에 들어가는 쇼크를 맞았다. 세계경제가 유례없는 호황을 구가했던 1950~1960년대에 영국은 제조업의 경쟁력이 약해지면서 상대적으로 부진했다. 무엇보다 저성장 고실업 구조가 두드러졌다. 석유 파동의 여파로 경상수지는 1973~1977년 5년 연속 적자였고, 재정 적자가 심화되어 파운드화는 폭락했다. 결국 1976년 12월 IMF에 구제 금융을 신청했다.

과도한 사회복지정책이 촉발한 영국병이 경제 위기의 주범이었다. 영국병은 무기력, 느린 동작, 방임적인 태도 등 영국 노동자들의 비능률을 일컫는 말로, 1960년대 서독 언론들이 부정적으로 쓰면서 굳어진 표현이다. 2차 세계대전 후 복지정책과 평등주의가 득세한 결과 영국병이 생겼다. 사회민주주의적 정책, 강력한 노조, 정책 일관성 결여 등이 원인으로 꼽힌다.

전후 집권한 노동당 정권은 사회보장제도 확대, 완전 고용정책 유지, 기간산업 국유화를 통해 복지국가의 토대를 다졌다. 사회복지제도는 1950~1960년대에 경제사회적 안전망을 제공했지만 1970년대 경기 침체로 근본적인 한계를 맞았다. 국가 주도형 복지 체계로 재정 지출이 확대돼 GDP에서 재정이 차지하는 비율이 1970년대에 40%를 넘어섰다. G7 중 이탈리아에 이어 2위로 올라선 만성적인 재정 적자는 정부의 정책 대안이 줄어드는 악순환으로 이어졌다. 사회적 평등을 추구한 사회민주주의적 정책이 의도한 만큼 분배 구조를 개선시키지 못하고 시장 기능만 저해해 경제 역동성을 꺾는 문제를 초래했다. 주요 산업의 국유화는 관료적 경영에 따른 효율성 저하, 경쟁 제한으로 민간 부문까지 활력이 저하되는 폐해를 낳았다.

이에 1979년 집권한 보수당 정부는 대처 총리 주도로 영국병을 치유하고 산업 경쟁력을 회복시키기 위해 노동, 공공, 금융, 기업, 교육, 사회복지 부문 등에서 광범위한 개혁에 착수했다. 대처는 시장경제 원리를 중시하고 작은 정부를 지향했다. 노동시장의 유연화, 공공 부문 축소, 금융 빅뱅, 규제 개혁 및 감세정책, 기술 교육 강화 등 시장 중시형 신자유주의적 개혁이 단행됐다.

특히 경제력에 비해 과도한 사회복지정책에 대대적인 메스가 가해졌다. 대처 총리는 분배 중심에서 성장 중심으로 정책 노선을 바꿨다. 분배 위주의 정책이 경쟁력을 약화시켜 오히려 복지 수준을 후퇴시켰다는 자성에서 결과의 평등이 아닌 기회의 평등을 추구했다. 복지 제도의 원칙도 보편주의에서 선택(잔여)주의로 변했다. 국가가 보편적 복지 혜택을 모든 국민에게 제공하는 게 아니라 가족이나 시장이 복지 문제를 맡고 실패했을 때만 정부가 개입하는 방식이다.

만성적 재정 적자를 줄이기 위해서는 지출 축소, 국영기업 민영화, 공공 부문 생산성 향상에 주력했다. 이에 따라 정부 지출의 GDP 대비 비중은 1970년대 중반 50%에서 1980년대 중반 45%, 1990년대 40%대로 근접했다. 보수당 대처의 복지 개혁은 1997년 집권한 노동당 토니 블레어(Anthony Charles Lynton Blair) 정부에서도 지속됐다. 블레어는 '일을 위한 복지'를 앞세워 고용을 최우선 정책으로 삼았다. 개혁이 지속되자 심각했던 영국병을 극복한 경제는 견실한 성장세로 돌아섰다. 영국은 프랑스를 제치고 1999년에 EU 2위의 경제 대국으로 재부상했다. 2000년대 영국의 빈부격차가 OECD 중 가장 뚜렷하게 개선됐다.

복지가 성장을 이끈다는 근거 없는 주장

"흔히 갖는 복지에 대한 오해는 '성장'을 희생하고 '분배'에 치중하는 정책이라는 것이다. 이는 복지 지출을 통해 최빈곤층이 굶어 죽지만 않도록 해주는 것을 기본 개념으로 하는 선별적 복지 제도를 염두에 두고 하는 말이다. 국민소득 대비 복지 지출이 미국의 2배가 넘는 스웨덴, 핀란드 등이 미국보다 경제성장률이 더 높다는 사실이 보여주는 것처럼 제대로 된 보편적 복지국가는 성장에도 도움이 된다."

장하준 교수가 보편적 복지의 당위성을 주장하며 한 신문에 기고한 글의 일부다. 복지가 성장에 도움이 된다는 장 교수의 주장은 요즘 유행하는 보편적 복지론의 대표적인 논리이다. 핵심 사례로 스웨덴과 핀란드가 거론되는 것도 비슷하다. 복지정책으로 이른바 한계 소비 성향이 큰 저소득층의 소비가 늘면 생산과 고용으로 이어지고 다시 소득을 높인다는 논리 구조다. 복지 확충에 따라 안정적인 노사 관계가 가능해지는 점도 이점으로 곁들여진다. 보편적 복지가 중산층 가계의 소득 증가 → 서민, 중소기업 중심 내수 활성화 → 성장률 제고 → 재정 안정 등의 선순환 구조로 연결돼 지속 성장의 발판이 만들어진다는 주장이다. 예산이 부족해도 복지 확대에 대한 의지를 갖고 밀고 나가야 한다는 주장도 나온다. 심화되는 저출산, 고령화, 양극화, 고용 없는 성장 등을 감안할 때 보편적 복지라는 새로운 패러다임이 아니면 해법을 찾기 어렵다는 주장이다.

이 같은 복지성장론은 그럴듯해 보이지만 과학적(경제학적)으로 받아들여지지 않는 가설일 뿐이다. 복지가 좋은 스웨덴과 핀란드가 상대적으로 복지가 떨어지는 미국보다 성장률이 높다는 점을 들어 복지가 성장을 부른다고 판단한 장 교수의 생각은 비합리적이다. 인구 900만 명(스웨덴)과 500만 명(핀란드)에 불과한 나라를 3억 명의 거대한 미국과 단순 비교하는 것이 부적절하기 때문이다. GDP로 보면 스웨덴과 핀란드는 각각 4,600억 달러와 2,400억 달러로 미국(15조 달러)의 3%와 1.6%에 불과하다. 미국의 기업 애플 한곳의 기업 가치가 스웨덴의 GDP를 넘어설 만큼 이들나라의 경제 규모는 비교 자체가 어렵다. 홍콩이 한국보다 잘산다며 우리가 홍콩 성장 모델을 따라야 한다는 주장이나 진배없다.

설사 두 나라가 비교 가능한 경제 구조를 가졌다고 가정해도 스웨덴의 성장률이 미국보다 높다는 점을 근거로 복지가 성장에 유리하다고 판단하는 것은 비논리적이다. 스웨덴보다 복지는 떨어지지만 성장률이 더 높은 나라도 많기 때문이다. 반대로 복지 제도를 잘 갖춘 영국, 독일, 프랑스 등은 미국보다 성장률에서 크게 뒤진다는 점도 장 교수식 복지성장론의 허술함을 보여준다. 결정적으로 스웨덴과 핀란드가 미국보다 성장률에서 앞선다고 한 것도 사실이 아니다. 매디슨에 따르면 19년(1990~2008년) 경제성장률은 스웨덴 2.07%, 핀란드 2.32%, 미국 2.73%로 미국이 두 나라보다 훨씬 높다. 논리 전개의 근거로 활용한 기본적 사실마저 틀린 것이다.

복지를 잘하면 성장이 따라온다는 주장은 복지의 본고장 유럽에서도 인정되지 않는 이론이다. 복지국가와 유럽 사회민주주의 연구로 명성을 얻고 있는 석학 볼프강 메르켈(Wolfgang Merkel) 훔볼트대 교수는 2011년 국내 한 신문과의 인터뷰에서 복지국가와 경제성장의 상관관계를 묻는 질문에 다음과 같이 답했다. "잘 발전된 복지국가가 경제성장과 번영을 가져올 것이라는 주장에 동의하지 않는다. 복지국가와 경제성장 사이에 큰 상관관계가 있는 건 아니다. 복지국가가 인적 자본과 사회적 자본에 더 많이 투자한다면 경제성장에 분명 도움이 될 것이다. 그러나 독일처럼 복지 예산을 연금에 너무 많이 지출하면 성장에 기여하지 못하게 된다."

이처럼 복지가 성장을 부른다는 주장은 검증되지 않았지만 반대로 복지가 성장을 저해한다는 주장은 광범위하게 인정받고 있다. 폴란드 은행의 타티아나 픽(Tatiana Fic)과 베를린 소재 독일경제연구소의 케탄 가트(Chetan Ghate)는 2004년에 발표한 논문 〈복지국가와 경제성장〉에서 분배와 성장의 역관계를 입증했다. 1970년부터 2001년까지 영국, 스웨덴, 독일 등 19개 선진 복지국가들의 경제를 동태 분석한 결과 사회복지 혜택을 확대한 시기에 성장률이 하락했다는 결과를 얻었다. 반면 사회복지 제도를 축소한 시기에는 성장률이 상승한 것으로 나타났다.

복잡한 이론을 따지지 않고 현실을 둘러봐도 남유럽 사례에서처럼 과도한 복지로 망한 나라는 많지만, 복지로 흥한 나라는 사실상 없다. 돋보이는 성장세를 보이는 복지국가들은 복지를 잘해서가 아니라 성장 위주의 경제 운용을 강화하며 발버둥 친 덕분에 힘겹게 복지를 유지하고 있을 뿐이라는 점은 여러 사례에서 입증됐다.

장 교수가 복지 모델로 추천하는 스웨덴의 사례를 보면 더 확실해진다. 스웨덴은 1950년 유럽에서 가장 부유한 나라였다. 남들보다 한 발 먼저 자유무역과 정부 기능 축소를 제도화하는 등 시장 친화적인 경제 구조를 설계한 덕분이었다. 1900년대 초반 이후 50여 년 동안 1인당 GDP 성장률이 유럽 16개 공업국 평균을 크게 앞질렀다. 하지만 복지 모델이 본격 도입된 1950년대를 기점으로 주변국보다 성장

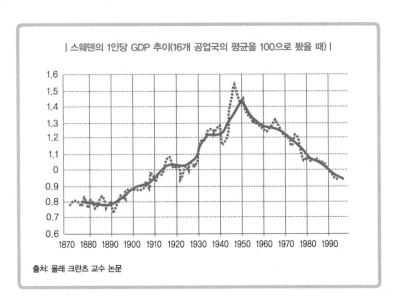

| 스웨덴의 1인당 GDP 추이(16개 공업국의 평균을 100으로 봤을 때) |

출처: 올레 크란츠 교수 논문

률이 떨어지는 정반대 상황을 맞았다.

스웨덴 올레 크란츠(Olle Krantz) 교수가 〈20세기 스웨덴의 경제성장과 경제정책〉이라는 논문에서 분석한 위 그래프를 보면 정확히 복지가 시작된 1950년대부터 성장률이 크게 둔화된 점이 뚜렷이 나타난다. 복지 모델이 스웨덴을 부강하게 만든 게 아니라 시장경제 도입을 통해 부강해진 힘으로 복지 모델을 유지했음을 보여주는 결과다. 요란 페르손(Goran Persson) 전 스웨덴 총리는 유럽은 국민들에게 '세금을 더 내라'고 말할 용기가 없어 심각한 재정 위기를 겪고 있다며 아시아 국가들은 복지 설계 시 유럽을 반면교사로 삼아야 한다고 강조했다.

시장과 동행하는 복지라야 성공한다

국내 복지 논쟁에서 가장 목소리 큰 주장은 '도깨비방망이론'이다. 복지를 강화하면 성장이든 분배든 모든 게 풀릴 것이라는 논리다. 반대로 복지를 악화시키면 더 이상 발전하기 어렵다고 주장한다. 특히 신자유주의의 대척점으로 복지국가를 상정하고 시장 규제를 완화시키는 대신 큰 정부의 적극적인 복지 개입이 필요하다고 강조한다.

정동영 전 민주통합당 의원이 보편적 복지에 대해 쓴 글에서 이런 시각이 잘 드러난다. 그가 2010년 말 스웨덴 방문을 앞두고 마치 출사표를 던지듯 홈페이지에 게재한 글이다. "…(전략)… 스웨덴은 어떻게 성장과 복지라는 두 마리 토끼를 잡을 수 있었을까요? 바로 보편적 복지 제도에 그 해답이 있습니다. 이것이 제가 스웨덴을 가서 배우고 싶은 것들입니다. 스웨덴은 세계에서 가장 잘 정비된 보편적 복지 제도로 유명합니다. 무상보육 및 무상교육, 무상의료, 생계 보장 수준의 기초연금, 실업급여 등 잘 정비된 사회적 안전망, 적극적 노동시장정책 등이 대표적인 보편적 복지 제도입니다. 이런 보편적 복지 제도를 유지하기 위해 스웨덴은 세계에서 가장 높은 조세부담률을 유지하고 있습니다.

스웨덴의 높은 경쟁력은 신자유주의적 사고방식으로는 절대로 이해할 수 없는 현상입니다. 신자유주의적 사고에서는 복지 확대를 낭비로 보기 때문입니다. 기업과 고소득자에게 감세 혜택을 주어야 투자와 소비, 저축이 촉진돼 성장에 도움을 준다고 생각합니다. 그러나

조금만 폭넓은 시각을 가진다면 스웨덴 현상을 충분히 이해할 수 있습니다. 1980년대 후반에 새로운 성장론이 태어났습니다. 기존 경제학에서는 토지, 노동, 자본을 3대 생산요소로 보았습니다. 반면 신성장론에서는 개개인에 체화된 능력을 의미하는 인적 자본과 축적된 지식을 가장 중요한 생산요소로 보고 있습니다. 이는 경제학의 혁명으로 여겨지고 있습니다. 기존에는 사람을 단순한 원동력 또는 기계의 부속물 정도로 여겼지만 신성장론에서는 사람을 가장 중요한 성장 동력으로 봅니다.

모든 국민에게 동일한 복지 혜택을 부여하는 보편적 복지는 사람에 대한 투자를 의미합니다. 스웨덴의 보편적 복지는 가장 중요한 성장 동력에 대한 투자를 통해 높은 국가 경쟁력과 생산성을 유지할 수 있도록 한 것입니다. 저는 우리나라의 미래를 미국이 아니라 스웨덴에서 찾아야 한다고 생각합니다. '작은 미국'이 아니라 '큰 스웨덴'이 우리가 지향해야 할 길이라고 확신합니다."

요약해보면 신자유주의적 사고에서 탈피해 보편적 복지국가를 지향해야 한다는 진단이다. 스웨덴과 같은 복지를 하면 성장과 분배를 동시에 달성할 수 있을 것이라고 주장한다. 조세부담률을 높여 국가가 주도하는 복지를 설계하는 것이 한국이 가야 할 새로운 길이라는 내용이다.

하지만 그의 주장과 달리 복지 선진국 유럽에서 배우게 되는 큰 교훈은 복지는 결코 도깨비 방망이가 아니며, 시장경제와 동행해야 한다는 점이다. 복지가 해법이라면 분에 넘친 복지가 빌미가 돼 파산한 남유럽의 실패는 어떻게 설명할 것인가. 스웨덴 모델도 1980년대와 1990년대가 다르고 지금 또 변화했는데 그는 80년대식 효력을 상실한 구모델을 고집하고 있다는 느낌이다. 유럽 복지국가들은 오랜 역사와 경험을 통해 신자유주의적 시장 접근을 통한 성장성 제고를 지속 가능한 좋은 복지의 핵심 요소로 간주하고 있다.

정 전 의원이 스웨덴에 다녀오고 6개월 후 2011년 5월 〈한국경제신문〉에 실린 루드 루베르스(Ruud Lubbers) 네덜란드 전 총리의 인터뷰는 복지국가에 대한 그의 인식이 단편적임을 잘 보여준다. 루베르스 총리는 1980년대 초 '과잉 복지'의 늪에 빠져 신음하던 네덜란드를 과감한 개혁을 통해 강소국으로 탈바꿈시킨 지도자다. 1982년 말 총리에 오르자마자 복지병 수술을 위해 국가 비상사태를 선포하는 등 12년 동안 강력한 리더십으로 네덜란드를 수술했다. 덕분에 네덜란드는 독일, 핀란드와 함께 EU 회원국 중 제일 견실한 경제 체질을 유지하고 있다. 네덜란드는 스웨덴과 함께 북유럽 복지국가 모델의 성공 사례로 꼽히는 나라다. 다음은 루베르스 전 총리의 인터뷰 내용이다.

"1980년대 네덜란드 병(Dutch disease)은 무엇을 말하는 것입니까?"

"총리에 취임한 1982년의 네덜란드는 과잉 복지국가의 전형이었습니다. 스웨덴에 버금가는 복지 혜택으로 국민들 사이엔 노동 기피 현상이 팽배해 있었죠. 방만한 사회보장제도의 운영과 이로 인한 재정 적자는 국가 경쟁력을 갉아먹는 암적인 요인이 됐습니다. 1980년부터 3년 연속 경제가 마이너스 성장하면서 실업률이 치솟았죠."

"어떻게 '성장 없는 복지'의 함정을 극복할 수 있었나요?"

"충격이 필요했죠. 재정 개혁, 산업구조 조정, 규제 완화, 일자리 공유를 통한 실업 해소라는 3단계 전략을 마련했습니다. 일자리 나누기를 위한 근무시간 단축 등을 골자로 하는 노사 간 바세나르 대타협을 맺었습니다. 이를 토대로 재정 적자를 축소하고 공무원 임금, 최저임금, 사회보장 수당을 3.5% 삭감했습니다. '많이 벌수록 세금은 적게 낸다'는 원칙 아래 일정 수준 이상의 이익을 내는 기업에는 오히려 법인세를 낮춰줬습니다."

"한국에선 보편적 복지냐, 선택적 복지냐를 놓고 논란이 일고 있습니다."

"국민들이 복지에 기대 사는 것에 익숙해지면 경제는 헤어나기 힘든 늪에 빠집니다. 사회보장제도가 과도해지면 미취업 인구가 늘어날 수밖에 없죠. 그러면 취업자들의 재정 부담이 늘고, 사회적 불균형은 더 심해집니다. 복지정책이 정치적인 구호로 사용된다면 부작용은 걷잡을 수 없이 커집니다."

"한국에선 동반 성장, 사회 불균형 해소 등을 위한 정부의 역할이 커지고 있는데요."

"작은 정부와 시장 기능 강화는 네덜란드 사회경제 시스템 개혁과 혁신의 기본 방향이었습니다. 분배와 형평에 대한 정치적 논의에 얽매이지 않고 성장을 최우선 과제로 삼아 시장 기능을 지속적으로 확대한 것이죠. 우편통신 사업, 공무원연금공단을 시작으로 1980년대

말부터 이뤄진 공기업 민영화는 지금도 진행형입니다. 국가재정의 총체적 위기 상황이 아니라면 정부가 시장에 개입할 경우 잃는 것이 더 많다고 봅니다."

세계인의 로망 프랑스, 복지 포퓰리즘으로 추락

독일과 스웨덴 등은 시장주의로의 과감한 정책 전환을 통해 복지병을 수술하고 복지국가의 꿈을 되살렸다. 하지만 프랑스는 방만한 복지를 방치하다 '유럽의 환자'가 됐다는 평가다. 과도한 복지 정책의 수술에 실패해 경제가 좀처럼 살아나지 못하고 있다. 산업 경쟁력이 약화되고 재정 적자가 눈덩이처럼 불어나면서 프랑스 경제는 곪아 터지고 있다. 〈이코노미스트〉가 1990~2000년대 일본의 경제 추락을 상징하는 '잃어버린 10년'의 오명을 프랑스가 고스란히 물려받았다고 지적했을 정도다. 경쟁국인 미국과 독일이 글로벌 경제 위기 속에서도 선전하며 세계경제의 버팀목 역할을 하고 있는 것과 반대로 프랑스는 남유럽 위기의 전염 가능성이 대두될 만큼 취약한 상황이다. '자존심의 나라' 프랑스가 스페인, 이탈리아 수준의 2류 국가로 취급될 정도 있다.

경제 지표를 보면 프랑스의 심각성이 잘 드러난다. 2008년과 2009년 2년 연속 마이너스 성장이다. 2010년과 2011년은 각각 1.5%, 1.7% 성장으로 회복세지만 경쟁국보다 부진하다. 독일이 2010년 3.6%로 통일 이후 최고 성장률을 기록한 것과 뚜렷이 대비된다.

2012년 프랑스의 성장률은 0.1%에 불과했다. 2008년 금융위기 이후 3년 동안 공장 900여 곳이 폐쇄되거나 해외로 이전해 제조업 공동화 현상이 심화되는 등 경제 기반이 잠식되었기 때문이다. 수출 경쟁력 약화로 2011년 무역 적자는 사상 최대인 696억 유로에 달했다. 10년 전 독일의 55%이던 수출 규모도 2010년엔 40% 수준으로 떨어졌다. 독일산 자동차와 트럭이 유럽 거리를 누비는 반면 프랑스산 공산품들은 독일산에 밀려 힘을 못 쓰고 있다. 실업률도 10%에 육박했다. 유럽 경제의 엔진이자 세계경제 대국임을 자부해온 프랑스의 자존심에는 큰 상처다.

프랑스가 재기하려면 이웃 독일을 배워야 한다는 지적이 나온다. 2000년대 중반까지만 해도 동반 쇠락하던 독일이 복지정책을 손질하고 노동 유연성 강화와 함께 수출 중심 전략으로 궤도를 수정해 프랑스를 멀찌감치 따돌린 전략을 따라야 한다는 것이다.

최근 10년 새 프랑스의 골병이 깊어진 이유는 복지 정책 손질에 사실상 손을 놓았기 때문이다. 독일과 스웨덴 등이 과감하게 정책을 변화시킨 반면 프랑스는 결단을 내리지 못했다. 과도한 사회복지 비용 지출은 프랑스를 위협하고 있다. OECD에 따르면 2007년 프랑스의 GDP 대비 사회복지 지출 비중은 28.7%로 복지 천국 스웨덴의 27.7%를 넘어섰다. 2000년 1.5%였던 GDP 대비 재정 적자 비율도 2010년 7.7%로 치솟았다. EU 권고 기준치 3%의 2배를 웃도는 심각한 수준이다. 필요 이상의 복지 정책으로 노동시장이 경직돼 산업 경쟁력이 약해지고 국가재정도 급속도로 악화됐다. 유럽 재정 위기 국면에서 프랑스의 이름이 자꾸 거론되는 이유다.

프랑스는 2000년 근무시간을 주 39시간에서 35시간으로 줄인 후 지금까지 고수하고 있다. 독일과 함께 유럽 최저 수준이다. 반면 그 사이 최저임금을 17% 인상하는 등 사회복지 비용은 계속 커졌다. 당연히 경쟁력이 떨어질 수밖에 없다. 노동생산성 증가율은 2000년 이후 한 번도 독일, 미국은 물론 OECD 평균을 넘어본 적이 없다.

프랑스 내부에서도 독일을 본받자는 목소리가 나온다. 2000년대 중반까지 프랑스와 비슷한 복지정책을 펼쳤던 독일은 주 35시간 근무시간을 유지하면서도 초과근무에 대한 인센티브로 수당 대신 보상휴가를 확대해 비용을 줄이는 방법등으로 노동생산성 제고를 위해 노력하고 있다. 세제도 짚고 넘어갈 사항이다. 프랑스 법인세율은 34.4%로 유로존 최고 수준이다. 라이벌 영국(28%), 독일(15%)을 크게 웃돈다. 독일은 지난 2007년부터 38% 수준이었던 법인세를 3년 만에 15% 수준까지 낮춰 기업 투자를 독려했다. 인류를 진보시켜온 유럽적 가치와 문화의 중심이자 전 세계 지성인들의 로망이던 프랑스의 초라한 현실은 복지 이슈에서 포퓰리즘에 휩쓸리지 않는 신중함이 얼마나 중요한지 웅변하고 있다.

분수 넘친 복지도 경계해야 할 자본주의의 '거품'

진정 조짐을 보이다가 악화되고 다시 한숨을 돌리는 상황이 반복되며 세계경제에 짙은 그늘을 드리우고 있다. 위기의 진원지였던 남유럽 PIIGS(포르투갈, 이탈리아, 아일랜드, 그리스, 스페인)의 쇠락 요인을 들여다보면 복합적이다. 나라마다 원인도 다르다. 하지만 공통적인 부분도 있다. 우선 유로존 가입 이후 경제 거품과 착시 효과를 제어하지 못한 점이 거론된다. ECB가 저금리 정책을 유지하자 사실은 취약했던 PIIGS 국가들의 펀드 멘털이 마치 양호한 것처럼 착시를 불러와 여러 부문에서 불균형을 만들었다. 착시 효과로 인해 해외 자금 유입이 가속화된 결과 PIIGS 내부에 초과수요가 발생해 거품을 부채질했다. 스페인, 아일랜드, 포르투갈은 민간 부문을 중심으로 거품이 커졌고, 그리스는 정부 부문에서 초과수요가 발생하면서 전형적인 재정 위기를 불렀다.

그리스, 포르투갈, 이탈리아는 방만한 국가재정 운용이 위기를 부른 사례다. 특히 그리스와 포르투갈은 경제의 내실을 고려하지 않고 복지 지출을 과도하게 증가시켜 재정 건전성에 직격탄을 맞았다. 그리스는 일반 공공서비스가 정부 지출에서 차지하는 비중이 높은 나라다. 정부 지출에서 서민층 지원을 주목적으로 하는 '사회적 보호 지출'의 비중 증가율이 포르투갈과 함께 유로존 최고를 기록했다. 다른 유럽국들은 이 항목에서 최근 10여 년 동안 거의 변화가 없었지만 그리스는 1995~2000년 35.5%에서 2005~2008년 41.7%로 급상승했다. 1981년 집권한 사회당이 정략적 차원에서 공무원 노조를 포섭하는 전략을 취했고, 이후 안정적인 공공 부문 일자리 창출이 선거공약의 하나로 자리 잡았기 때문이다. 포르투갈의 사회적 보호 지출 비중 역시 27.9%에서 35.3%로 그리스에 못지않은 높은 증가율을 보였다.

그리스와 포르투갈은 사회보장 지출도 경제성장에 비해 과도했다. 1999~2008년 10년 동안 유로존의 GDP 대비 평균 사회보장 지출 비중은 연 0.45%씩 감소했지만 그리스와 포르투갈은 4.0%와 2.5%의 빠른 증가를 보였다. 사회복지 지출의 증가는 이들 나라의 빈부격차를 줄이는 성과로 이어졌지만 결국 치명적인 결과를 부르고 말았다. 포르투갈, 그리스, 스페인은 지하경제 비중이 GDP의 20%가 넘고 제조업 기반도 부실해 세수 기반이 취약하다. 자연히 서비스업에 대한 의존도가 높아 경기 위축 시 재정 건전성이 급격히 악화될 소지가 컸는데도 방만한 재정 운용을 견제하지 못한 점이 패착이다.

경제의 부담 능력을 넘어선 과도한 복지 지출은 이탈리아 파국의 결정적 원인이 됐다. 프랑코 디베네데티(Franco Debenedetti) 이탈리아 전 상원의원은 2011년 국내에서 열린 한 세미나에서 관대한 복지 입법이 막대한 정부 부채를 불렀고, 복지 경쟁에 따른 광범위한 부패가 국가 시스템 붕괴로 이어졌다고 탄식했다.

한국경제연구원은 채무 증가세와 인구 고령화 등을 감안해볼 때 우리나라도 복지 지출 확대 요인이 많아 10여 년 뒤에는 재정 상황이 지금의 PIIGS와 비슷하게 될 가능성이 크다고 진단한다. 총사회복지 지출의 GDP 대비 비중이 10.1%(2007년 기준)로 아직 높지 않지만 2001~2007년 연 4.5%씩 빠르게 높아진 점은 경계 대상이다. 과도한 복지 지출의 확대를 억제하고 정부 지출을 줄여 재정 건전성을 강화하는 작은 정부, 큰 시장의 정책 기조가 필요한 이유다.

세입 확대는 한계가 있는 만큼 지출 축소를 통해 재정 건전성을 확대하는 방안이 우선적으로 모색돼야 한다. 한 번 확충된 복지는 되돌리기 힘들기 때문에 복지를 강화하되 경제 여건에 맞춘 신중한 설계가 필수적이다. 또 일회적이고 소비성 짙은 '복지 지출'을 생산성의 개념을 가미한 '복지 투자'로 전환할 수 있는 방법론을 고민해야 할 시점이다. 한때 남유럽 최고의 부국이던 스페인은 최근 전체 실업률이 23%에 달하고, 젊은 층의 실업률은 50%가 넘는다고 한다. 추락한 스페인은 분에 넘친 복지는 자본주의가 경계해야 할 거품의 또 다른 이름일 뿐이라는 점을 보여준다.

'지속 가능한 복지' 위한 재정비 선행돼야

복지국가 논쟁의 알파요, 오메가는 재원 조달이다. 재원이 없다면, 한번 지급하고 마는 시혜적인 복지는 지속 가능하지 않기 때문이다. 재원 조달이나 세금 부담에 대한 실천 방안이 없는 일체의 복지 논쟁은 '포퓰리즘'일 뿐이다. 스웨덴은 높은 수준의 복지를 유지하기 위해 국민들이 내는 부담률, 즉 세금이나 각종 사회보장 기여금 등이 GDP의 50%선이다. 한국의 2배 수준이다.

사회적 합의도 중요하다. 독일, 영국, 스웨덴 등 복지 선진국은 오랜 경험과 시행착오 끝에 성장을 해야 분배를 할 수 있다는 사회적 결론에 도달했다. 친시장적 경제 환경 조성에 열을 올리고 있는 이유다. 특히 경기 하강기에는 재원 마련에 대한 부담이 더 커지는 점을 고려해 법인세 인하 등을 동원해 기업의 경쟁력을 높여주고 적극적으로 대응한다.

지금 한국의 복지 주창자들은 재벌과 부자들에게 세금을 더 받는 방식으로 부담을 떠넘기면 된다고 말한다. 하지만 섣불리 세금에 손대는 것은 경제의 근간을 흔드는 일이 될 수 있다. 부자가 양보하는 것으로 해결된다면 좋겠지만 이는 조세와 재정이 갖는 투자 효과 등을 감안하지 않은 단견이다.

섣부른 증세는 한국 경제의 저수지를 말려버릴 수도 있는 민감한 사안이다. 복지를 늘리고 부자들에게 화풀이하는 '일석이조' 같은 안일한 생각을 경계해야 한다. 세금을 올리면 단기간 세수가 늘지 몰라도 장기적으로는 성장 둔화와 재정 적자로 이어질 가능성이 크다. 스웨덴이 부유층들의 세금인 상속세를 2005년에 아예 폐지하고, 부동산세와 부유세도 가벼운 시장세로 대체하는 등 친시장적 정책 드라이브를 가속화하는 것도 같은 맥락이다. 한국은 성장률을 1%포인트 높이면 세수가 1조 5,000억~2조 원 더 걷히는 구조로 분석되고 있다. 물론 복지국가로 가는 과정에서 증세를 막을 수는 없다. 하지만 세금 인상을 결정하기 전에 성장률 제고로 복지 재원을 확보하는 접근이 요구된다. 다음으로는 복지가 넓어지는 만큼 세금 부담을 넓히는 데 우선순위를 둬야 한다. 큰 수입이 있음에도 회피되고 있는 전문직, 자영업 등의 세원을 넓게 발굴하고 지하경제를 양성화하는 것이다. 이처럼 시장 친화적인 성장 우선 전략, 세원 넓히기에 이어 증세 등의 세금 인상 조치도 점진적으로 취하는 방향이 합리적인 접근일 것이다.

추가적인 재원 확보 못지않게 현행 복지 제도의 전열 재정비도 시급한 과제다. 가뜩이나 부족한 돈이 엉뚱하게 새나가는 걸 막아야 한다. 몇 년 전 한 성폭행범 사건 수사 과정에서 범인이 기초생활보장비로 매달 50만 원을 부당 수령한 사실이 드러나기도 했다. 그는 적지 않은 수입이 있었지만 서류를 허위로 꾸며 세금을 축냈다. 자격이 없는데도 이처럼 기초생활보장비를 받아 챙기다 적발된 가구는 2004년 2,792가구에서 2008년 9,288가구로 4년 만에 3.3배나 늘었다.

65세 이상 인구의 70%가 받는 기초노령연금 제도도 운용 면에서 허술한 구석이 많다. 지원 대상 소득이나 재산 기준을 대폭 완화한 탓에 연금 없이 생활이 가능한 계층까지 수혜를 받고 있다. 현행 기준에 따르면 서울의 3억 원짜리 아파트에 살면서 5,000만원의 은행 예금을 갖고 있어도 기초노령연급 수급 대상자가 될 수 있다. 기초노령연금은 이처럼 수혜층이 넓은 반면 지급액은 월 9만 원에 불과해 정작 지원이 필요한 계층에는 실질적인 도움이 못 된다. 복지 혜택이 노인층에 집중되고 있는 것도 문제다. 노인층의 복지 수요가 많은 것이 사실이지만 개인 상황을 고려한 맞춤 복지 제도로 효율성을 높여야 한다. 그런 측면에서 65세 이상에게 적용되는 지하철 요금 면제는 재고해볼 여지가 있다. 모든 노인들이 지하철 요금도 못 낼 만큼 빈곤한 것이 아닌데도 일괄 적용하다 보니 낭비가 만만찮다.

반대로 지원을 받아야 할 사람이 수급 대상에서 탈락되기도 한다. 소득이 최저생계비 이하인 절대 빈곤층에서 기초생활보장을 받지 못하는 경우도 있다. 노인의 경우 소득이 없어도 자녀 중 누군가가 일정 수준 이상의 소득을 올리고 있으면 지원 대상에서 탈락된다. 또 소득이 전혀 없더라도 전셋집에 살거나 자동차를 갖고 있으면 기초생활보장 대상이 아니다. 이에 따라 최저생계비 이하의 절대 빈곤층이 300만 명 이상으로 추정되지만 생활비를 지원받는 기초생활비 지원 대상은 157만 명에 불과하다. 복지 재원의 누수를 막고 기존 제도를 합리적으로 정비한 뒤 복지 범위를 점차 확대해나가는 방향이 지속 가능한 복지의 설계 순서다.

시장 친화적 복지 시스템 설계가 핵심

앞서 예로 든 기초생활보장 제도는 모든 국민에게 최소한의 생계를 보장해주기 위해 1999년 도입된 우리나라의 대표적 복지정책이다. 하지만 15년째를 맞는 이 제도는 '고기를 잡아주기만 할 뿐 고기 잡는 법을 가르쳐주지 못한다'는 비판도 받는다. 빈곤층의 자립 의지를 키워주는 방향과 거리가 멀어서다. 일하는 사람이 더 혜택을 받는 합리적인 방향으로 개선돼야 한다는 지적이다.

예컨대 소득이 전혀 없는 4인 가구는 정부에서 월 149만 5,550원(2012년 기준 4인 가구 최저생계비)을 지원받게 된다. 하지만 가장이 일자리를 구해 월 100만 원을 벌어도 이 가정의 소득은 늘지 않는다. 지원금이 월급 100만 원을 뺀 49만 5,550원으로 대폭 줄기 때문이다. 일을 하든 안 하든 수입이 같다면 근로 의욕이 생길 수 없다. 월급이 최저생계비를 넘으면 다른 문제가 생긴다. 기초생활보장 대상에서 제외되는 것은 물론 자녀 학자금과 병원비 등 부수적인 지원마저 끊겨버린다. 큰돈 벌 자신이 없으면 그대로 기초생활보장 대상자로 남는 게 유리한 셈이다. 맹목적 복지 확충이 능사가 아니며 효율적인 제도 설계가 선행돼야 한다는 점을 보여주는 사례들이다.

복지 수혜를 받은 사람들이 사회의 일원으로 활동할 수 있는 여건을 만들어주는 시장 친화적인 복지 설계가 시급하다. 그런 면에서 국가가 복지 서비스의 공급을 독점하는 방식도 재고돼야 한다. 국가가 '요람에서 무덤까지' 책임진다는 복지국가란 말은 솔깃하게 들린다. 하지만 국가가 국민들의 삶은 챙기는 게 가장 바람직하고, 당연한 국가의 책무가 아니겠느냐는 생각은 타성일 뿐이다.

국가 독점에서 오는 비효율은 대개 시장의 실패보다 치명적이다. 국가와 민간이 경쟁하고 협력하며 더 효율적인 복지 방안을 찾아내는 것이 복지 논쟁의 핵심 이슈다. 사회적 연대 기능을 국가가 독점하는 전통적인 의미의 복지국가론은 시대 변화에 따라 적절하게 변주돼야 한다.

서유럽 모델은 국가가 복지 서비스를 독점하는 형태를 지향했다. 하지만 복지국가의 전형으로 불리는 스웨덴조자 비효율을 감당하지 못하고 모델을 크게 수정한 것처럼 국가 독점은 만만찮은 비효율을 양산한다는 공감대가 자리 잡았다.

남유럽의 복지 파산 사례에서도 국가의 능력 부재가 잘 드러난다. 투표로 선택받은 정부라는 점만으로 복지를 담당할 최선의 주체라고 보는 건 안일한 생각이다. 관료주의와 부패에 빠지기 쉬운 국가, 포풀리즘에 약할 수밖에 없는 정치 지도자의 속성을 감안할 때 나쁜 복지의 길로 인도할 개연성이 충분하다.

생존에 성공한 복지국가 모델인 영국, 스웨덴, 독일이 공통적으로 큰 경제 위기를 겪었다는 점도 국가 독점의 취약성과 위험성을 보여준다. 영국은 1976년 외환위기, 스웨덴은 1990년대 초 금융위기, 독일은 1990년대 중반 이후 구조적인 경기 침체를 경험했다. 국가 주도의 유럽식 복지국가 모델은 세계화와 신기술 발전이라는 시장 변화에 신속히 대응하지 못한다는 한계를 노출했다는 평가다.

우리나라에서도 김대중, 노무현 정부 10년 동안 '생산적 복지'라는 슬로건 아래 국가 중심의 복지 투자를 확대됐지만 결과는 성공적이지 못했다. 두 정부에서 복지 관련 예산은 매년 13%씩 늘었다. 당시 일반 회계 증가율 8%보다 훨씬 높았지만 결과는 실패였다. 특히 참여정부는 양극화에 관한 가장 나쁜 성적표를 남겼다. 생산적 복지를 지향한다면서 실제로는 스웨덴이 궤도를 수정하기 전 과거 모델을 답습했기 때문이다. 참여정부는 국가 주도 '고부담 고복지' 제도인 '국가 비전 2030'이라는 이름의 복지 계획을 지난 2006년 발표했다. 2020년까지 복지 지출을 GDP의 30%까지 늘린다는 국가 발전 구상을 담았다. 하지만 이 계획안은 당시 여당이던 열린우리당에서 조차 외면받았다. 1,100조에 달하는 재원 조달과 구체적 실행 방안이 없어 뜬구름을 잡는 데다 바람직한 모델에 대한 공감대 형성 과정을 거치지 않은 일방적 계획이라는 비판이 빗발쳤다.

인기 영합적인 나쁜 복지는 안 하느니만 못하다. 지속 불가능하고 경제 전반에 거품을 양산하기 때문이다. 시장 친화적이고 재생산되는 좋은 복지라야 효율적으로 작동한다. 지난 수십 년간 통계를 보면 우리나라의 복지와 분배는 경제성장에 비례했다. 시장 친화적 정책으로 성장률을 높이면 분배가 개선되고, 반대일 때는 분배가 악화된다. 지속 가능한 복지를 국가가 독점하는 것보다 시장의 역할을 강화하고 분담하는 방안을 찾아야 한다. 일회성으로 쏟아붓고 낭비되는 복지가 아닌 고용이나 성장에 기여하는 '워크 페어(work-fare)' 복지 시스템을 짜는 게 중요하다. 독점의 비효율을 제거하기 위해 국가가 기업, 시민단체 등 민간과 경쟁하며 복지 균형점을 찾아가는 구조를 설계해야 한다.

9장

우리 시대의
최대 진보, 시장

혁명가 박노해 · 백태웅 스토리

전쟁 같은 밤일을 마치고 난 / 새벽 쓰린 가슴 위로 / 차거운 소주를 붓는다 / 아 / 이러다간 오래 못 가지 / 이러다간 끝내 못 가지 // 설은 세 그릇 짬밥으로 / 기름투성이 체력전을 / 전력을 다 짜내어 바둥치는 / 이 전쟁 같은 노동일을 / 오래 못 가도 / 끝내 못 가도 / 어쩔 수 없지 // (중략) // 어쩔 수 없는 이 절망의 벽을 / 기어코 깨뜨려 솟구칠 / 거치른 땀방울, 피눈물 속에 / 새근새근 숨 쉬며 자라는 / 우리들의 사랑 / 우리들의 분노 / 우리들의 희망과 단결을 위해 / 새벽 쓰린 가슴 위로 / 차거운 소주잔을 / 돌리며 돌리며 붓는다 / 노동자의 햇새벽이 / 솟아오를 때까지 //

박노해 시인의 〈노동의 새벽〉이다. 손에 잡힐 듯한 리얼리즘과 처절한 서정의 결합은 방황하는 청춘들을 끌어당기기에 충분했다. 내가 잠깐이나마 공장에서 고단한 노동을 경험해본 것도 이 시의 울림에 끌렸기 때문이었을 것이다. 하루 2교대 12시간의 사투에서 노동의 힘겨움과 소중함을 절감했다.

시는 노래로도 만들어졌고 지금도 한잔 술이 불콰해지면 흥얼거리게 된다. 전라남도 함평에서 15세에 상경해 '공돌이'가 된 박노해는 '6.25 이후 최대의 자생적 사회주의혁명 조직'이었던 남한노동자사회주의동맹(사노맹)이라는 이적 단체를 결성, 혁명을 꿈꾸다 7년간 옥살이를 한다. 이후 이라크 중동 전쟁 지역을 순회하며 사진을 찍고 신부가 됐다.

출소 직후인 1998년 한 강연회에서 그는 '이 머리, 미용실에서 한 것'이라며 스타일리시한 머리 모양으로 이야기를 풀었다. "이발사에게 아무리 얘기해도 내가 원하는 머리 모양을 만들어내지 못하는 거예요. 자기는 그 스타일이 내게 어울린다고 주장하는데, 내가 볼 때는 영 아니었어요. 자기가 기능올림픽 금메달리스트라는데, 그러면 뭐 합니까. 날로 변화하는 손님들의 요구를 받아들이지 못하는데…. 그 후로 나는 이발관에는 안 갑니다."

박노해는 미용실 얘기를 통해 '군사독재' 시절이던 1980년대와 다르게 민주화를 이룩하고 사회주의권이 붕괴한 이후에는 생각도, 생각을 전달하는 방법도 변해야 한다고 얘기했다. 벌써 10년도 더 지난 일화이니 요즘 어떤 생각을 하는지 알 수 없지만, 당시 그는 시장의 효율과 진화를 정확히 포착해냈다. 선택받지 못하는 서비스와 재화는 퇴출되는 진리를 말한 것이다.

박노해와 같이 사노맹을 결성하고 사회주의혁명을 꿈꾼 서울대 총학생회장 출신 백태웅의 얘기도 얼마 전 한 신문에 나왔다. 사노맹 리더였던 그는 15년형을 선고받고 1998년 가석방된 뒤 미국으로 유학하여 국제법 박사가 됐다. '급진적 사회주의자'였던 백씨의 얘기도 많은 상념을 전해준다.

백 씨는 한국 사회에서 금기시되던 사회주의혁명을 표방한 이유에 대해 이렇게 말했다. "당시 사회주의는 이념이라기보다는 하나의 코드였다고 생각한다. 냉전 논리와 군사독재에 맞서 새로운 사회를 꿈꾸는 사람들의 공통된 코드. 더욱이 그때는 민주주의가 이렇게 빨리 올 줄 예상하지 못했던 시대다. 그래서 더욱 결사적일 수밖에 없었다. 죽음을 불사함으로써 사람들이 더 나은 사회에서 자유롭고 평등하게 살 수 있다면 지금 우리는 사라져도 좋다고 여겼다. 사회주의라는 금기어에는 비타협적인 싸움을 결사적으로 하겠다는 자기 결의의 측면이 컸다." 오롯이 자신의 전부를 던져본 사람만이 할 수 있는 얘기다.

하지만 백씨는 젊은 시절 온몸으로 저항했던 한국 사회에 대한 긍정으로 인터뷰를 마쳤다. "동아시아 여러 나라들을 비교해볼 때 새삼 우리가 대단한 나라라는 것을 실감한다. 어떻게 하면 우리가 이룩한 경제와 민주주의의 성과를 자랑스러운 유산으로 만들 수 있을까. 국제적인 연대와 실천을 통해 우리 현대사의 '위대성'을 나눠야 할 때가 아닐까."

박노해와 백태웅의 굴곡진 삶을 생각하면 여러 상념이 고개를 든다. 우선 골수 혁명가들로부터도 결국 긍정을 이끌어낸 시장의 힘을 공감할 수 있다. 특히 행간에 함축된 의미가 마음에 와닿는다. 백태웅은 당시 사노맹이 토지 무상분배, 재벌 기업 몰수 같은 충격적인 강령을 가졌던 데 대해 "내용적으로 미숙한 점이 많았다. 충격 요법이 필요했지만, 우리의 준비 부족에 대한 반성과 회의도 많았다. 시대의 한계였고, 우리 자신의 한계였다"고 토로했다. 대안으로 삼았던 사회주의적 방법론에 대해 사실은 잘 알지 못했고 확신도 없었다는 용기 있는 고백이다. 그는 자신의 부끄러운 속살과 실수를 드러냄으로써 여전히 부끄러움을 반성하지 않는 세력들과, 그들에게 휩쓸리기 쉬운 청춘들에게 묵직한 메시지를 전하고 있다는 생각이다.

자본주의, '차선책'으로 충분한 가치 있는 선택

발언의 맥락을 볼 때 박노해와 백태웅은 사회주의적 변혁에 대한 신념을 접었다는 생각이다. 엄혹했던 군사정권에 대한 반발로 사회주의적 대안을 꿈꿨지만 공상이라는 결론에 도달했을 것이다. 정도의 차이가 있을 뿐 이들의 행보는 이 땅 모든 지성들의 궤적이다. 이 정도의 공감대를 갖게 되기까지 어떤 이는 전향해야 했고, 누군가는 반성이 필요했으며, 새로운 다짐도 요구받기도 했다.

이들의 스토리를 떠올리게 된 이유는 선배 세대들의 힘든 실험이 끝난 지 20년 만에 그 시절과 똑같은 출발선에서 고민하는 많은 젊은이들을 목격하게 돼서다. 한 국립대학 학생회장은 "노동자 계급이 자본가 계급을 뒤집지 않는 한 사회 변화가 어렵다고 생각한다"며 "나는 사회주의자"라고 거침없이 말한다. "마르크스 이론을 읽으면서 처음으로 세상을 명확하게 설명해주고 있다는 생각이 들었다"는 설명이다. 그는 자본주의 체제 내의 개혁들은 별 의미가 없으며 계급투쟁이 필요하다고 진단한다. 따라서 한국의 진보운동도 '차악' 정도에 불과하며 자신은 '최선'을 선택해 사회 구조를 근본적으로 바꾸고 싶다고 강조한다.

'사회주의가 최선이고, 자본주의는 최악'이라는 도식이다. 오해다. 자본주의는 다른 어떤 체제보다 빠른 속도로 사회를 진보시켜왔다. 비록 최선은 아닐지라도 차선쯤은 된다는 걸 스스로 확인시켰다. 언젠가 최선에 근접할 것이란 기대감도 크다. 반면 사회주의는 존재가치를 발한 적이 한 번도 없다. 혹자들은 사회주의가 과학임이 입증됐고 세상을 바꿀 잠재력을 갖고 있다고 주장한다. 하지만 늙은 혁명가들이 다수일 그 말을 귀담아들을 필요는 없다. 우리 시대 지식인 중 마르크스를 신뢰하고 이해할 수 있는 언어로 설명해내는 사람이 과연 있을까. 평등 사회에 대한 신념은 필요하지만 방법론으로 마르크스와 계급혁명을 권하는 진지한 지성은 없다는 판단이다.

자본주의적 개혁이 이상적으로 끝난 뒤의 결과가 암울하리란 생각 또한 지레 짐작이고 이해 부족이다. 시장경제가 보여준 잠재력과 진화의 속도를 감안하면 한계를 예단할 필요는 없다. 오히려 프롤레타리아 혁명 이후의 사회를 상상하는 일이 더 회의적이고 잿빛투성이다. 사회주의 실험은 전부 실패로 귀결됐다. 스무 살 청춘들에게 계급혁명의 확신을 줄 수 있을 만큼 마르크스는 쉽지도 않고 완벽하지도 않은 이론이다. 마르크스와 레닌을 탐독해 이상향을 구현하는 것보다 자본주의 시장경제를 통해 최고의 세상을 발견할 확률이 훨씬 높다.

에르하르트 수상의 스승이자 경제 사회학자였던 프란츠 오펜하이머(Franz Oppenheimer)는 '자유주의적 사회주의'라고 스스로 이름 지은 유토피아적 이상 사회를 지향했다. 하지만 그는 현실에서 자신의 지향을 완화된 형태로 실현할 수 있는 방법론으로 마르크스주의가 아니라 경쟁에 기반을 둔 자유로운 시장경제 시스템 구축을 선택했다. '노동자에 대한 착취 근절'이라는 목표도 자유경쟁을 배제하기보다 자유경쟁에 대해 사람들이 부당하게 오해하고 덧씌운 족쇄를 풀어냄으로써 달성할 수 있다고 강조했다.

아인슈타인은 정말로 사회주의자였을까

진보연하는 사람들에게 인기 있는 화제는 알버트 아인슈타인(Albert einstein), 헬렌 켈러(Helen keller), 장 폴 사르트르(Jean Panl Sartre)도 사회주의자였다는 얘기다. 아인슈타인은 〈먼슬리리뷰〉 1949년 창간호에 '왜 사회주의인가'라는 제목의 글을 썼다. '호전적 평화주의자'로 스스로를 정의했던 이 천재 과학자는 사회적 발언도 주저하지 않는 지성이었고, 사회주의에 대해 우호적 태도를 견지했다. 이는 매카시즘 광풍이 불기 직전의 엄혹한 환경에서 미국 사회주의의 싹을 피우기 위해 출범한 '위험한' 잡지의 창간호를 장식하는 용기로 이어졌다. 아인슈타인의 행보는 당시 적잖은 반향을 불렀고, 오늘 한국에서도 사회주의에 대한 호의적 시선을 확산시키는 결과로 이어지고 있다.

헬렌 켈러도 미국 사회당 활동에 열성적으로 참여했다. 보지도 듣지도 말하지도 못하는 여성의 인간 승리로 알려진 스토리 뒤에는 더 좋은 사회에 대한 갈망이 자리 잡고 있었다. 프랑스 사상의 깊이를 더한 사르트르 역시 사회주의에 경도됐다. 존재 의미로서 참여를 강조하는 자신의 철학을 실천하는 방법으로 사회주의운동에 열성적이었다.

하지만 역설적이게도, 좌파들의 주장과 달리 이들은 더 좋은 세상을 고민한 양심적 지성이었을 뿐 마르크스주의자는 아니었다. 당시 자본주의가 평등과 형제애라는 측면에서 한계를 노출한 데 대한 반작용으로 사회주의에 기대와 관심을 가졌다는 점을 확대 해석할 필요는 없다. 아인슈타인은 오히려 마르크스적 방법론이나 현실 사회주의에 대해 비판적이었다. 구소련을 반대하는 의견도 분명히 했다. 그는 계급혁명을 거쳐 프롤레타리아가 독재하는 마르크스레닌주의가 아니라, 시장경제에서 초래되는 혼란과 결과적 불평등이라는 약점이 보완된 이상적인 체제를 사회주의라는 용어로 표현했다. 그가 내린 사회주의의 정의는 '인류 발달의 약탈적 단계를 극복하고 앞으로 나아가는, 사회적 윤리적 목표를 지향하는' 체제다.

자본주의에 대한 아인슈타인의 진단은 마르크스의 시각과 닮았다. 약탈적 단계를 벗어나지 못하게 만드는 악의 진정한 근원을 '자본주의의 경제적 무정부 상태 때문'이며 이를 '극복하는 유일한 해법은 계획경제'라고 주장했다. "계획경제에서는 생산수단이 사회에 의해 소유되고 계획된 형태로 사용될 것이다. 공동체의 필요에 맞춰 생산을 조절하고, 일할 수 있는 모든 사람이 작업을 분배할 것이다. 이는 남자와 여자, 어린이들을 활기차게 만들 것이다"

여기까지만 보면 아인슈타인이 계획경제를 추종하는 오류를 범한 것처럼 보인다. 하지만 그의 천재성은 계획경제를 이상적 해법으로 보면서도 현실에서 실현 가능한지를 신중히 살펴야 한다며 최종 판단을 유보한 데서 여지없이 드러난다. "계획경제는 개인의 완전한 노예화를 동반할 수도 있다. 사회주의의 성취는 몇 가지 지극히 어려운 사회정치적 문제들의 해결을 요구한다. 고도로 집중화된 정치적, 경제적 권력이 출현할 수 있기 때문에 어떻게 관료 체제가 권력을 장악하고 오만해지는 것을 막을 것인가, 개인의 권리를 여하히 보호하고 관료 체제와 권력에 대한 민주주의적 평형추를 확보할 수 있을 것인가." 계획경제의 위험성을 꿰뚫어본 것이다.

계획경제에 대한 아인슈타인의 관심은 칼럼 기고보다 18년이나 앞선 1931년의 발표한 '세계경제 공황에 대한 견해'라는 제목의 글에서도 발견된다. 여기서 그는 대공황은 생산을 쫓아가지 못하는 수요 부족 때문에 일어났다며 경제학자 못지않은 진단을 내렸다. 대중의 상품 구매력을 일정 이상으로 유지시켜 주면 공황이 해소될 것이란 의견도 피력했다. 이는 당대의 경제학자 케인스의 진단과 동일한 것이다.

하지만 해법은 케인스와 달랐다. 공동체가 상품을 생산하고 분배하는 완전한 계획경제체제의 구축만이 근본적인 해법이라고 주장했다. 하지만 이때도 역시 신중한 접근을 강조했다. "(계획경제체제는) 본질적으로 구소련이 시도하고 있는 방식입니다. 이 거대한 실험이 어떤 결과를 낳느냐에 많은 것이 달려 있습니다. 하지만 그 결과를 예상하는 것은 내 능력 밖의 일입니다." 또 '엄격하고 중앙집권적인 계획경제체제가 작동 가능한 지에 대한 확신이 없고, 생산의 통제권을 갑작스레 대중에게 넘겨주는 것이 유익하지 않을 것'이라며 지금으로선 시장주의적 해법을 택하는 것이 더 낫다고 결론 냈다. 대신 대중의 구매력을 높이기 위해 정부가 개입해 최저임금을 높이고, 근무시간을 제한하며, 독점 폐해를 막기 위한 통제를 강화해야 한다고 주문했다.

아인슈타인은 민주주의 지지와 구소련에 반대한다는 입장도 분명히 했다. 1931년에 쓴 '내가 보는 세상'이라는 제목의 글에서 그의 생각이 잘 드러난다. "내 정치적 이상은 민주주의다. 모든 사람은 개체로서 존중받고 그 누구도 우상이 돼서는 안 된다. 지도를 받는 사람들이 강제당해서는 안 되고, 그들의 지도자를 선택할 수 있어야 한다. 강제에 의한 독재 체제는 곧바로 퇴보한다고 믿는다. 천재적인 독재자들의 뒤가 항상 악당들에 의해 계승된다는 점을 불변의 법칙으로 믿고 있다. 나는 이런 이유로 이탈리아, 구소련에서 볼 수 있는 형태의 체제에 항상 열성적으로 반대해왔다. 같은 이유로 미합중국이 올바른 길을 찾아냈다고 믿고 있다. 선출된 대통령이 충분한 정도의 임기를 누리며 책무를 수행하기에 진정 부족함이 없는 권한을 지니고 있다."

아인슈타인이 겪은 지적 편력은 헬렌 켈러나 사르트르의 경우도 비슷할 것이다. 두 사람은 아인슈타인보다 사회주의에 더 호의적이어서 1917년의 러시아혁명을 긍정적으로 평가했다. 사회주의로 가는 중요한 실험이라고 생각한 것이다. 특히 사르트르는 마르크스레닌주의에 심취됐다. 러시아혁명에 대해 '전 세계 근로자들의 희망이 될 것'이라고 평가하고 레닌의 권력을 승계한 스탈린주의도 찬양했다. 하지만 그 역시 1956년 헝가리 침공을 계기로 구소련에 대한 기대를 접었다. 학살을 고발하지 않는 구소련 지식인들의 무관심과 관료주의를 목격한 것이 계기가 됐다.

사르트르는 한국전쟁을 미 제국주의와 남한의 대리인들이 파놓은 함정에 걸려 구소련과 북한이 공격한 것이라고 말하고, 중국의 문화혁명과 마오쩌둥주의에 빠지기도 했다. 사르트르의 이 같은 지적 편향과 오류는 생전은 물론 사후에도 그의 명성을 훼손했다. 러시아혁명에 대한 그와 같은 높은 기대는 당시 지식인 사회에서 낯설지 않은 모습이었다. 한국 해방 공간에서도 지식인의 80%가 사회주의자였다는 평가가 나올 만큼 지적인 유행이었다. 하지만 만약 지금 아인슈타인은 물론 사르트르나 켈러에게 묻는다면 자신은 사회주의가 아니라 더 좋은 세상을 꿈꿨고, 그때 사회주의가 거기 있었다며 싱겁게 웃어 넘기지 않을까?

'좋은 시장' 추구가 우리 시대 최대의 진보

아인슈타인 시대에는 사회주의가 진보의 의미를 포함하고 있었다. 더 정확히 말하면 사회주의가 인류에게 새로운 세상을 보여줄 것으로 착각했다. 당대의 천재조차 혼란에 빠졌다는 사실은 시대적 무게와 한계까지 감당해야 하는 삶의 엄중함을 상기시켜준다.

많은 사람들이 지난 20세기를 오늘의 시각으로 인식한다. 내가 살아왔으며 손에 잡힐 어제라고 생각한다. 하지만 큰 차이가 있다. 미국에서는 1965년에 이르러서야 흑인이 투표에 참여할 수 있게 됐고, 스위스도 1971년부터 여성에게 투표권을 부여했다. 우리는 아인슈타인과 사르트르가 겪은 20세기 전반을 불과 두어 세대 전이라며 친숙하게 떠올리지만 실제로는 역류하기 힘든 시간과 인식의 흐름이 가로놓여 있다.

그 시절 지식인들의 사상적 지표를 오늘의 상황과 혼동해서는 안 된다. 그들이 호의적 시선으로 본 사회주의는 참담한 실패로 막 내리며 진보가 아님을 스스로 드러냈다. 차별 없는 새로운 세상을 말했지만 실제로는 억압적이고 비효율적 체제라는 점이 입증됐다. 오늘날 한국에서 사회주의적 광기에 집착하거나 비타협적 방법론을 옹호하면서 진보로 행세하는 것은 시대착오적이다.

우리 시대의 가장 진보적인 태도는 더 좋은 시장을 만드는 데 헌신하는 일이다. 시장경제는 지금까지 존재한 어떤 체제보다 높은 생산력의 발전을 불러 왔다. 지구의 정신을 파먹던 배고픔이 해결되자 인류는 비로소 높은 곳을 향한 더 많은 도전을 허락받았다. 이를 통해 수많은 성취와 정신적 고양, 거대 문명의 창조를 이뤄냈다.

평등과 공동체라는 진보적 이상의 측면에서도 시장은 적잖은 성과를 냈다. 아시아, 남미, 아프리카 곳곳에서 이웃들이 가난을 탈출해 중산층으로 합류하고 있다. 글로벌 불균형도 빠른 속도로 해소되고 있다. 어떤 체제보다 약자들의 삶을 개선시켰고 인류의 사고를 확장하는 데 기여한 시장을 진보적 방법론으로 평가하는 데 인색할 필요는 없다. 세계화와 극적인 기술 진보로 부의 집중 현상이 나타나는 것도 사실이다. 하지만 역사를 돌아보면 문제를 개선할 수 있는 융통성이 시장 내부에 잠재돼 있음을 느낄 수 있다.

개인의 삶에서든 역사와의 대면에서든 우리는 늘 진보를 꿈꾼다. 평등과 공동체적 삶의 추구는 진보의 중요한 지향점이다. 목표가 그렇다면 사회주의적 방법론은 이제 유효하지 않다. 실패가 입증된 비효율과 비윤리로 진보를 말하는 것은 위선이거나 무지일 뿐이다. 틀린 신념을 타인에게 강요하는 비타협적인 태도는 악이다. 타인의 자유를 침해하는 폭력적인 수단마저 정당화하는 것은 역사에 대한 반동이다. 퇴행적 집착에서 벗어나 시장의 성공을 확산시키는 방법론을 탐색하고 헌신하는 일이 진보주의자에게 부여된 과제다.

시장 시스템을 보수로 보는 시각은 잘못된 것이다. 바꾸지 말고 '이대로 쭉' 가자는 정체를 보수로 오해해선 안 된다. 보수는 진보라는 목표를 향해 가는 방법과 태도를 말한다. 진보를 향한 여정에서 지켜야 할 가치를 지키자는 게 보수다. 보수적 자세로 지켜내야 할 가치는 보편적 인권, 약자 배려, 자유를 기본 가치로 한 공동체, 형제애적 평등, 인간다운 존엄 등 인류가 역사 이래 성장시켜온 덕목들일 것이다. 경제적 측면에서는 이런 이상들이 녹아 있는 시장을 지켜내고 더 나은 기제로 만들어가는 일이다.

보수의 반대는 급진이다. 급진은 현 상황에 근본적으로 문제가 있다는 인식이다. 기존 질서의 상당 부분을 변화의 대상으로 간주하고 근본적으로 바꾸려는 의지다. 진보를 이끌어내기 위해 급진적 접근이 필수적이라고 보는 판단이다. 가장 급진적인 진보의 방법론은 혁명이다. 상대해야 할 대상의 힘이 압도적이고, 큰 틀에서의 방향 전환이 요구될 때는 혁명을 일으켜야 한다. 명예혁명, 프랑스혁명, 미국독립혁명, 러시아혁명, 문화혁명, 5·16 군사혁명, 68혁명 등이 그렇다.

지금은 급진적 방법론을 구해야 할 혁명의 시대는 아니다. 시장의 집단지성을 바탕으로 더 나은 세상을 설계하는 일이 우리 시대 진보의 길이다. 확신 없는 직관에 의존하는 무모함과, 무리 속의 위안에 투항하는 나태함은 진보의 적이다. '내'가 제일 잘 안다는 자만심과 한 방에 다 해결해야 한다는 조급함도 경계해야 한다.

시장의 상상력에 권력을

프랑스의 68혁명은 실패했다. 하지만 혁명 중의 혁명이었으며, 여전히 진행 중인 혁명이라는 독특한 지위도 부여받는다. 68혁명은 1968년 5월 프랑스에서 시작돼 유럽 전역으로 확산된 대규모 사회변혁운동이다. 구소련식 사회주의에 반기를 든 체코 '프라하의 봄', 미국의 반전·인권 시위 등도 68혁명의 쌍둥이들이다. 실패한 혁명은 환경, 여성, 반핵 등 다양한 사회운동으로 계승됐다. 남달랐던 혁명의 사고와 주장은 서구 문화의 핵심 코드로 녹아들었다.

68혁명은 권력 쟁취라는 정치적 목적을 내걸지 않은 독특한 혁명이다. '불가능한 것을 요구하라', '금지하는 것을 금지하라', '혁명을 생각하면 섹스를 하고 싶다'는 범상치 않은 구호에서 새 세상에 대한 갈망이 읽힌다. 68혁명은 좌우파 모두에서 공격받는다. 우파는 이유 없이 차를 불태우던 시위대가 무질서의 극치이자 도덕과 정신의 재앙이었다고 맹비난한다. 니콜라스 사르코지(Nicolas Sarkozy), 프랑스 전 대통령이 68혁명의 유산이 프랑스의 발전을 막고 있다며 '68혁명의 관에 못을 박겠다'고 나섰을 정도다. 좌파들도 68혁명이 개인주의 성향을 강화시켜 신자유주의 도래의 레드 카펫을 깔아줬다며 냉소한다. 더 이상 혁명이 불가능해진 불구화된 시대의 단면도 드러냈다며 씁쓸해한다.

하지만 최근 호의적 시선이 늘고 있다. 혁명의 대오는 중구난방이고 통제 불능이었지만 새 세상을 갈구한 시민적 각성이 지금의 시대 상황과 맞아 떨어지고 있기 때문이다. 권위와 권력을 인정하지 않고 개인의 자유를 무제한 확장하려는 요즘 세태는 68혁명의 정서에 닿아 있다. '상상력에 권력을'이라는 40년 전 구호는 지금도 신선함을 잃지 않고 있다. 인터넷으로 상상력의 공간이 무한 확장된 시대에 영감과 직관을 더하고 있다. 상상력으로 권력을 긴장시키고 세상을 바꾸려는 도전 정신이 글로벌 금융위기로 방향감을 지금 요구되는 덕목이기 때문이다.

더 좋은 세상을 설계하는 일은 시장의 힘과 속성을 신뢰하고 상상력을 자유롭게 풀어놓게 하는 데서 출발해야 한다. 21세기적 모습으로 진화한 시장을 스미스나 마르크스의 고정되고 낡은 사고로 재단해서는 안 된다. 불순한 목적으로 시장에 주홍 글씨를 새기고 창의력을 억압해서도 안 된다. 더 좋은 길을 스스로 발견해낼 수 있도록 시장의 상상력에 권력을 줘야 한다. 집단지성의 힘이 발휘된다면 시장은 지금보다 더 좋은 균형을 향해 갈 것이다.

〈노킹 온 헤븐스 도어〉라는 영화가 있다. 시한부 선고를 받은 두 청년이 바다를 찾아 떠나는 여정을 담았다. 천국에서는 바다와 그 바다를 붉게 물들이는 노을 얘기만 한다는 이유에서다. 우화적 설정을 통해 토마스 얀(Thomas Jahn) 감독은 '너의 바다는 무엇이냐'는 무거운 질문을 던진다. 병원 침대에서 죽음을 맞기를 거부한 순간 무의미해 보이던 시한부 삶은 무한의 가치로 확장됐다. 삶의 무의미성에 절망하지 않고 무언가에 스스로를 구속하는 앙가주망이다. 문제는 생의 마지막에서야 바다라는 가치를 발견한 것처럼 구속의 대상을 찾는 일이 쉽지 않다는 점이다. '사람은 원하는 것을 할 수 있지만 정작 자신에게 필요한 것을 원할 줄 모른다'고 쇼펜하우어(Arthur Schopenhauer)가 갈파한 이유일 것이다.

68혁명이 실패한 이유도 비슷하다는 생각이다. 68혁명은 네오마르크스주의자들의 주도로 1917년 러시아혁명으로 돌아가자는 어긋난 지향을 가졌다. 전쟁과 빈곤에 대한 고민 없이 유복하게 자란 세대의 즉흥성이 퇴행적 목표를 용인한 때부터 실패가 예정됐다. 독일로 넘어간 68혁명도 마찬가지였다. 시위대의 다수는 마르크스적 방법론을 확신하지 못했지만 기존 체제에 대한 반감만 앞세우다 보니 혁명은 반시장적 조치들로 귀결됐다. 이는 독일 경제의 역동성을 잠식한 결정적 계기가 됐다.

2008년 리먼브러더스 파산으로 시작돼 아큐파이 운동으로 이어진 시대 상황도 1968년과 유사성을 갖는다. 그릇된 전망에 기댄다면 실패할 수밖에 없다. 시장의 문제를 해결하는 방식은 새로운 시장을 찾는 방향이어야 한다. 약자에게 더 큰 위안을 줄 수 있는 진보된 시장의 발견에 스스로를 구속해야 한다. 시장을 진보라 말하는 것은 빵의 문제를 해결했기 때문만은 아니다. 문학, 음악, 예술, 철학 같은 일체의 정신적 고양과 지적 성취도 시장 상상력의 산물이다. 옛 사회주의권에서 새로운 사상이나 예술적 영감의 발현이 부진했던 점을 떠올리면 분명해진다. 하이에크가 "경제에 대한 통제를 허용하는 것은 인간 생활 전반에 대한 통제로 이어지는 지름길을 닦아주는 것"이라고 지적한 대로다.

위기의 시장에서 지속 가능한 미래를 설계하는 일은 험난한 과정이 될 것이다. 어떤 천재도 해결하지 못했고, 누구도 가보지 못했다. 넘어지고 좌절하겠지만 진보의 길이기에 의미 있다. 남다른 생각과 강력한 네트워크로 무장한 상상력의 세대라면 혼돈 너머의 균형을 찾아낼 수 있을 것이다. 화해가 힘들었던 케인시안과 시카고학파의 냉철한 머리에다 마르크스의 더운 가슴까지 상상력의 힘으로 동시대로 초대한다면 말이다. 그렇게 발견한 새 지향으로 세상은 한발 더 전진하게 될 것이다. 그 걸음이 쌓여 이상향의 그림자를 밟는 날도 올 것이다. 시장경제가 이루어놓은 그동안의 성취를 생각하면 불가능한 미래는 아니다. 시장의 상상력에 권력을 부여한다면.

TINA 대신 TAMA의 자세로

'There is no alternative.' 앞 글자를 따서 'TINA'라고 불리는 이 슬로건은 대처 총리가 1980년대 영국병 치유를 위해 개혁을 단행할 때 언급하면서 유명해졌다. 자유주의를 바탕으로 시장경제에 충실하는 방법 외에 '다른 대안은 없다'는 의미다. 대처 총리가 이 방법론을 주창한 후 10여 년 만에 구소련을 비롯한 동유럽 사회주의권이 붕괴되면서 그의 선지자적 통찰은 빛을 발했다.

2013년 4월 8일 87세를 일기로 서거한 대처는 집권하는 동안 긴축 재정, 감세, 규제 완화, 공기업 민영화, 노조 약화, 법질서 회복 등을 강하게 밀어붙여 '철의 여인'으로 불렸다. 신자유주의적인 이 정책들을 통해 영국 경제는 2차 세계대전 후 40년 동안 지속된 장기 추락을 멈추고 재기의 발판을 마련했다. 대처의 개혁은 재임 당시는 그리 뚜렷한 효과를 내지 못했다. 40여 년 누적된 영국병이 그만큼 깊었기 때문일 것이다. 하지만 메이저, 블레어 등 후임 총리들이 그녀의 정책을 이어받아 개혁을 지속한 결과 영국 경제는 최근 20년 동안 뚜렷한 회복세를 보였다. 성장률에서 독일과 프랑스 등 경쟁국들을 따돌렸고 심각한 빈부격차도 완화됐다. 하지만 시대를 앞섰던 TINA 정신은 이제 변화를 구해야 한다. 세계경제에 불어닥친 글로벌 금융위기 속에 한계를 드러냈다. 미국에 이어 유럽으로 번진 경제 위기는 대처가 유일한 대안으로 상정한 자유주의적 시장에 반성을 요구하고 있다. 30여 년 동안 자본주의 변화를 상징해온 신자유주의는 새로운 도전에 직면했다. 이제 '대안은 없다' 는 TINA가 아니라 'There are many alternatives(많은 대안이 있다)' 라는 'TAMA' 의 자세가 필요하다. 어떤 시장을 선택할 것인가를 두고 더 많은 고민을 해야 한다는 뜻이다. 신자유주의적 방법론에 대한 집착에서 벗어나 시장경제 성공의 역사를 지속해갈 수 있는 창의적 해법을 찾아야 한다. 신자유주의는 시장 효율과 경제 전반의 효용을 높였지만 불투명성과 변동성이라는 큰 약점을 노출했다. 지금까지의 패러다임을 넘어선 유연한 시장의 재설계가 시장의 영속성을 강화하는 길이 될 것이다.

특히 사회적 갈등이 커지고 있는 우리나라로서는 지금까지의 발전 성과와 한계를 종합 평가하고 글로벌 환경 변화에 적합한 미래 모델을 설계해야 할 시점이다. 해법 찾기는 자본주의 역사를 복기하고 평가하는 데서 출발해야 할 것이다. 어느 시기 어떤 시장이 효율과 공정에서 우수했는지 냉정히 분석해야 한다. 미국, 독일, 영국, 프랑스, 일본, 스웨덴 등 선진국은 물론 중국, 브라질, 인도, 멕시코, 인도네시아, 터키 등 신흥국의 주요 시장 모델을 종합하면 더 나은 시장의 모습을 그릴 수 있을 것이다. 필요하다면 독립적인 기구라도 만들어 지혜를 모아야 한다.

선진국들은 이미 그런 방향으로 움직이고 있다. '유럽의 환자' 로 전락할지도 모른다는 두려움에 대응하기 위해 프랑스가 2007년 출범시킨 파리경제학교가 좋은 사례다. 미국과 영국 주도의 국제경제 학계 흐름을 견제하고 프랑스적인, 유럽적인 해법과 모델을 제시하는 게 목적이다. 프랑스가 자랑하는 엘리트 양성소인 그랑제콜과 대학 등 6개 기관이 처음으로 힘을 합쳐 재단으로 설립했다. '인간의 얼굴을 한 세계화'를 주창하는 조지프 스티글리츠(Joseph Stiglitz)나 불평등과 빈곤 연구의 대가인 아마르티아 센(Amartya Sen) 교수 등의 포진에서 미래를 준비하는 프랑스의 고민을 읽을 수 있다.

우리나라도 경제 규모나 시대 상황을 볼 때 우리만의 길과 대안을 본격적으로 고민해야 할 시기다. 축적된 지력을 감안할 때 곡학아세하는 기회주의자들과 열패감을 공격적으로 표출하는 B급들을 배제할 수 있다면 의미 있는 성과를 얻을 수 있을 것이다. 독일의 질서자유주의는 다시 살펴볼 가치가 충분하다. 시장 자율과 게임의 법칙을 보장하기 위해 정부가 최소 수준으로 개입한다는 생각은 복잡성과 양면성이 더 커진 오늘의 경제 현실에 필요한 발상이다. 두 세기 넘게 세계경제를 주도하고 있는 미국 경쟁력의 원천도 궁금하다. 종주국 위상 찾기에 나선 영국의 방법론이나, 인류의 지혜와 투쟁의 역사를 간직한 유럽을 공부하는 것도 가치 있는 일이다. 복지가 당면 과제인 만큼 복지 강국 덴마크와 스웨덴, 프랑스를 헤집어볼 수도 있겠다. 작지만 강한 스위스, 사회주의 시장경제라는 독특한 지위의 중국도 연구 대상이다.

우리나라는 몸집이 커지고 경제적으로 부유해졌지만 철학과 전통이 약해서 사회 전반의 불안정이 임계점으로 치닫고 있다. 모든 이슈에 벌떼처럼 달려드는 아마추어들의 목소리만 들리는 취약한 담론 구조와 지적 경직성에 노출돼 있다. 메마른 언어와 차가운 숫자 대신 역사성과 시대성에 기반한 공감 가는 미래 비전을 만들어야 한다. 시대는 새로운 진보의 길을 요구하고 있다.

새로운 시장, 새로운 가치, 새로운 상상력
시장이 진보다

지은이 | 백광엽
펴낸이 | 김경태
펴낸곳 | 한국경제신문 한경BP

제1판 1쇄 인쇄 | 2013년 5월 6일
제1판 1쇄 발행 | 2013년 5월 13일

주소 | 서울특별시 중구 중림동 441
기획출판팀 | 02-3604-553~6
영업마케팅팀 | 02-3604-595, 583 FAX | 02-3604-599
홈페이지 | http://www.hankyungbp.com
전자우편 | bp@hankyungbp.com
T | @hankbp   F | www.facebook.com/hankyungbp
등록 | 제 2-315(1967. 5. 15)

ISBN 978-89-475-2910-5   93320

값 16,000원